U0638828

指文® 世界航空系列 004

苏俄战略火箭军全史

吴荣华 著

中国长安出版社

图书在版编目（CIP）数据

苏俄战略火箭军全史 / 吴荣华著. -- 北京：中国长安出版社, 2015.10
ISBN 978-7-5107-0963-0

Ⅰ. ①苏… Ⅱ. ①吴… Ⅲ. ①战略导弹部队－军队史－俄罗斯 Ⅳ. ①E19

中国版本图书馆CIP数据核字(2015)第258055号

苏俄战略火箭军全史

吴荣华 著

出版：中国长安出版社
社址：北京市东城区北池子大街 14 号（100006）
网址：http://www.ccapress.com
邮箱：capress@163.com
发行：中国长安出版社
电话：（010）85099947 85099948
印刷：重庆共创印务有限公司
开本：787mm × 1092mm 16 开
印张：20.5
字数：288 千字
版本：2017 年 6 月第 2 版 2017 年 6 月第 1 次印刷

书号：ISBN 978-7-5107-0963-0
定价：69.80 元

版权所有，翻版必究
发现印装质量问题，请与承印厂联系退换

序

2015年8月3日，俄罗斯国防部长绍伊古宣布，俄武装力量新兵种空天部队组建完毕。据俄卫星新闻网报道，俄空天军队由空军和空天防御部队合并组建。绍伊古说，空天部队从8月1日起已经进入战备值勤。该部队将统一管理空中、防空等力量以及俄轨道卫星集群航天器。此外，导弹袭击预警体系和太空监控体系也属于空天军队管辖范围，可提高用兵效率和确保国家空天防御体系的发展。“组建空天军队是完善俄空天防御体系的最佳方案”。

与此同时，作为俄罗斯国家战略优先选项的战略火箭军继续得到了发展，第六代导弹始终在研发进程中，预计将在2020年左右会装备部队。从冷战后俄罗斯军队历次改革来看，唯一几乎没有受到影响的就是战略火箭军，其地位可见一斑。

对于未来战略火箭军装备的构成，目前最理想的方式似乎是公路机动、铁路机动与地下发射井型并存，在燃料选择上也是固体推进剂和液体推进剂并存，当然最终是否如此，需要我们拭目以待。

作为曾经的苏联五大军种之首、如今的俄罗斯武装力量三大独立兵种之一，战略火箭军的历史与发展一直被人们高度关注，笔者也不例外，而这也成了写这本书的初衷。成稿后，又传来中国人民解放军也成立火箭军部队的消息，精神大为之一振，欣慰异常。

2015年12月31日，中国人民解放军以原中国人民解放军战略导弹部队（简称“第二炮兵”）为主，将其他军种分属的战略核打击力量合并，正式成立了中国人民解放军火箭军。这是中国人民解放军适应新形势下作战需求所作出的全面深化改革的重要决策，也是构建中国特色现代军事力量体系的战略举措，将成为中国军队现代化建设的重要里程碑。在此祝愿我国建成一支强大的现代化火箭军！

历史上，“苏俄”时期为1917-1922年，“苏联”时期为1922-1991年，“俄罗斯”时期为1991-今。本书讲述战略火箭军的起源、发展，直到现状，跨越好几个时代，重点介绍苏联和俄罗斯时期，为便于表述，书名使用“苏俄”简称。

由于资料限制及笔者学识浅陋，书中错误与疏漏难免，还请广大读者指正！

吴荣华

目 录

前言

第一篇 最初的发展

第一章 不断探索 …… 2
第二章 空气动力研究室 …… 7
第三章 “喀秋莎”扬名 …… 10
第四章 喷气科学研究所 …… 14
第五章 来自德国的挑战 …… 21
第六章 战时的默默无闻 …… 24

第二篇 筹备建军

第一章 对德技术争夺 …… 27
第二章 对德技术复原 …… 32
第三章 火箭部队建立 …… 41
第四章 最初的装备 …… 46

第三篇 初建成军

第一章 进入核时代 …… 65
第二章 新军种诞生 …… 69
第三章 扬格利的杰作 …… 73

第四章 洲际导弹诞生 79
第五章 新型洲际导弹 99
第六章 孤注一掷 106
第七章 从地面转入地下 122
第八章 积极的探索 125

第四篇 进一步发展

第一章 预包装技术的采用 132
第二章 固体推进剂与多弹头 143
第三章 提高机动性 149
第四章 主导的作用 153
第五章 达到平衡 157

第五篇 进入巅峰

第一章 第三代导弹 160
第二章 不幸的机动战略导弹 177
第三章 轨道弹道导弹 182

第六篇 谁与争锋

第一章 “白杨”亮相 189
第二章 恐怖的核导弹列车 193
第三章 逝去的“流星” 199
第四章 《中导条约》 201
第五章 从联盟到解体 213

第七篇 岁月艰辛

第一章 由盛转衰 …… 220
第二章 新的改组 …… 225
第三章 导弹太空防御部队 …… 230
第四章 旧貌还是新颜 …… 237

第八篇 走入新世纪

第一章 由军种到兵种 …… 242
第二章 新的挑战 …… 246
第三章 再铸雄师 …… 255

附录

附录一 苏（俄）战略火箭军历任司令 …… 265
附录二 苏（俄）导弹型号一览表 …… 274
附录三 主要部队介绍 …… 279
附录四 苏（俄）战略火箭军历年实力（1960-2000） …… 309
附录五 苏（俄）地面战略导弹主要设计单位介绍 …… 311

参考文献

前　　言

战略火箭军（Ракетные Войска Стратегического Назначения, РВСН）是苏联时代成军最晚的军种，是苏联的战略威慑力量。在冷战时期，战略火箭军虽然获得了极高的关注度，但相对而言，其对外界透露的实质内容却是最少的。当时，战略火箭军的所有公开照片都来源于苏联每年两次的阅兵式，但照片中的导弹具体型号、性能及装备情况等却都语焉不详，甚至战略火箭军的指挥人员、部队编制都被作为绝密资料，从而被蒙上了神秘的面纱。

在苏联时代，战略火箭军经历了五个各具特征的阶段：

诞生前的朦胧阶段（1946-1959年），开端是苏联部长会议在1946年5月13日通过决议，组建火箭技术委员会和导弹部队；

正式创建阶段（1959-1965年），装备了第一代中程和远程导弹；

创建后的早期发展阶段（1965-1973年），标志是研制部署了第二代导弹系统，同时开始研制固体导弹；

创建后的壮大阶段（1973-1985年），标志是装备了采用多弹头和突防装置的第三代导弹系统；

巅峰阶段（1985-1991年），标志是研制了固定和机动发射的第四代导弹系统。

苏联解体后，随着俄罗斯经济急剧下滑和国防投入的缩减，战略火箭军建设基本停滞不前，受到《削减和限制进攻性战略武器条约》的限制，战略火箭军的实力也被再次削弱。但随着经济复苏，俄罗斯在1998年底拥有了第一个装备РТ-2ПМ2“白杨”-М2洲际导弹的导弹团。当2000年普京正式就任俄罗斯总统后，俄罗斯又将战略火箭军的建设作为国防的重点，投入了巨资进行发展。

自2015年12月31日中国人民解放军火箭军成立以来，作为中国人民解放军的重要组成部分，火箭军是中国战略威慑的核心力量，也是维护国家安全的重要基石。溯及过往，苏俄战略火箭军在发展过程中的一系列经验教训将成为中国人民解放军新军种的宝贵财富，为实现中国梦、强军梦的决策提供参考。

第一篇

初期的岁月

第一章

不断探索

苏联研制火箭武器的历史起点可以追溯到沙俄时代。1680年，彼得一世建立了世界上第一家国家火箭生产企业——莫斯科火箭企业。1815年，俄国炮兵军官A.Д.扎夏德科发明了装在三脚架上发射的火箭。19世纪，俄国军队中开始编组临时和固定的火箭部队（连、营和支队）。世界上第一支火箭分队——火箭连于1827年4月在扎夏德科的领导下组建，编有6部6弹式和12部单弹式火药火箭发射架，编制官兵363人。在1828–1829年的俄土战争中，俄军大量使用火箭，前线部队一共收到1万枚6~36磅口径火箭弹，这些可以算是后来著名的“喀秋莎”火箭炮的鼻祖。

1850年，К.И.康斯坦丁诺夫上校就任彼得堡火箭制造厂生产指挥。他在19世纪五六十年代分别设计出2俄寸（约89毫米）、2.5俄寸（约111.25毫米）和9俄寸（约400.5毫米，该型飞行距离4~5千米）口径的军用火箭、发射架和生产这些火箭和发射架的机器，达到了当时欧洲火箭技术的顶峰。当然按

亚历山大·德米特里耶维奇·扎夏德科

Александр Дмитриевич Засядко

俄国火炮和火箭专家。1779年出生，1797年从贵族武备学校毕业，先后参加了俄军的意大利远征、俄土战争、俄国卫国战争等。1815年开始从事制造军用固体火箭工作，设计了可发射6枚火箭的发射架及其瞄准装置。1818年发明了军用火箭，之后拟定了火箭武器战斗使用的战术。1820年起任彼得堡兵工厂厂长、奥赫塔火药厂厂长和烟火制造实验室主任，同时也是俄国第一所高等炮兵学校校长。1827年领导俄军炮兵司令部的工作，组建了第一支装备军用火箭和燃烧火箭的火箭连。1829年晋升中将军衔，1834年退役，1837年5月27日（俄历）去世。先后获得过四级、三级乔治勋章，四级、三级和二级弗拉基米尔勋章，以及二级、一级安娜勋章等。

1837年时的扎夏德科

1828年俄军用火箭攻击瓦尔纳要塞

照西方的说法，这些技术只是引进了装有稳定器的英国“霍尔火箭”技术。康斯坦丁诺夫设计的军用火箭在克里木战争、俄国对高加索和中亚的远征中都大显身手。

后来线膛炮因提供了更好的精度与火力而得到大力发展，火箭武器则逐渐失宠，只保留了烟花弹和照明弹，火箭部队也在19世纪末被撤销。俄国国防部在完成对高加索和中

康斯坦丁·伊万诺维奇·康斯坦丁诺夫

Константин Иванович Константинов

俄国科学家，火炮、火箭技术、仪器制造和自动化装置发明家。1818年8月6日出生，1836年毕业于米哈伊尔炮兵学校，1844年制造出测定弹丸飞行速度的电磁弹道测速仪，1847年制成可以确定火箭动力随时间变化的规律的弹道摆。1849年被任命为彼得堡火箭制造厂生产指挥并兼任奥赫塔火药工厂生产指挥，领导尼古拉耶夫火箭厂的设计和建厂工作，1867年主持该厂工作。19世纪50-60年代设计出2俄寸（约89毫米）、2.5俄寸（约111.25毫米）和9俄寸（约400.5毫米）口径的军用火箭、发射架和生产这些火箭和发射架的机器，以及滑膛炮射击的瞄准具。1864年晋升中将军衔，1871年1月12日（俄历）去世。先后获得过四级、三级弗拉基米尔勋章，二级、一级安娜勋章和一级圣斯坦尼斯拉夫勋章等。

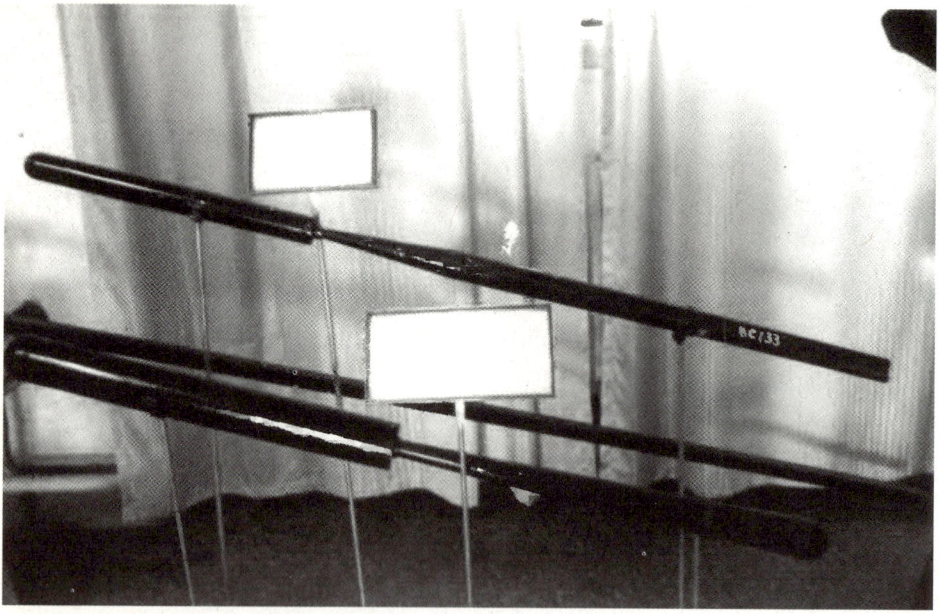

克里木战争中的“康斯坦丁诺夫”火箭

1858年时的少将康斯坦丁诺夫

“康斯坦丁诺夫”火箭

亚的征服后，也对火箭武器失去了兴趣，1887年之后便停止生产军用火箭，而尼古拉耶夫的火箭工厂最终也在1910年关闭。不过俄国人并未放弃对火箭武器的研究。尤其在日俄战争期间，俄国军方进一步加深了对火箭弹作用的认识。在战争失败后，俄国军方认为没有为前线部队装备大量炮兵，同时没有使用火箭弹也是失败的重要因素之一。

1891年的哥萨克火箭部队

齐奥尔科夫斯基

工作中的齐奥尔科夫斯基

1894年，季霍米罗夫提出了用喷气推进方式来研制更具威力的火箭的方案。之后1903年，俄罗斯火箭之父齐奥尔科夫斯基在他的《通过反作用设备进行宇宙太空探险》中发表了他的火箭与液体推进剂理论。

第一次世界大战爆发后，俄国人苦于飞机所装备的武器威力不足，而大口径机枪和机炮的重量和后坐力太大，难以在简陋的飞机上安装，便想在飞机上安装大威力的航空武器。聪明的俄国工程师们想到了航空火箭。但由于不信任自己的技术，俄国高层未能允许工厂开发航空火箭弹。

康斯坦丁·埃杜尔多维奇·齐奥尔科夫斯基

Константин Эдуардович Циолковский

“航天之父”。1857年9月5日（俄历）出生，1935年9月19日去世。

1918年成为社会主义科学院院士。

1883年在《外层空间》一书中，发展了反作用推进理论，第一个从理论上证明，火箭能在空间真空环境工作。

1903年在著作《通过反作用设备进行宇宙太空探险》中指出，燃料烧完后的火箭质量（Mo）越大，火箭的性能越好；发动机喷管排出的气体的速度(W)越快，火箭的速度(V)越高。由此提出宇宙航行理论中最重要、最基本的公式，即火箭公式V=WLn（Mo/Mk），公式中Mk为包括燃料在内的火箭质量。这个公式后来被称为齐奥尔科夫斯基公式。在火箭燃料方面，他指出固体燃料能量太低，固体燃料火箭不容易控制，作为宇宙航行动力的火箭应使用液体燃料，从而可以用汽车油门一样的东西来控制流量，进而控制推力。最好的液体燃料是液氢和液氧。但当时的工业技术还无法制造液氢，于是大胆地设想用煤油和液氧做火箭燃料。

1928年提出了燃气涡轮发动机的新方案，以及飞行器在行星表面着陆的理论。

1929年提出了多级火箭构造设想。

1932年获得劳动红旗勋章。

齐奥尔科夫斯基是航天学理论的奠基人。他的著作说构成了一个相当完整的航天学理论体系，其中许多研究成果在航天史属于第一，包括首次明确提出液体火箭是实现星际航行的理想工具；首次较全面地研究了各种不同的液体推进剂，并提出液氢液氧是最佳的火箭推进剂；首次推出火箭在真空中运动的关系式，并计算出火箭的逃逸速度；首次提出了火箭质量比的概念，并阐述了质量比的重要性；首次画出了完整的宇宙飞船的设计草图；首次提出了液体火箭推进剂的泵输送方法；首次提出了火箭发动机燃烧室的再生冷却方法；首次提出利用陀螺仪实现宇宙飞船的方向控制；首次研究了失重对生物和人的影响，并提出了减轻失重和超重不利影响的措施；首次开展了失重和超重对小动物影响的试验；首次提出利用植物改善舱内环境和提供宇航员食物的措施；首次提出多级火箭的设计思想；首次研究了火箭在大气层中运行时的空气动力加热问题；首次提出空间站和太空生物圈设想；首次提出利用太阳光压推进宇宙飞船的思想；首次提出太空移民思想等。

齐奥尔科夫斯基为航天事业贡献了毕生精力，他建立了液体火箭运动理论和太空飞行基本理论，为航天学的建立做出了巨大成就。他也是位多产的科学家，一生发表了580篇科学论文和科学幻想作品。这些著作是他在科学领域辛勤耕耘的见证，也是航天史的宝贵遗产。

第二章

空气动力研究室

十月革命后，苏维埃政府在1921–1945年间进行了大量的导弹技术研制和科研试验设计工作，并在这个时期产生了苏联第一批试验弹道导弹、巡航导弹、防空导弹和火箭飞行器等。然而，除了研制出在火箭炮中广泛使用的PC–82、PC–132等无控火箭弹型号外，并未研制出可批量用于作战的导弹系统。

1919年5月3日，季霍米罗夫致函苏维埃人民委员会办公厅主任弗拉基米尔·德米特里耶维奇·邦契·布鲁耶维奇（Владимир Дмитриевич Бонч Бруевич）。在信中，他希望国家能支持他开展“火箭推进式武器”的研究，因为“它们有助于国家的强大”。信中还附上了著名航空工程师茹科夫斯基所写的，对他的建议的积极的看法；以及他的发明获得的1915年专利证书（在空中和海面发射的火箭自行推进炸弹，专利编号309）。

诞生的苏联新政权从一开始就十分关注火箭武器的发展，彼得格勒炮兵射击场的武器实验室成为苏维埃的第一个试验中心。1920年，科学家阿尔捷米耶夫与季霍米罗夫完成了固体燃料火箭的设计、组装和试射，试验了飞行距离500～600米的固体燃料76毫米火箭样品。但遗憾的是，新生的苏维埃政权面临内有叛乱、外有干涉的严峻形势，火箭事业再次陷入停顿。

在收到季霍米罗夫的信后，几乎第一时

邦契·布鲁耶维奇

季霍米罗夫

格鲁什科

间引起了苏联红军真正意义上的“缔造者”托洛茨基的兴趣。虽然苏联红军在华沙城下的遭遇失败，但具有杰出机动性的火箭武器还是令人刮目相看。1921年3月，苏维埃政府在季霍米罗夫的倡导下在莫斯科成立了导弹技术研究和设计实验室，主要科研方向是研发固体火箭，这是苏联火箭研究和开发事业真正的开端。托洛茨基指示当时的武装力量总司令加米涅夫亲自过问此事。实验室位于莫斯科季赫温斯基街的一栋两层楼，内有烟火装置和化学实验室，以及一间拥有17台机床的车间，当然还有苏维埃政府的慷慨经费援助。

1924年初实验室取得了初步成果，提出了在不挥发溶剂中使用TNT作为火箭燃料。1925年，实验室迁到列宁格勒，季霍米罗夫开发组集中力量开始研究以固体燃料为动力的火箭弹课题。经过3年多时间奋斗，1928年3月3日，开发组终于完成了供炮兵使用的以无烟火药为动力、射程1300米的火箭炮。对于这个成果的意义，阿尔捷米耶夫在战后写道：“这是世界上第一个采用无烟火药制成的火箭，没有数据表明，国外有类似发明早于我们。它为今后喀秋莎火箭炮的研制奠定了基础，并为取得伟大卫国战争的胜利做出了不朽的贡献。”

在此期间，由于托洛茨基在政治上“触礁”，实验室工作一度受到影响，研究可谓举步维艰，不过很幸运的是苏联红军总参谋长图哈切夫斯基给实验室注入了新的力量。1929年11月底，PC-82涡轮喷气火箭弹进行了地面发射。几个月后，在空中从乌-Г飞机上发射了PC-82火箭弹，不过火力密集度不合格，而且火箭弹稳定性不足。

1928年7月，实验室重新命名为空气动力实验室（Газодинамическая лаборатория，ГДЛ），隶属于苏联革命军事委员会的军事科研部门，又从1931年7月起归属于武装司令技术参谋部军事发明局。它成为苏联第一批从事导弹技术研制和发展的机构之一。

尼古拉·伊万诺维奇·季霍米罗夫

Николай Иванович Тихомиров

苏联著名火箭学者，化学家。1859年11月出生，1930年4月28日在列宁格勒去世。1919年5月3日致函苏维埃人民委员会办公厅主任布鲁耶维奇，在信中表达了对国家能支持他开展“火箭推进式武器”研究的希望，因为“它们有助于国家的强大”。信中还附上了著名航空工程师茹科夫斯基所写的，对他的建议的积极的看法；以及他的发明获得的1915年专利证书（专利编号309）。

早在1894年，季霍米罗夫已经开始研究固体和液体燃料火箭。1915年，他的“空中和水面的自行炸弹”获得专利。1912至1917年间，沙俄帝国海军根据他的建议进行了一些研究，直到因为十月革命的缘故而中断。此后，在他倡议下成立的气体动力研究室，成为苏联导弹事业的基础。1991年6月21日季霍米罗夫被追授“社会主义劳动英雄”称号和列宁勋章。

1929年开始，在空气动力实验室又新组建了一个部门，由格鲁什科（Глушко）负责领导，开始进行液体火箭发动机研究和设计工作。当时，格鲁什科还是一名刚从列宁格勒大学毕业的21岁大学生。1930年该部门研制成并试验了苏联第一个使用四氧化氮和甲苯作为燃料的液体火箭发动机OPM-1（试验火箭发动机）。在之后的工作中，空气动力实验室又研制出更完善地使用液氧和燃料混合剂并改善了点火类型和发射方法的液体火箭发动机OPM-4到OPM-22、使用煤油和液氧的OPM-23到OPM-52和OPM-55等；此外，还设计出试验火箭РЛА-1到РЛА-3，研制出喷射式鱼雷和高空弹道火箭РЛА-100（升起高度为100千米）。就在这个时候，“航天之父”齐奥尔科夫斯基提出了燃气涡轮发动机的新方案，以及飞行器在行星表面着陆的理论，并于1929年提出了多级火箭构造设想。这一富有创见的构想，为研制克服地球引力的运载工具提供了依据。

1930年4月，季霍米罗夫不幸逝世，刚刚起步的苏联火箭工业又遭沉重打击。群龙无首的空气动力实验室差点解散，幸得图哈切夫斯基的庇护，研发工作才得以顺利进行，实验室也由彼得罗巴甫洛夫斯基继任主任。

空气动力实验室20世纪30年代的大楼

第三章

“喀秋莎”扬名

季霍米罗夫去世后，空气动力实验室归属于武装司令技术参谋部军事发明局，图哈切夫斯基在1931–1933年的2年时间内视察该实验室达到32次之多，并数次亲临现场观看多种固体火箭弹的发射试验。在他的关心和支持下，1933年末，阿尔捷米耶夫（B.A. Артемьев）完成了82毫米和132毫米带尾翼火箭弹的设计工作。阿尔捷米耶夫选择这两种口径并非偶然，因为试验发动机的药柱直径为24毫米，正是这个尺寸决定了火箭弹发动机的内径。两种火箭弹既可车载发射，又可机载发射，射程可达5千米以上。

在空气动力实验室迁到莫斯科之前，航空火箭弹PC–82和PC–132已经准备开始批量生产。实验室在迁到莫斯科后，很快同时在列宁格勒和莫斯科组织起弹体生产，不久开始了

弗拉基米尔·安德列耶维奇·阿尔捷米耶夫

Владимир Андреевич Артемьев

1885年出生在圣彼得堡的一个军人家庭，1962年9月11日在莫斯科去世。

1905年参加日俄战争，获得乔治十字勋章，并晋升为初级士官。1911年从军校毕业后成为炮兵军官，后加入苏联红军。1920年会见季霍米罗夫，成为他最亲密的助手。苏联国内战争结束后，1922年9月22日因之前旧沙皇军官的身份而遭到逮捕，1925年被释放，从监狱回来后与季霍米罗夫在实验室继续工作。季霍米罗夫逝世后接管了空气动力实验室的工作，也成为“喀秋莎”实际上的主要设计师，在其他工程师的帮助下成功完成PC–82和PC–132火箭弹的研制，并于20世纪30年代末完成了车载火箭炮的试验。第二次世界大战期间及战后继续担任空气动力实验室首席设计师，从事各种火箭弹和火箭炮的研制。先后获得过劳动红旗勋章、红星勋章，以及一级和二级斯大林奖金。

批量生产。1935年，空气动力实验室用伊-15歼击机发射了PC-82火箭弹，之后设计了U形卡式航空发射装置，又为PC-132火箭弹设计了“П”形型材导轨式发射梁。当时，苏军的伊-153、伊-16歼击机和伊尔-2强击机使用PC-82火箭弹，发射装置长1.007米，导轨数量8个；此外伊尔-2强击机和斯勃轰炸机还使用PC-132火箭弹，伊尔-2强击机使用的发射装置长1.334米，导轨数量8个；而斯勃轰炸机使用的发射装置长1.13米，导轨数量10个。

1939年4月20日，苏军在哈勒钦河第一次使用航空火箭弹。当天16时，5架伊-16歼击机执行掩护地面苏军任务时，在前线上空与日军飞机遭遇。在距离日军飞机1千米处，5架伊-16歼击机同时齐射火箭，当场击落2架日军飞机。根据统计，在这场战役中，苏军共有14架歼击机装挂航空火箭弹，合计击落日军飞机13架，自身没有损失。当然，苏军取得的战绩源于其出其不意的行动和日军飞机水平密集的编队。此后，在苏芬战争中，6架携带PC-132火箭弹的斯勃轰炸机对地面目标进行了攻击。整个1940年，苏联军需品人民委员会工厂生产了125100枚PC-82火箭弹和31680枚PC-132火箭弹。1942年，两款火箭弹进行了改型，新型号为M-8和M-13。

PC-82火箭弹口径82毫米，弹长600毫米，装药0.36千克，总质量6.8千克，最大速度340米/秒，最大射程6.2千米，杀伤弹破坏半径6~7米，1000米距离对地面目标的射弹散布14~16米。

PC-132火箭弹口径132毫米，弹长845毫米，装药0.9千克，总质量23千克，最大速度350米/秒，最大射程7.1千米，杀伤弹破坏半径9~10米，1000米距离对地面目标的射弹散布14~16米。

在卫国战争期间，别切尔斯基领导了1943年恢复的涡轮喷气航空火箭弹的研制计划，设计了TPC-82和TPC-132涡轮喷气航空火箭弹。这两种火箭弹没有弹翼，靠旋转稳定。

TPC-82火箭弹口径82毫米，弹长410毫米，装药0.36千克，总质量4.82千克，最大速度275米/秒，最大射程6.2千米，杀伤弹破坏半径7~9米，1000米距离对地面目标的射弹散布6米。

TPC-132火箭弹口径132毫米，弹长715毫米，装药0.9千克，总质量25.3千克，最大速度285米/秒，最大射程7.1千米，杀伤弹破坏半径9~10米，1000米距离对地面目标的射弹散布6米。

在研制航空火箭弹的同时，实验室还为陆军研制火箭装置。1938年10月，火箭炮车载实验正式开始，以吉斯-6载重卡车为平台。实验车的弹架结构非常有特色，共24条发射轨，上下两排交错排列，每排12条，看上去像两排

阿尔捷米耶夫

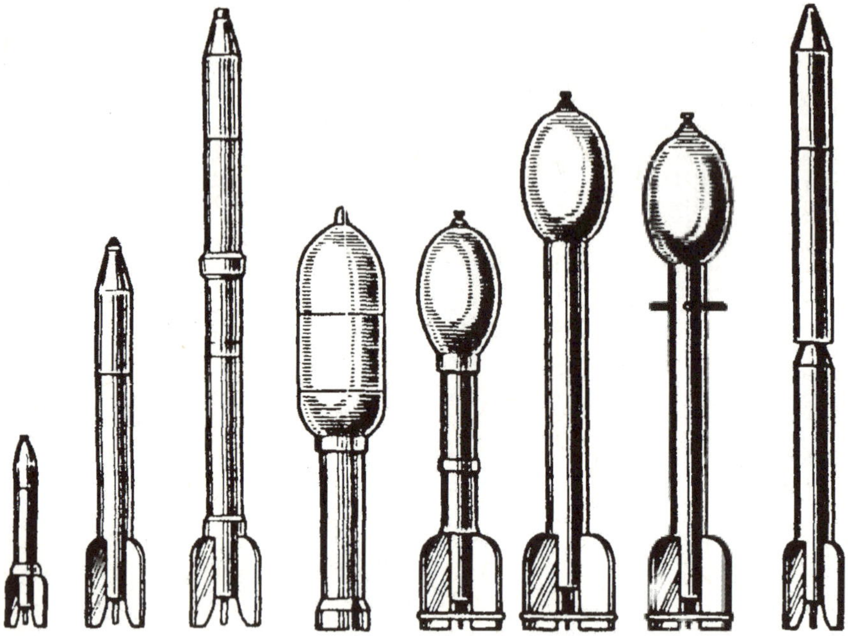

M系列火箭弹

篱笆。更有意思的是，发射轨的指向竟与车头方向垂直，且只能做高低调整。也就是说，开火的时候，由于必须将车身与目标保持90度角，所以只能通过车辆转向来实现方向调整。

通过这次不太成熟却有革命性意义的实验，苏联在1939年2月生产出了24管火箭发射装置МУ-1；之后4月，16管火箭发射装置МУ-2设计获得批准。

这款16管132毫米口径、弹架能进行180度旋转的自行火箭炮，就是后来闻名于世的БМ-13-16型样车。这种绰号“喀秋莎”的新兵器于1939年9月开始秘密装备部队，6辆配属陆军，另5辆配属塞瓦斯托波尔的海军岸防部队试用。1939年4月和9月，БМ-13-16和БМ-8-24原则上被批准定型。

然而好事多磨，它的卓越性能反而给自己带来了麻烦。1939年12月，БМ-13火箭炮通过了靶场实弹试验，但时任苏联弹药人民委员的谢尔盖耶夫、国防人民委员伏罗希洛夫、国防副人民委员兼总军械部部长库利克、苏联红军炮兵司令沃罗诺夫之间的意见出现分歧，使得БМ-13火箭炮未能正式服役。时任中央炮兵局局长的库利克元帅，这位当时苏联红军的“第一炮兵”在技术层面上指出该火箭炮缺少防护及掉弹率过高的问题。由于他的阻挠，火箭炮到了1940年依然没有定型，只生产了6门进行试用；1941年1-5月，共生产了40门作为小批量试用；同年6月份又计划生产17门。直到卫国战争爆发1周，在斯大林的干预下，1941年6月30日，苏联最高国防委员会才正式为“喀秋莎”定下军用编号，即БМ-13-16。

在之后的苏德战争中，该火箭炮在斯摩棱斯克会战中得到首次应用。1941年7月14日，弗廖罗夫（И.А.Флеров）大尉指挥1个火箭炮连对奥尔沙火车站的德军进行了齐射，这次齐射宣告了一种完全新式的火炮的诞生。令人遗憾的是，1941年10月6日，弗廖罗夫大尉在姆岑斯克作战中不幸牺牲，苏军历史上第一个火箭炮连也随之全部损失。战后为了表彰他的功勋，1963年11月14日，弗廖罗夫大尉被追授1枚一级卫国战争勋章，1995年6月21日又被追授“俄罗斯联邦英雄”称号。根据该连的作战经验教训，苏军组建了火箭炮团，全团共1414人，装备36门БМ-13火箭炮和12门37毫米高炮。之后，莫斯科、斯大林格勒、高加索、库尔斯克等地都留下了它的身影，每一次战役几乎都是在它的轰鸣声中开始，然后又在它的轰鸣声中结束，这种情况直到苏军最终攻克柏林才结束。

第二次世界大战期间，苏军火箭炮划分为四个系列，它们分别是82毫米M8系列、132毫米M13系列、300毫米M30系列以及310毫米M31系列。战争期间，苏联总共生产了2086门БМ-8系列，6844门БМ-13系列和1184门БМ-30系列火箭炮。其中有3374门是装在卡车上的（不包括由美国援助的吉普车所改装的“喀秋莎”）。到战争结束时，苏军已拥有7个火箭炮兵师、11个独立火箭炮兵旅、114个独立火箭炮兵团又38个独立火箭炮兵营，拥有火箭炮9350门。整个战争期间，苏联共生产各种口径火箭弹1440.1万发。

БМ-13火箭炮

1945年6月24日红场阅兵的火箭炮方阵

费廖罗夫大尉

第四章

喷气科学研究所

第一节 研究所的组成

1931年9月15日，苏联国防及航空化学建设促进会在莫斯科成立了附属的社会团体——喷气运动研究小组(Группа Изучения Реактивного Движения, ГИРД)。随后，根据苏联国防及航空化学建设促进会中央理事会主席团决议，专门研究火箭和发动机的科研与试验设计组织于1932年6月在莫斯科成立，科罗廖夫被任命为负责人。这个组织与空气动力实验室一样，在苏联火箭事业初创时期起了十分重要的作用。

1933年9月21日，根据负责陆海军事务的副人民委员图哈切夫斯基签署的苏联革命军事委员会第113号命令，以莫斯科喷气运动研究组和列宁格勒空气动力实验室为基础的世界上第一个喷气科学研究所（Реактивный Научно-Исследовательский Институт, РНИИ）组建成立，所长为克列梅诺夫（Клеймёнов），副所长为科罗廖夫（Королёв）。而之后苏联的历史学家们如此评论道："卓越的军事首长、天才的组织者图哈切夫斯基是一位新事物的热心拥护者。他负责红军装备的采购，全神贯注着设计理念的发展，支持有意思的创举，不惧怕大胆的设计。"

该所有4个设计组，具体是：

第一小组：负责液体火箭发动机的研制，组长灿杰尔，组员有高级工程师科尔涅夫（Л.К.Корнеев），工程师格拉亚兹诺夫（А.И.Грязнов）、杜什金（Л.С.Душкин）、波德里帕耶夫（А.И.Подлипаев）、波尔亚内（А.И.Полярный）和萨利科夫（А.В.Саликов）；设计师维维尔（Н.М.Вевер）、科尔巴斯纳（Л.Н.Колбасина）、莫什金（Е.К.Мошкин）和斯米尔诺夫（С.С.Смирнов）。

第二小组：负责火箭发动机的研制，组长季洪拉沃夫（М.К.Тихонравов），组员有高级工程师叶菲列莫夫（Н.И.Ефремов），工程师戈利舍夫（Я.А.Голышев）、朱耶夫（В.С.Зуев）和雅卡伊吉斯（Ф.Л.Якайтис），设计师安德烈耶夫（В.А.Андреев）、加尔科夫斯基（В.Н.Галковский）、克鲁格洛夫（З.И.Круглова）、帕罗夫伊纳（О.К.Паровина）和什卢金（Н.И.Шульгина），草图员斯涅吉耶娃（Е.И.Снегирёва）、安德列耶夫娃（Андреева）。

第三小组：负责喷气发动机的研制，组长波别多诺斯采夫（Ю.А.Победоносцев），组员有高级工程师季先科（М.С.Кисенко），工程师伊万诺夫（Г.И.Иванов）、里斯切金（В.Е.Лисичкин）和季莫菲耶夫（В.А.Тимофеев），设计师布柳科尔（Л.Э.Брюккер）、梅尔库洛夫（И.А.Меркулов）、奥加涅索夫（О.С.Оганесов），机械师科拉斯努辛（Н.Н.Краснухин）和拉扬赞金（А.Б.Рязанкин）。

第四小组：从事火箭飞行器和有翼火箭的研制，组长科罗廖夫，组员有高级工程师什汀科夫（Е.С.Щетинков），工程师热列兹科夫（Н.А.Железников）、皮沃瓦罗夫（С.А.Пивоваров）、切萨罗夫（А.В.Чесалов），设计师戈尔布诺夫（В.В.Горбунов）和费多托夫（Г.Н.Федотов），机械师杜尔诺夫（А.М.Дурнов）和皮沃瓦罗夫（Б.А.Пивоваров），草图员伊万诺娃（В.В.Иванова）、亚历山大洛娃（Александрова）。

莫斯科喷气运动研究小组成员，前排正中是科罗廖夫，最右是灿杰尔

克列梅诺夫

第二节 首枚火箭升空

1933年8月17日，苏联发射了第一枚液体火箭ГИРД-09。当年11月25日，苏联第一枚液体火箭ГИРД-X试射成功。它是由苏联第一位航天工程师灿杰尔主持设计制造的。

苏联第一枚液体火箭发射场地选在了纳哈宾诺工兵靶场17号站，时间是1933年8月17日晚上19时00分。由于意义重大，苏联组成了09工程试验样机飞行试验审查委员会，主要领导人共有4人，分别是喷气运动研究小组领导人主任工程师科罗廖夫、第二组主任工程师叶菲列莫夫、第一组组长主任工程师科尔涅夫和生产组组长钳工玛特西克。

整个火箭质量为18千克，燃料采用1千克固态浓缩煤油和3.45千克氧气。火箭起飞速度很慢，之后垂直上升高度达到约400米。在最大高度上，火箭沿水平线飞行了一段，然后沿着微微倾斜的弹道落到了附近的森林里。整个过程一共持续18秒，在此期间发动机一直在工作。落地时，火箭的壳体被压扁，连接开关也断了，火箭也因此遭到破坏。根据分析，

费里德里希·阿尔图洛维奇·灿杰尔

Фридрих Артурович Цандер

1887年8月11日（俄历）出生在里加，1933年3月28日因伤寒逝世。

幼年时受父亲鼓励，萌生了为星际航行奋斗的思想；中学时受齐奥尔科夫斯基“飞出地球”的设想影响，立志为实现星际航行而努力。1908年发表《实现星际飞行的宇宙飞船》，1910年发表了伽利略彗星观测报告，1914年以优异成绩毕业于里加工学院。

灿杰尔自1917年开始设计飞船，计算了能够平衡考虑时间和能量消耗的宇宙空间轨道。1919年在莫斯科“发动机”航空工厂设计室和工艺室担任领导工作。1924年倡议建立星际交通研究协会。1926年出任苏联中央航空设计局的高级工程师，致力于OP-1型喷气发动机的研制工作，并为设计宇宙飞船的火箭动力装置奠定了基础。1930年调到中央航空发动机制造研究所。1931年同科罗廖夫一起，把OP-2型液体火箭发动机改为飞航式火箭发动机。1932年4月成为喷气动力研究小组第一课题组负责人。

灿杰尔在火箭和液体火箭发动机方面的理论和实验性研究上取得的成果，促进了苏联第一枚液体推进剂发动机火箭的制造。

灿杰尔

垂直飞行之所以变成水平飞行，后来又转向地面，是由于燃气烧穿了法兰盘，以致产生了侧向推力。

在得知第一次火箭发射成功的消息后，工农红军技术装备部发明管理局首长和工农

灿杰尔125周年诞辰首日封

红军装备管理局联共（布）党组主席团向喷气运动研究小组及工程技术人员和工人发去贺电，祝贺“在掌握火箭技术上取得首批实际成果”。

科罗廖夫也发表了专门的简讯：“苏联发射了第一枚液体火箭。8月17日这一天，在喷气运动研究小组生活中无疑是值得纪念的一天。从这一天起，苏联的火箭将在加盟共和国的上空飞行。我们研究小组全体应竭尽全力，以便使火箭在今年达到设计参数，这样就可以把它交给工农红军使用了。具体的讲，要特别注意靶场的工作质量。在那里总是出现很多漏洞和要修修补补的工作。必须尽快试飞其他类型的火箭，以便全面研究并熟练掌握喷气式技术。苏联的火箭定当征服宇宙空间！”

在这之后，喷气运动研究小组进行了其他火箭的试验。9月，研究小组进行了装有固体火箭发动机（ПВРД）08火箭的飞行试验，11月6日发射了13号火箭（09号），11月25日发射了ГИРД–Х火箭（装有氧–酒精液体火箭发动机，质量29.5千克，飞行距离5.5千米）。在1934年，改进的13号火箭数次达到了1.5千米的高度。其他由喷气运动研究小组研制，在喷气科学研究所完成飞行试验的火箭有：1934年的06火箭、1935年的07火箭、1936年的05火箭。05火箭的发动机由ОРМ–50硝酸液体火箭发动机换成了12/К液氧火箭发动机。

在此时间，图哈切夫斯基对此给予了莫大的关心和帮助，还在1933年秋天观看了固体燃料火箭测试。不过这一切，也为日后埋下了祸根。

不过此时，虽然火箭武器品种不少，但依然无法装备工农红军。当时，液体火箭技术成本高昂且技术过于复杂，同时09火箭达5千米的理论射高根本无法实现，因此装备部队也就无从谈起。

工作人员给ГИРД-09火箭加注液氧

1933年11月25日，ГИРД-Х火箭发射后合影，左第一人为科罗廖夫，站立在最右面是季洪拉沃夫

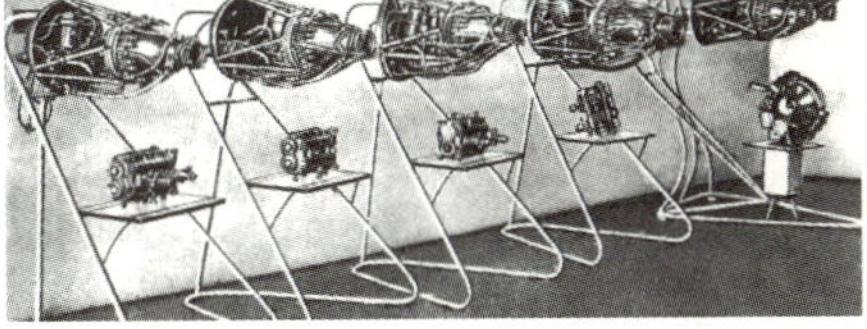

格鲁什科设计的РД-1、РД-1Х3（两个版本）发动机，以及РД-2、РД-3发动机

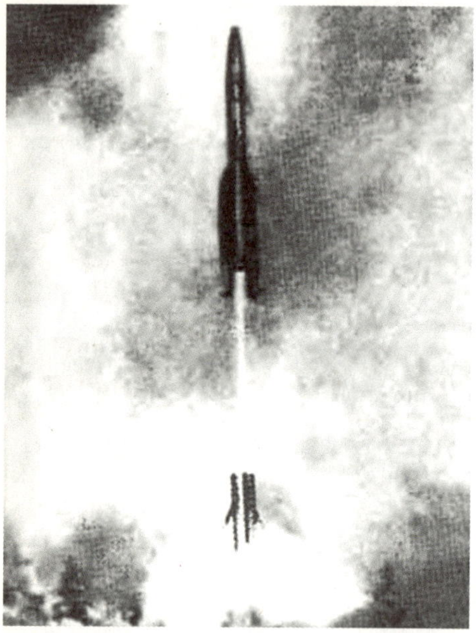

1933年11月25日ГИРД-Х火箭发射

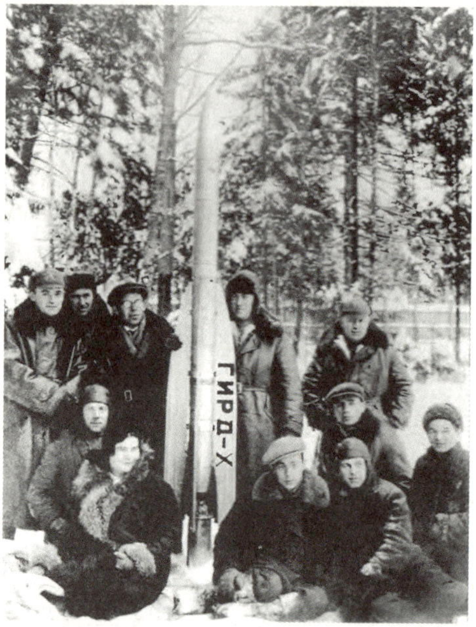

1933年11月25日ГИРД-Х火箭发射前合影，第二排右面第一人为科罗廖夫

第三节 步履蹒跚

从喷气动力研究小组到喷气科学研究所，虽然人员和实力壮大不少，但研究液体燃料火箭的工作却变得步履蹒跚。原因在于所长克列梅诺夫和其他大多数成员对液体燃料火箭和宇宙飞行没有兴趣，所以液体火箭的项目很快遭到边缘化。科罗廖夫带领他的小组继续从事巡航式飞弹的研究工作，但克列梅诺夫在1934年4月用兰格马科顶替了他的副所长职务。

1936年12月，喷气科学研究所更名为第3研究所（НИИ-3），所长在1937年10月也换成斯洛尼梅尔（Слонимер，1991年6月21日被追授“社会主义劳动英雄”称号）。而之前的副所长科罗廖夫因为与前所长克列梅诺夫在火箭研究发展方向上产生冲突，失去了副所长的位置，改任高级工程师。苏联解体后，档案记录显示，科罗廖夫于1934年1月17日向克列梅诺夫提交过一份报告，对研究所生产车间提出了严厉的（而且显然毫无根据）的批评。科罗廖夫要求开除这个车间的全体管理人员，但克列梅诺夫给出的回应是——要求苏共中央委员会开除科罗廖夫。

1933年10月31日，苏联劳动与国防委员会颁布第104号令，研究所归属于重工业人民委员会，它的第一批工作就是研制各型号火箭。研究所除了航空火箭弹和多管火箭炮外，也研制喷气发动机、海军火箭、防空火箭等。但一直到苏德战争爆发，由于技术队伍有限，试验和生产基础薄弱，仅仅成功研制出了航空火箭，其余武器项目均未取得成果。

20世纪30年代初期，研究所的工作总体上来说进展颇多，一批新的武器都在进行研制和研究，但不久就遭遇了大清洗。在1937–1938年的大肃反中研究所领导克列梅诺夫（Клеймёнов）、兰格马科（Г.Э.Лангемак）因为之前与图哈切夫斯基的牵连被镇压。而两位著名火箭设计师科罗廖夫和格鲁什科也身陷囹圄，当然这主要是和1940年继任的第三位所长科斯季科夫（А.Г.Костиков）有关联，正是他向内务人民委员会举报这两位有“反苏”罪行。

由于科斯季科夫的举报，格鲁什科在1938年3月被捕，1940年被遣送到在喀山的第16飞机制造厂КБ–4监狱设计局从事火箭发动机研究，1944年8月27日获得假释。而科罗廖

1937年时的科罗廖夫

兰格马科

兰格马科和格鲁什科在1935年出版的《火箭及其构造与应用》一书

夫则在1938年6月27日被捕，被分配到西伯利亚科尔马金矿做苦役。1940年3月，在昔日老师图波列夫的争取下（尽管此时图波列夫自己也深陷囹圄），科罗廖夫转到第29中央设计局（ЦКБ–29）从事飞机设计，1942年又转至在喀山的第16飞机制造厂所属实验设计局（也可能是特殊设计局，代号均为ОКБ-16）从事火箭设计，1944年7月26日被提前释放。

格奥尔基·艾瑞霍维奇·兰格马科

Георгий Эрихович Лангемак

俄语“宇宙航行”一词就源自他。1898年7月21日出生在哈尔科夫，1919年6月加入苏联红军，成为海军军官，在喀琅施塔得海岸炮兵第4营任职。1921年6月15日在喀琅施塔得事件后担任要塞海岸炮兵第2营营长，1922年1月13日担任喀琅施塔得要塞炮兵副主任。1923年考入列宁格勒军事技术学院并在1928年毕业任黑海舰队岸防炮兵副主任。1928年7月调入季霍米罗夫空气动力实验室研究火箭推进剂。1933年调入喷气科学研究所从事火箭研究。1934年1月任所总工程师，4月任副所长。1935年9月晋升为一级军事工程师，1937年由于对新型武器发展做出的贡献获得政府嘉奖。

1937年11月2日被捕，1938年1月11日被枪决，1955年11月19日平反。1967年月球背面一环形陨石坑以他名字命名。1957年1月15日，之前的同事格鲁什科在苏联科学院内部通报文件中指出他才是“喀秋莎”火箭炮的主要缔造者。1991年6月21日被追授“社会主义劳动英雄”称号。

第五章

来自德国的挑战

在当时，除了苏联对火箭武器投入了研究以外，德国和美国也在进行类似的工作。苏联的大清洗运动使得苏联原来的领先态势一下变为滞后。反观德国，最终率先制造出可以实战应用的导弹武器。

1933年春天，德国在柏林西南40千米处的库曼斯多夫（Kummersdorf）建设了“西部试验站”（Versuchsstelle West），随后进行了A-1火箭的发射。本次火箭发射采用了液氧作为推进剂，不过首次飞行试验并不成功。之后，德国又陆续研发了A-2、A-3与A-5火箭。在得到一系列重要技术成果和试验数据后，德国人开始在此基础上构想和研制实用化的大型火箭A-4（注：A是“组合件”的德语单词“Aggregat”的缩写）。

然而库曼斯多夫面积较小，且地理位置和保密条件都不符合战时要求。最终，火箭研究小组和德国军方在1936年4月决定，另外在德国东北部乌瑟多姆岛（Usedom）上的佩内明德（Peenemünde）秘密建立一个大型火箭研究中心。乌瑟多姆岛东临波罗的海，有3座桥与大陆相连，交通便利且利于控制。至于佩内明德，这是一个置于岛上树林、沙地和沼泽环境中的清净的渔村，是秘密研制武器的理想场所。

1939年底，火箭研究中心投入使用。德国在整个基地建设中投资巨大，到1940年花费达到5000万马克。整个中心实际分为两部分，东部为陆军研究中心，主要研制液体弹道导弹；西部为空军试验中心，主要研究Fi103导弹（注：1944年改名V-1导弹）。从1936年到1943年，整个陆军研究中心建成近70座大型建筑和复杂设施，包括当时欧洲最大的风洞以及大型液氧制取工厂、装备精良的试验室和制造车间等，员工数量达到1万人。大型试验台有11个，高达30米，可以进行大型导弹及其发动机的各种试验。应该说，这些设备和设施在当时是世界上独一无二的，类似的火箭制造中心要10～15年时间后才在美国和苏联再次出现。

1937年，德国陆军拨款2000万马克作为A-4火箭的研制经费。火箭设计计划是射程175千米、载荷1吨。经过几年的努力，1942年10月3日，该火箭在佩内明德试验发射成功，试验中，导弹飞行了190千米，在距离预定目标4千米处成功爆炸。此后，该型导弹在1943年开始装备部队，并在1944年9月正式命名为“复仇武器-2”（Vergeltungswaffe waffe-2），简称V-2

导弹。多恩伯格是V-2导弹计划的总负责人，冯·布劳恩实际上是总体技术负责人，瓦尔特·泰尔博士和瓦尔特·里德尔分别领导发动机研制和导弹设计工作。

这枚单级液体导弹呈流线型，由弹头、控制设备舱、燃料仓和尾段四部分组成。导弹全长14米，弹径1.65米，翼展3.57米，结构质量约4吨，起飞质量12.87吨，推力为26吨力，最大飞行速度M5（即5马赫），射程240～370千米，弹道高80～100千米。V-2导弹采用垂直发射方式，发射准备时间4～6小时，命中精度（圆概率偏差）4～8千米。由于导弹设计成功，1944年10月28日，希特勒授予了冯·布劳恩等5位科学家以骑士十字勋章，表彰他们对V-2导弹设计、制造和应用的卓越成就。当然，导弹由于匆忙上阵，还存在许多不足，包括燃烧不稳定、自动控制系统不够完善、弹头引信可靠性低、结构设计也有待进一步改进等。这些不足，尤其是控制系统的缺陷，是后续改进V-2导弹技术的突破口。

1943年下半年，盟国已经获悉德国在佩内明德研究秘密武器，并可能用这种新式武器攻击英国。1943年8月17日，英国皇家空军对佩内明德进行了地毯式轰炸，陆军研究中心遭到破坏，空军试验中心几乎没有遭到攻击。空袭中，包括火箭发动机专家瓦尔特·泰尔在内的733人丧生［此次轰炸也是时任德国空军参谋长的汉斯·耶顺内克（Hans Jeschonnek）空军大将自杀的重要原因之一］。8月22日，希特勒和施佩尔做出决定，将V-2测试工作转移到德军占领波兰地区，将生产转移到德国中部图林根州（Thüringen）距离诺森豪德（Nordhausen）4千米的孔斯坦山（Kohnstein），建立起“米特尔维克”（Mittelwerk）地下火箭工厂。这样，佩内明德的陆军研究中心、波兰的火箭试验场和米特尔维克地下火箭工厂之间的完整火箭研究、试验和生产体系得以形成。

1944年9月8日，德国首次发射V-2导弹对英国进行袭击。从1944年9月6日到1945年3月27日，德国共发射了3745枚V-2导弹，其中1359枚射向英国，有1115枚击中英国本土，不过击中伦敦的只有517枚；2050枚落在欧洲大陆的比利时安特卫普（1610枚命中）、布鲁塞尔、列日等地；还有582枚用于发展、改进和训练。在所有发射的V-2中，有74%落在目标周围30千米以内，这些导弹中又有44%落在目标周围10千米的范围内。从袭击英国造成的人员伤亡看，V-2共炸死2724人，炸伤6476人，对建筑物的破坏也相当大。安特卫普所遭到的袭击，使得港口的物资处理量下降了27%。应该说，V-2火箭武器的威力得到充分展示，但并没有起到德国当局希望的那种能挽回败局的作用。

对于盟军来说，美国陆军第8航空队和英国皇家空军重型轰炸机部队共出动1000架次，向怀疑有导弹生产设施的地区投弹4.8万吨。此外，盟军的战斗轰炸机还对怀疑是机动导弹发射装置的目标进行了扫射和轰炸，共出动1万架次，消耗弹药2000吨。

V-2导弹的梅勒拖车（Meillerwagen）

V-2导弹发动机

1942年10月3日，A-4火箭第三次发射获得成功

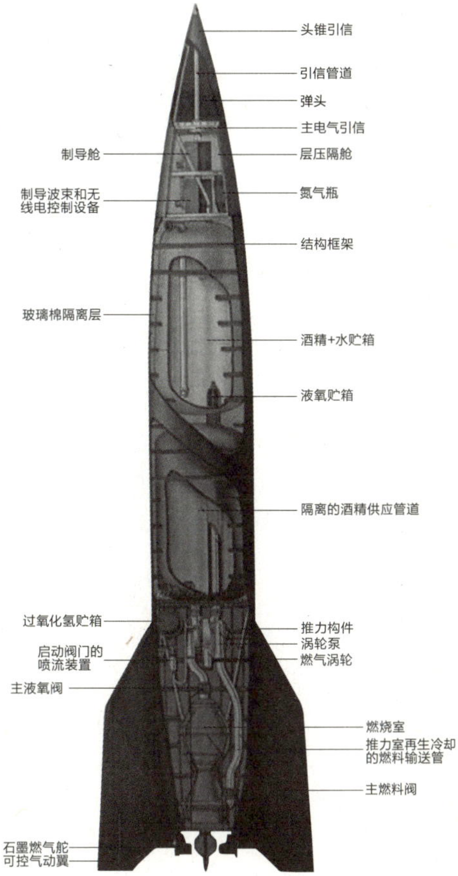

V-2导弹结构示意图

第六章

战时的默默无闻

由于苏军高层对火箭武器缺乏长远规划，当卫国战争爆发后，装备部人民委员会第3研究所更名为航空工业部人民委员会第1研究所，从事喷气航空发动机的突击研制。而苏联关于火箭方面的研究几乎全部停滞，原先从事相关研究的人员都集中在专业设计局中，从事前线所需要的针对性研究。

1941年8月，在第29中央设计局工作的科罗廖夫提出了为图–2轰炸机装备有翼航空鱼雷，该鱼雷质量为200千克，发射距离小于65千米，装备有液体火箭发动机或冲压发动机。

因告发有功，科斯季科夫于1938年9月15日升为喷气科学研究所副所长，主持研制"喀秋莎"火箭炮。1940年2月19日，他与苏联红军军械部主任阿伯任科夫（В.В.Аборенков）共同成为"喀秋莎"火箭炮的发明人，获得了苏联政府颁发的发明专利证书（苏联发明专利号第3338号），此外还在1941年7月28日获得了"社会主义劳动英雄"称号以及列宁勋章，1942年4月11日晋升工程少将并获得一级斯大林奖金（25000卢布），1943年3月还成为苏联科学院院士。

1942年7月15日，苏联国防委员会颁布第2046号令，将第3研究所改组为国家喷气动力技术研究所。1942年初，所长科斯季科夫决定研制装有液体火箭发动机的飞机，项目代号302，但进展十分缓慢。1944年1–2月，航空工

科斯季科夫

业部人民委员会副人民委员雅科夫列夫亲自率领一个专案组对其玩忽职守、欺骗政府等罪行进行调查。1944年2月18日，苏联国防委员会根据他的报告，认为喷气动力技术研究所在火箭研制方面工作不力，因而撤销该所，改组为科学研究院喷气航空第1所。

科斯季科夫于1944年3月15日被捕，1945年2月28日又因缺乏证据而被释放。从1945年8月直到1950年12月5日去世，科斯季克夫一直担任第24研究所所长，1947年还成为苏联在德国专家组组长。

1942年阿伯任科夫接受斯大林奖金

第二篇

筹备建军

第一章

对德技术争夺

第一节 夺取波兰试验场

随着战争胜利的天平向苏联倾斜，苏方对于远程火箭的研发工作从1944年正式开始。1944年6月13日，英国首次遭到V-1导弹袭击。1个月之后的7月13日，英国首相丘吉尔给斯大林发了一封秘密求援电报，告知德国已在登比察（Debica）进行了相当长时间的火箭飞行试验，而这个地区正处在苏军进军的道路上，丘吉尔希望苏军能够占领此地，并在占领过程中保护这一地区的仪器和设备。同时，丘吉尔还希望斯大林能够允许英国专家前往该地，了解火箭武器的工作原理。

斯大林在接到电报时，正值苏军即将发动利沃夫-桑多梅日战役，因此斯大林一方面将电报转给总参谋部，命令搜查登比察地区；另一方面令航空工业部人民委员会人民委员沙胡林（Шахурин）组织一批专家赴波兰考察，希望在英国专家到来之前找到德国新型火箭武器的技术资料和实物。

德国将位于波兰的火箭试验场选在布列兹纳（Blizna）炮兵靶场，地处登比察东北部，热舒夫（Rzeszów）以西50千米，临近布列兹纳村。这里实际是个测试与培训基地，用于继续有关V-2的试验，研究其空中损毁的原因。

8月5日，首批8位苏联专家（其中5位来自航空工业部人民委员会）随乌克兰第1方面军进入被解放的布利兹纳地区，其中波别多诺斯采夫和季洪拉沃夫来自航空工业部第1研究所，他们都曾是喷气科学研究所的重要成员。

苏方考察组在波兰工作了一周之后，英国专家才与他们会合，并带来了登比察地区的详细地图，地图上标注出火箭发射点和大量火箭武器弹着点的坐标，这些信息对考察工作起了重要作用。随后，专家们仔细搜索了试验场、计划生产武器的地区，以及弹着点区域。尽管德国人转移运走了大部分设备，但专家们还是找到了有价值的东西，如火箭发动机残骸、燃料箱碎片、蒸汽气体发生器、惯性装置重要部件、保存完好的涡轮泵组等。

根据得到的第一批火箭残骸，苏联专家确认找到的零件属于德国的“新型喷气弹”（注：此时苏方还不清楚它的编号是V-2），并对德国已经掌握的技术感到震惊！德国所掌握的火箭发动机推力比苏方火箭发动机的大8~10倍；苏联当时还在采用硝酸和煤油作燃料，而德国已经采用乙醇和液氧；苏联最优秀的火箭炮M-13的射程只有11.8千米，而德国

V-2导弹的飞行距离却已超过其25倍，达到约300千米；当时苏联重型火箭弹M-31所携带的弹头质量只有13千克，而V-2导弹所携带的弹头质量达1000千克，因此其攻击力比M-31火箭弹大125倍，弹着点坑深达15米，直径达25~30米。

季洪拉沃夫

沙胡林

9月4日，苏联专家小组和英国专家小组结束第一次考察，一起离开波兰试验场，前往莫斯科。英国专家所收集的无线电设备和仪器仪表控制系统，首先被运到莫斯科再转运往英国。9月19日，沙胡林主持召开了关于德国火箭武器的初步总结专题会议，会后成立了专门的筹划仿造小组。

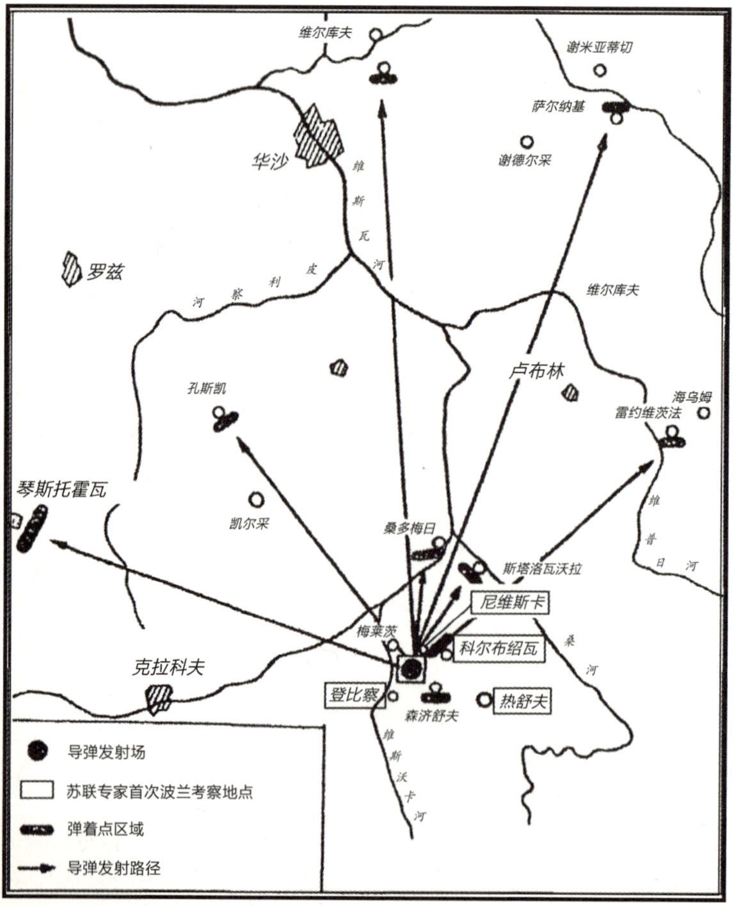

登比察火箭试验场弹着点示意图

第二节 争夺德国境内基地

在1944年8月苏军解放布列兹纳地区后，德军继续在本土研制和生产V-2导弹，并在9月用导弹攻击了英国和比利时等地，这使得苏方更加关注导弹的实战效果。

当时，德国在诺德豪森附近的V-2地下火箭工厂实现了V-2导弹的批量生产。工厂利用山区地形的优势，开凿出四条长约3千米的通道，并通过44条横向巷道连接起来。每条通道都是一个独立的装配车间，V-2只占用了其中一条通道。整个工厂拥有9000名熟练工人，另有来自集中营的3万名囚犯来这里劳动，平均每昼夜可以生产30枚。

1945年1月，波兰游击队在登比察地区又发现新的V-2组件，第1研究所所长菲奥多罗夫（П.И.Федоров）决定带队去波兰考察。但不幸的是，菲奥多罗夫乘坐的飞机在1945年2月7日失事，他和无线电技术系统专家波波夫（Р.И.Попов）等机上人员全部遇难。

此时，苏联在火箭、发动机、控制和航空等领域的技术专家急于了解德国本土的火箭试验基地、火箭发动机制造工艺、可控技术、弹头构造与实际参数、发动机控制电路、无线电控制等方面详情。

为了占得先机，切尔托克、斯米尔诺夫、奇斯佳科夫等火箭专家利用与航空部门一些研究所的良好关系，在4月23日从莫斯科飞往柏林，成为第一批前往德国的航空和火箭技术专业队伍。苏军攻克柏林后，在其他部委尚对火箭导弹技术存有怀疑态度之时，总军械部近卫火箭炮兵部队最先表现出对它的热心，派出了秋林将军的调查小组，而航空工业部人民委员会也派出了由伊萨列夫等10人组成的发动机小组。苏方专家在柏林先后考察了30多个仪器和无线电企业，它们都有比苏联更先进的产品和工艺。同年5月末，盖杜科夫来到柏林，在听取了秋林的工作汇报后，指示还有大量工作，不要急于回国。

1945年4月，苏联已经得知德国火箭武器的主要研制中心在佩内明德。而此时白俄罗斯第2方面军的部队正向那里开进。从这个时候开始，佩内明德成为两个大国争夺火箭技术的主要目标之一。切尔托克回忆当时飞临佩内明德时写道：“飞到波罗的海这个位置时，我还没有意识到，这个发射场在历史上会成为20世纪伟大的火箭竞赛的开端。这场竞赛吸引了世界各地的人们，世纪末之前几乎世界上所有军队都以这样或者那样的形式获得了火箭武器……那些日子，我们并没有想象到这样历史转折性武器技术的前景，纯粹是职业工程师的好奇心和对国家的责任感驱使着我们……”

佩内明德在1945年2月14日发射了最后一枚V-2导弹后，此时已将所有重要档案和设备装箱，随后在多恩伯格和冯·布劳恩带领下，几百位专家与档案和设备乘火车前往图林根地区，在德国中部诺德豪森、桑格豪森（Sangerhausen）、莱厄斯滕（Lehesten）、维岑豪森（Witzenhausen）、沃尔比斯（Worbis）和下萨克森州（Niedersachsen）继续从事研制工作。代表着德国13年来的火箭技术研究成果的主要档案和制成品，则藏在米特尔维克山洞和哈尔茨山区废弃矿井中。4月，冯·布劳恩等火箭专家乘火车转移到巴伐利亚州慕尼黑附近的阿尔卑斯山区小镇奥博阿梅尔高（Oberammergau）。5月2日，他们向赶到此地的美军步兵第44师投降。

在得到准确情报后，美国不惜违反美苏两国的秘密协议，于1945年4月12日抢先进占本应是苏军占领区的图林根部分地区，将492名德国专家及其664名家属、所有技术文献、100多枚准备运往前线的V-2导弹成品、大量半成品、基础材料等紧急运往美国本土。由于具有较高起点，美国很快就在1946年4月16日于白沙基地成功发射了第一枚从德国运回的V-2导弹。

5月2日，罗科索夫斯基指挥的白俄罗斯第2方面军终于攻入佩内明德，德军在这里还遗留下大型试验台、燃料和氧化器贮存车、发电站、部分火箭零件及2个完整的大型氧气工厂。6月1日，苏联专家们赶到了这里。根据遗留下来的设施、火箭零件及对工作人员的审讯记录，苏联专家得到了许多重要的信息，如火箭的燃料、氧化剂、飞行控制系统等，还得知了诺德豪森存在的一座地下火箭工厂。

德国V-2导弹

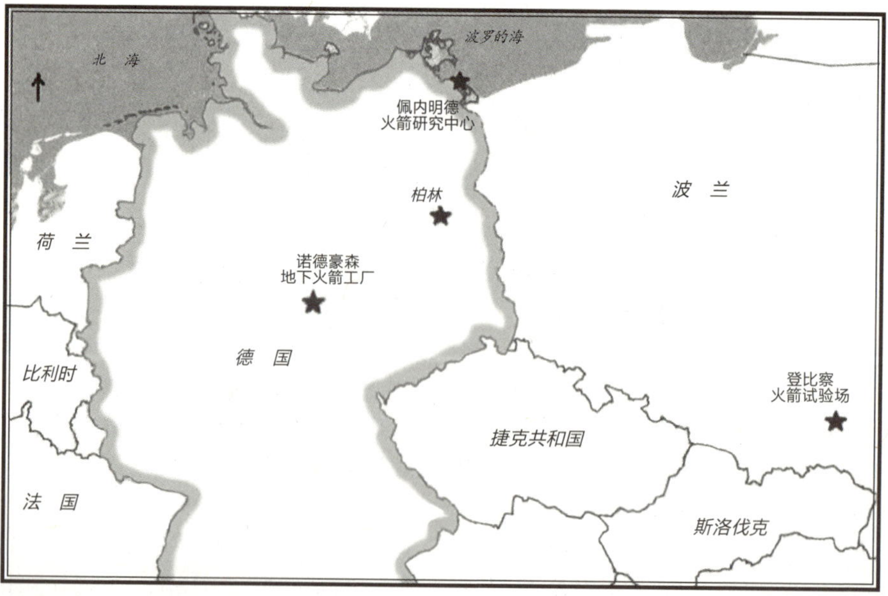

德国火箭试验场分布示意图

7月14日，苏军终于抵达诺德豪森，但留给他们的只有状况糟糕的试验台、控制设备、机床、散落的尾翼及燃烧室等火箭零件。幸运的是，美国并没有带走全部德国专家，某些德国工程师不想离开自己的国家，美国人也没有勉强他们。苏联获得的德国专家中，最有价值的就是控制与制导专家格勒特洛普（Gröttrup）。相较之下，在对德国火箭专家和技术的争夺战中，美国取得了绝对优势。这主要是因为苏联几大部委在火箭技术的归属问题上，长期没有清晰的态度，在争论和犹豫不决中，迟迟未作出有针对性的决定和行动。这些部委的官僚们错误地将精力投入到抢运设备中，却对争夺人才漠不关心；此外，部委的官僚们在考察中也各自为政，分别派出专家，没有很好地协调工作，不同部门之间还因战利品的归属问题而发生冲突。在具体工作方面，工作组接收到的仪器设备和资料都比较零散、混乱，没有进行统一、专门的整理分类，致使有价值的实物和资料分散在各部委，无法集中、有效地进行管理和利用，这种乱象直到1946年5月才结束。

第二章

对德技术复原

第一节 从无到有

1945年7月，在布莱谢罗德（Bleicherode）工作的苏德小组自发形成“拉贝研究所”（RABE），所长是切尔托克，第一副所长和总工程师是皮柳金。罗森普伦特是副所长，也是德国员工的负责人。尽管人才匮乏，又被美国夺了先机，研究所还是通过提供良好的物质保障，得到了不少火箭技术相关或接近领域的人才，其中就包括之前提到的格勒特洛普。

另一方面，苏联自身也在努力建设本国的人才队伍。8月，盖杜科夫首次考察了拉贝研究所，对这里的工作印象深刻，表示“将倾其全力支持在德国工作的扩展，直到中央委员会和政府相应决议发布”。之后，盖杜科夫经过个人协调并“幸运地”见到了斯大林，列出了之前喷气科学研究所还健在的专家。之后，苏联各部委专家被派往德国工作，其中有无线电专家梁赞斯基和库兹涅佐夫；火箭专家波别多诺斯采夫、科罗廖夫和格鲁什科等人。到1946年10月，苏联结束在德国的工作时，从事火箭技术复原的德国籍工作人员达到5870人，其中工程师和技术人员840人；苏联籍工作人员也有733人，其中工程师和技术人员490人。

根据罗森普伦特的建议，苏联充分利用了诺德豪森地区原有的火箭工厂开展技术复原工作，他们在地下工厂的一条通道中利用找到的火箭零件，尝试组装主要部分。之后，又将在小博敦根（Kleinbodungen）的火箭修理工厂作为拉贝研究所的实验工厂，将找到的所有零部件、试验台和其他设备搬运至此，从1945年9月开始装配导弹各部件和修理地面设备。与此同时，另外的几批专家开始重建发动机生产车间，同时对技术文件进行复原。

为了提高效率，盖杜科夫于1946年3月在德国佩内明德火箭中心地区组成统一的科研组织。同年5月，拉贝研究所等机构实现整合，成立了统一的诺德豪森研究所（Институт Нордхаузен）。盖杜科夫本人亲自领导这个研究所，并任命科罗廖夫为自己的副手和总工程师。整个研究所包括：位于瑟默达的是1号工厂，负责火箭尾部、仪表舱、燃料箱的制造与装配，石墨舵的机械加工以及火箭模型的制造；位于诺德豪森郊区的蒙达尼亚工厂即2号工厂，负责发动机和涡轮泵的装配和生产，位于莱厄斯滕的试验站负责发动机点火试验，两者共同承担发动机部分的工作；小博敦根附近的火箭修理工厂即3号工厂，从事火箭装配；在松德斯豪森（Sondershausen）的4号工厂专门研制仪器。此外，研究所还领导在诺德豪森米特尔维克火箭工厂和佩内明德工作的两个小组。

1945年的科罗廖夫

拉贝研究所主楼

至1946年10月，研究所结束在德国的工作时，一共装配出35枚可以发射的V-2导弹，还配套生产了可以组装10枚导弹的零部件，准备未来在苏联工厂进行导弹组装教学时使用。此外，根据对德国火箭工艺的分析，科罗廖夫得出结论，苏联完全可以借鉴德国火箭研制出性能更好的火箭。

总体来说，1945–1946年在苏联占领的德国地区，苏联专门成立了由284人组成的委员会，开展了搜集技术资料和研究德国武器生产工艺的工作，得到了在研火箭的全部图纸资料、机器设备和人员。诺德豪森附近一家V-2导弹工厂得以修复，将生产的大量V-2导弹组件运往苏联。为了更好掌握导弹制造技术，苏方专家对佩内明德靶场和试验中心、V-2导弹的诺德豪森秘密制造工厂的技术档案进行了全面的研究，甚至还去过在捷克斯洛伐克的布拉格和波尔诺的工厂进行研究。

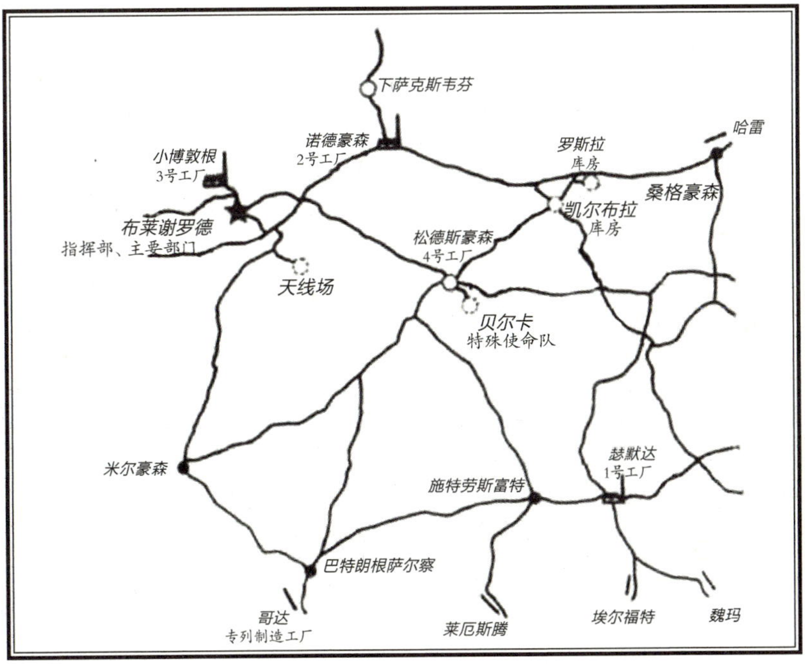

诺德豪森研究所布局图

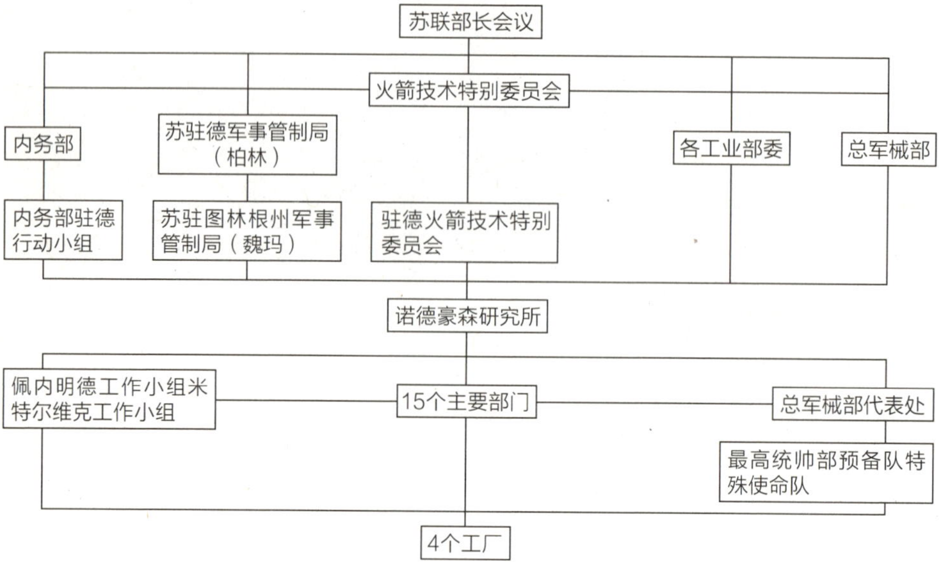

驻德火箭技术行政管理系统图

第二节 在德主要苏联专家介绍

为了复原德国火箭技术，苏联调动了近卫火箭炮兵及各部委的专家，他们中的一些人后来成了战略火箭军的组织者和筹备者，另一批人则成为战略火箭军装备的研制者。

1946年2月在德部分专家说明：第一排从左到右依次为皮柳金、博罗夫科、？（未知名者）、巴库林、波别多诺斯采夫、科罗廖夫、布德尼克；第二排从左到右依次为？（未知名者）、哈尔切夫、沃斯克列谢恩斯基、奇日科夫、米申

列弗·米哈伊洛维奇·盖杜科夫

Лев Михайлович Гайдуков

盖杜科夫于1911年1月14日在图拉出生，1999年去世。1935年，盖杜科夫毕业于图拉机械学院，毕业后进入莫斯科第67工厂，先后任工艺工程师和培训室主任，1937年任航空工业部人民委员会第4管理总局干部室主任，1940年毕业于高级政治人才专修班，1941年任近卫火箭炮兵军事委员会委员，1943年3月25日晋升少将。1946年，盖杜科夫任总军械部喷气科学研究所副所长，之后历任总军械部喷气武器第4管理局部门主任、副局长，炮兵特种装备副司令、国防部特种武器和火箭技术管理局副局长等职，1961年5月9日晋升中将。1963年后，盖杜科夫又历任战略火箭军副总工程师、第4研究所负责人等职，直到1971年退役。

盖杜科夫

莫斯科新处女公墓的切尔托克墓碑

鲍里斯·叶夫谢耶维奇·切尔托克

Борис Евсеевич Черток

切尔托克，1912年2月16日（俄历）出生于波兰罗兹，2011年12月14日去世。切尔托克于1930年8月进入莫斯科第22航空工厂工作，1934年在莫斯科动力学院学习并在1940年毕业，1940–1945年在第84航空工厂工作。1945年4月，切尔托克赴德国调查火箭技术，任苏联驻德火箭技术机构–拉贝研究所所长，1946–1966年成为科罗廖夫的助手，任第88研究所副总工程师。1956年，切尔托克参与了P–5导弹的制造和试验，后来参与制造了世界首枚洲际弹道导弹P–7，见证了首批航天发射。此外，切尔托克还参与制造了首批星际站，参与进行了人类首次太空飞行的筹备工作。切尔托克先后获得四级为祖国服务勋章、社会主义劳动英雄称号、2枚列宁勋章、1枚十月革命勋章、1枚劳动红旗勋章和1枚红星勋章等，此外还分别获得过列宁奖金和苏联国家奖金各1次。

格奥尔基·亚历山大洛维奇·秋林

Георгий Александрович Тюлин

秋林出生于1914年12月9日，1990年4月22日去世。1932年秋林毕业后在莫斯科农业机械化研究所工作，1933年进入莫斯科罗蒙诺夫大学学习，1938年开始在农业机械化研究所任教。卫国战争爆发后，秋林在波多利斯克军校近卫火箭炮兵指挥专业学习，学习结束后任近卫火箭炮兵团营长，之后先后在西方面军、西北方面军、波罗的海第2方面军的近卫火箭炮兵部队任职，1944年任波罗的海第3方面军近卫火箭炮兵部队负责人。1944年12月，秋林离开前线任近卫火箭炮兵部对技术部门负责人之一，1945年5月领导驻德国火箭技术委员会工作，1946年任总军械部喷气武器第4管理局部门副主任、主任，1949年任第4管理局科研部门副主任，1955年任第4管理局第一副局长，1959年成为第88研究所所长，1961年成为国防科技委员会副主席，工程技术勤务中将，1976年底退役。秋林先后获得1次社会主义劳动英雄称号（1961年6月17日）、2枚列宁勋章、1枚十月革命勋章、1枚红旗勋章、1枚亚历山大·涅夫斯基勋章、1枚一级和1枚二级卫国战争勋章、1枚劳动红旗勋章和3枚红星勋章等，此外还获得过1次列宁奖金。

秋林

皮柳金

尼古拉·阿列克谢耶维奇·皮柳金

Николай Алексеевич Пилюгин

皮柳金于1908年5月5日（5月18日）出生，1982年8月2日去世，是苏联著名的导弹与航天自动控制系统专家。1926年，皮柳金开始担任机械师，1930年进入莫斯科高等技术学院学习，1935年开始在飞行研究院工作，1944年进入航空工业部第1研究所工作，之后在1944-1946年间赴德国，参与复原德国V-2导弹技术的工作。1946年后，皮柳金成为第88研究所自主控制系统总设计师，研制了P-1导弹、P-7洲际弹道导弹、“质子”号运载火箭和“暴风雪”号航天飞机等控制系统。先后获得2次社会主义劳动英雄称号（分别为1956年4月20日和1961年6月17日）、5枚列宁勋章和1枚十月革命勋章等，此外还分别获得过列宁奖金和苏联国家奖金各1次。

米哈伊尔·谢尔盖耶维奇·梁赞斯基

Михаил Сергеевич Рязанский

梁赞斯基于1909年3月23日（俄历）出生在圣彼得堡，1987年8月5日去世。梁赞斯基1931年开始在列宁格勒军事技术学院学习，1934年在莫斯科动力学院工作，之后到第20研究所工作，成为苏联П-2雷达总设计师，1945-1946年间在德国从事V-2导弹技术复原工作，1946年10月回国后任第885研究所（即如今的俄罗斯航天仪表研究所）总设计师直至1986年。梁赞斯基曾参与了当时苏联所有导弹、运载火箭、宇宙飞船的无线电系统设计研发。梁赞斯基先后获得1次社会主义劳动英雄称号（1956年4月20日）、5枚列宁勋章、1枚十月革命勋章、2枚劳动红旗勋章、1枚红星勋章等，此外还分别获得过列宁奖金和斯大林奖金各1次。

梁赞斯基

巴尔明

弗拉基米尔·巴甫洛维奇·巴尔明

Владимир Павлович Бармин

巴尔明于1909年3月4日（俄历）出生，1993年7月17日去世。巴尔明在1926年中学毕业后考入莫斯科巴乌曼高等技术学校冷冻机专业，1930年毕业后分配到莫斯科“压缩机”冷冻机厂工作。1935年12月，巴尔明赴美学习5个月，卫国战争开始后，在厂内成立了特种兵器设计局，为БМ-13火箭炮设计了地面发射装置。战后其领导的“压缩机”冷冻厂特种兵器设计局改名为特种机器制造设计局，他担任了导弹系统的地面发射装置总设计师，为苏联一系列导弹和运载火箭设计了地面发射装置。巴尔明先后获得1次社会主义劳动英雄称号（1956年4月20日）、6枚列宁勋章、1枚一级库图佐夫勋章、1枚十月革命勋章、2枚劳动红旗勋章等，此外还获得过1次列宁奖金和4次苏联国家奖金。

维克托·伊万诺维奇·库兹涅佐夫

Виктор Иванович Кузнецов

库兹涅佐夫于1913年4月14日（4月27日）出生，1991年3月22日去世。库兹涅佐夫于1933年进入列宁格勒理工学院并于1938年毕业，专攻陀螺仪研究专业。1937–1940年，库兹涅佐夫在列宁格勒电器研究所任工程师，1941–1943年在第10研究所任部门主任，1943–1947年任船舶工业第1研究所总工程师，1947年任第10研究所第二分所副所长和总设计师，1956年历任新成立的第994研究所（即后来的应用力学研究所）总工程师、副所长和总设计师直至去世。库兹涅佐夫为苏联战略火箭军的主要洲际弹道导弹以及航天器研制了可靠的陀螺仪系统。库兹涅佐夫先后获得2次社会主义劳动英雄称号（1956年4月20日和1961年6月17日）、2枚列宁勋章、1枚十月革命勋章和1枚劳动红旗勋章等，并获得1次列宁奖金、二级斯大林奖金和苏联国家奖金各2次。

库兹涅佐夫

瓦西里·巴甫洛维奇·米申

Василий Павлович Мишин

米申于1917年1月5日（1月18日）出生，2010年10月10日去世。米申从1932年起在中央航空研究所工作，1935年进入莫斯科航空学院学习，1941年毕业后进入博尔霍夫季诺夫航空设计局工作。1945年5月，米申去德国了解V–2导弹情况并结识了科罗廖夫，1946年5月–1966年1月任科罗廖夫设计局副总设计师，1958年成为苏联科学院通讯院士。科罗廖夫去世后，米申在1966年1月–1974年5月期间任总设计师，1966年成为苏联科学院院士。他先后参与了首枚洲际弹道导弹、第一颗人造地球卫星和首次载人航天飞行等研究工作。1974年5月后，米申在莫斯科航空学院工作。米申先后获得社会主义劳动英雄称号（1956年4月20日）、3枚列宁勋章、1枚十月革命勋章、1枚劳动红旗勋章和1枚红星勋章等，并获得列宁奖金和苏联国家奖金各1次。

米申

列宁奖金

Лауреат Ленинской премии

列宁奖金是苏联为表彰在科学、文学、艺术、建筑等方面取得杰出成就的苏联公民而设立的最高奖。最初设立于1925年，但1935-1956年没有颁奖，直到1957年重新颁奖，同时还设立了列宁文学奖与艺术奖。1970年又增设了儿童文学奖，1990年停办。该奖一般每两年颁发一次，奖金1万卢布。获奖项目在列宁诞生纪念日（4月22日）由苏共中央和部长会议签署命令公布。由列宁奖金委员会颁发。获奖者除获奖金外，还荣膺列宁奖金获得者称号、奖篇、徽篇和荣誉证书。任何人一生只能得到一次列宁奖金。

斯大林奖金

Сталинская премия

斯大林奖金是根据1939年12月苏联人民委员会决议而设立的一项奖金，旨在鼓励科学技术发明和文学艺术创作。从1941年起开始颁发，一年一次，由有关单位和各方面的著名人士组成委员会，对已提出的候选人进行评选，在十月革命节时颁发。其中一等奖10万卢布，二等奖5万卢布，三等奖2.5万卢布（旧币，相当于1961年后的1万、5000与2500新卢布）。1953年斯大林逝世，这项奖金随之停止。1966年4月，苏共中央和苏联部长会议做出决定，将斯大林奖金改名为苏联国家奖金。

苏联国家奖金

Государственная премия СССР

1966年9月9日，苏共中中央和苏联部长会议为表彰在科学、技术和文学艺术方面有成就的人，决定设立苏联国家奖金，实施条例于1967年9月批准。原斯大林奖金（1940-1952）获得者，相应地享有苏联国家奖金获得者的荣誉。奖金由苏联部长会议列宁和国家奖金委员会每年在十月革命章颁发。科技方面获奖者不超过50名，文艺、建筑方面获奖者不超过10名。国家奖金获得者可以第二次获得，但需隔5年之后。奖金额为5000卢布。除发奖金外，还授予获奖者以“国家奖金获得者”荣誉称号、证书及奖状。这项奖金从1967年开始颁发直到苏联解体。苏联解体后，该奖金改称为俄罗斯联邦国家奖金。

列宁奖金奖章

斯大林奖金奖章

苏联国家奖金奖章

第三章

火箭部队建立

1945年5月2日，苏联红军攻克德国法西斯的老巢柏林。5天后，德国宣布无条件投降，第二次世界大战欧洲战事宣告结束。然而，从这个时候开始，原本为了对抗共同敌人德国而暂时结盟的苏联和美、英等西方国家之间的“蜜月”也就此告终，彼此之间逐步出现了裂痕。

发表演说中的丘吉尔

1946年1月，英国前首相丘吉尔应邀访美。3月5日，他在美国总统杜鲁门的陪同下抵达密苏里州富尔顿，在杜鲁门的母校威斯敏斯特学院发表了题为“和平砥柱”的演说。在演说中，丘吉尔说道：“……从波罗的海边的什切青到亚得里亚海边的里雅斯特，一幅横贯欧洲大陆的铁幕已经拉下。这张铁幕后面坐落着所有中欧、东欧古老国家的首都——华沙、柏林、布拉格、维也纳、布达佩斯、贝尔格莱德、布加勒斯特和索菲亚。这些著名的都市和周围的人口全都位于苏联势力范围之内，全都以这种或那种方式，不仅落入苏联影响之下，而且越来越强烈地为莫斯科所控制……”

丘吉尔发表的“铁幕”宣言使双方的敌对关系陷入激化，整个欧洲逐步形成东、西方两大阵营，并展开了冷战。而随着冷战的爆发及美国于1946年春发射了从德国运回的导弹，强化国防成为苏联的当务之急。1946年4月29日，斯大林亲自召开专题会议，听取报告，要求加速苏联导弹武器的发展。同年5月13日，根据苏联部长会议第1017–419号决议，苏联建立了隶属苏联部长会议的火箭技术专门委员会。委员会全面负责监督所有火箭武器的科研、设计和实践工作。决议指出，首要任务是尽快生产类似V–2导弹的远程可控导弹和地空可控导弹。同时，决议还确定了负责火箭武器研制和生产的各个部委：装备部、农业机械制造部和航空工业部。

决议如下：

一、组建部长会议火箭技术特别委员会，由下列同志组成：Г.М.马林科夫同志担任主席职务；Д.Ф.乌斯季诺夫同志担任副主席职务；И.Г.祖波维奇同志担任副主席职务，同时免去其电力工业部的工作；Н.Д.雅科夫列夫同志担任委员职务；Н.И.基尔皮奇尼可夫同志担任委员职务；А.И.贝格同志担任委员职务；П.戈列梅金同志担任委员职务；И.А.谢洛夫同志担任委员职务；И.А.谢洛夫同志担任委员职务。

二、火箭技术特别委员会的工作范围包括：监督火箭武器的科研、设计和实施工作的发展，审核并直接向苏联部长会议主席提请批准上述方面科研和实施工作的发展计划与规划，以及决定和批准用于制造火箭武器货币拨款及物质技术资料方面的每一季度的需求；监督各部和各主管部门完成苏联部长会议关于进行火箭武器的科研、设计、建造以及实施工作任务的情况；协同有关部长和主管部门领导共同采取业务措施保证按时完成上述任务。

三、特别委员会拥有自己的机构。

四、各部和各主管部门完成制造火箭武器的工作由火箭技术特别委员会监督。未经部长会议特别许可，任何机关、组织和个人都无权干涉或者询问有关火箭武器的制造情况。

五、责成火箭技术特别委员会向部长会议主席提请批准1946–1948年度科研和试验工作计划，首要任务是确定采用国产材料复制V–2导弹（远程导弹）和瀑布导弹（地空导弹）。

六、研制生产火箭武器的主导部门包括：装备部——负责液体发动机火箭弹；农业机械制造部——负责固体燃料发动机火箭弹；航空工业部——负责喷气式巡航导弹。

七、确定以下各部为协作生产主要部门——委托其完成科研、设计及试验工作，同时按照委员会批准的主导部的订货进行生产：

1. 电力工业部——负责生产陆上和舰船上制导系统的无线电仪器、选择器装置和电视机件装置，建立发现和测定目标方位的雷达站。

2. 造船工业部——负责生产陀螺稳定仪、计算仪、表现和测定目标方位及到达导弹距离的舰船雷达站、舰船发射装置稳定系统、攻击水下目标火箭弹及仪表的自动制导头。

3. 化学工业部——负责生产液态燃料、氧化剂和催化剂。

4. 航空工业部——负责生产远程导弹的液体喷气式发动机，进行导弹空气动力研究及试验。

5. 机械和仪器制造工业部——负责生产安装、发射装置，生产各种压缩机、泵及其仪表，以及其他配套装置。

6. 农业机械制造部——负责生产非触发信管、装具和各种火药。

八、为完成委派给各部的任务决定成立：在装备部、农业机械制造部和电力工业部设立火箭技术总管理局；在武装力量部设立军械总部火箭武器管理局和海军火箭武器管理局；在化学工业部、造船工业部、机械和仪器制造工业部设立火箭技术管理局；在部长会议国家计划委员会设立以国家计委副主任为首的火箭技术局。

九、在各部设立下列研究所、设计局和火箭技术试验场：

1. 装备部——在第88号工厂基地成立火箭武器研究所和设计局，取消该厂其他所有任务，将这些任务分配给装备部的其他工厂。

2. 农业机械制造部——在国家中央第1设计局基地设立固体燃料火箭弹研究所、在航空工业部第1研究所第二分所基地成立设计局，以及在索夫里斯基试验场基地建立火箭弹科研试验场。

3. 化学工业部——设立喷气式发动机化学试剂和燃料研究所。

4. 电力工业部——第20研究所和1号工厂的遥控力学实验基地成立附设制导远程及地空火箭弹无线电和电子仪器设计方案局的研究所。委托布尔加宁同志审查决定将武装力量部1号工厂转交给电力工业部的问题，以便委派电力工业部完成该厂的计划。

5. 武装力量部——设立军械总部的火箭研究所和火箭技术国家中心试验场，供所有从事火箭武器研究的部门使用。

十、责成装备部（乌斯季诺夫同志）、农业机械制造部（万尼科夫同志）、电力工业部（卡巴诺夫同志）、造船工业部（戈列格利亚德同志）、机械和仪器制造工业部（帕尔申同志）、航空工业部（赫鲁尼切夫同志）、化学工业部（别尔乌辛同志）、武装力量部（布尔加宁同志）批准有关部的管理局、研究所和设计局的机构及编制。

十一、掌握德国火箭技术的下列工作是首要任务：

1. 完全复原V-2（苏联称之为Φ a y-2）远程导弹和地空导弹——瀑布导弹、莱茵女儿导弹、蝴蝶导弹的技术文件和模型。

2. 恢复对V-2导弹、瀑布导弹、莱茵女儿导弹、蝴蝶导弹及其他导弹进行研究和试验所必需的实验室和试验台，含全部设备仪器。

3. 培训能够掌握V-2导弹、地空导弹及其他导弹的设计、试验方法、生产零部件的工艺和导弹装配技术的苏联专家队伍。

十二、任命诺索夫斯基同志为在德国的火箭技术工程领导人，常驻德国。免去诺索夫斯基同志与火箭武器无关的其他工作。任命库兹涅佐夫同志（军械部）和盖杜科夫同志为诺索夫斯基同志的助手。

十三、责成火箭技术特别委员会从有关部挑选出必要数量的各专业专家派往德国研制火箭武器，其目的在于把苏联专家指定给每位德国专家负责并从他们那里获得经验。

十四、禁止各部和各主管部门未经特别委员会批准召回其在德国研究德国火箭武器的工作人员。

十五、装备部、农业机械制造部、航空工业部、电力工业部、化学工业部、机械和仪器制造工业部，以及武装力量部等各部，必须在一个月内准备就绪并提交火箭技术特别委员会批准在德国的火箭武器设计、科研和试验的具体计划，包含为每个设计局确定的任务和期限。为了解在德国的火箭武器工作的进展情况，以便制定目前的工作计划，派乌斯季诺夫、雅科夫列夫和卡巴诺夫同志带领专家组前往德国进行为期十五天的考查。

十六、责成武装力量部（布尔加宁同志）在德国组建掌握训练和发射V-2导弹的特种炮兵部队。

十七、预先决定将德国设计局和专家于1946年底从德国转移到苏联的问题。责成装备部、农业机械制造部、电力工业部、航空工业部、化学工业部、机械和仪器制造工业部准备好安置德国设计局和专家的基地。火箭技术特别委员会必须在一个月内就此问题向苏联部长会议提出建议。

十八、批准火箭技术特别委员会给从事火箭技术工作的德国专家制定高于一般人员的报酬。

十九、责成武装力量部（赫鲁廖夫同志）为提供在德国从事火箭武器工作的所有苏联和德国专家的生活保障拨出：11号定额的免费口粮1000份；2号定额的补充口粮3000份；小轿车100辆；载重汽车100辆；同时还需供给燃料和配给驾驶人员。

二十、责成财政部和在德国的苏联军事行

政机关为在德国的火箭技术特别委员会进行的全部工作拨出经费7000万马克。

二十一、批准火箭技术特别委员会以及各部在德国为研究所的实验室和火箭武器国家中心试验场，在战争赔款项目下订购各种特殊设备和仪器。委托特别委员会会同国家计划委员会及外贸部共同确定订货清单和供货期限。

二十二、委托特别委员会向苏联部长会议提交建议，派遣委员会去美国安排为火箭技术研究所实验室订购设备和仪器，在这些建议中预先规定按公开许可证委员会有权购买价值2百万美元的设备仪器。

二十三、责成内务部副部长谢罗夫同志为设在德国的火箭技术设计局、研究所、实验室及工厂的正常工作创造必要的条件（食品供应、住房、汽车运输等）。苏联武装力量部（赫鲁廖夫同志）和战略空军集团军总指挥索科洛夫斯基同志必须给予谢罗夫同志必要的协助。

二十四、责成火箭技术特别委员会清查由各部和各部门运出的所有设备、仪器、仪表，以及火箭技术资料和模型，并根据赋予各有关部和各部门的任务对它们进行重新分配。

二十五、委托武装力量部（布尔加宁同志）向部长会议提出的关于火箭武器国家中心试验场的地点及建设的建议。

二十六、责成火箭技术特别委员会提请部长会议主席批准关于奖励研究和制造火箭武器的条例，以及关于为在火箭技术方面特别熟练的工作人员提高薪金的建议。

二十七、根据人民委员会1946年3月6日第514号决定，批准火箭技术特别委员会把装备部、农业机械制造部、航空工业部、电力工业部、机械和仪器工业制造部、化工部和武装力量部新组建的研究所和火箭武器设计局的薪金额度及工业品与食品供应的待遇提高到苏联科学院的科研机构的水平。

二十八、责成航空工业部（赫鲁尼切夫同志）向装备部转派发动机制造专家、空气动力学家、飞机制造工人等20名。

二十九、责成高等教育部部长卡夫塔诺夫同志在高等院校和综合性大学组织培训火箭技术工程师和科学工作者，重新培训其他专业的高年级大学生掌握火箭武器专业，保证于1946年底前具有高等技术院校学历的首批毕业生不少于200名，具有综合性大学学历的毕业生不少于100名。

三十、委托火箭技术特别委员会会同高等教育部从高教科研机构以及其他部挑选500名专家，对他们重新培训，并派遣到从事火箭武器研究的各部工作。

三十一、为保证被调到苏联的德国火箭技术专家的住房，委托沃兹涅先斯基同志于1946年10月15日前，根据火箭技术特别委员会的调拨单，在分配计划中预先划出150栋可拆卸的芬兰式房子和40栋8套间的圆木住房。

三十二、必须把火箭技术的发展工作当作国家最重要的任务，并责成所有部和机构把火箭技术任务当作首要任务来完成。

苏联部长会议主席 И.В.斯大林

苏联部长会议办公厅主任 Я.恰达耶夫

根据决议，苏联先后建立了如下机构：以在莫斯科郊区的波德利波基炮兵第88工厂（原为加里宁炮兵第8工厂，后迁到斯维尔德洛夫斯克）为基础成立了属于装备部的第88研究所（后为中央机械制造研究所），研究所所长为著名火炮生产组织者戈诺尔，总工程师为波别多诺斯采夫，三室（即弹道导弹设计室，模拟缴获的德国V–2导弹研制室）主任为科罗廖夫；以农业机械制造部国家中央第1设计局和航空工业部第1研究所的第二分所为基础建立了火药火箭弹研究所（第1研究所，1967

年之后为莫斯科热工技术研究所）；以航空工业部第1研究所和航空第84工厂为基础在莫斯科郊区成立了第456特殊设计局（现为动力机械制造科研生产联合体），目的是研究液体火箭发动机，并隶属于航空工业部，总设计师为格鲁什科；还有研究弹道导弹电子设备的第627研究所等。

决议通过后不久，装备部部长乌斯季诺夫和总军械部部长雅科夫列夫炮兵元帅带领的政府专家组前往德国进行了为期15天的考察，之后向斯大林提交了一份考察报告。8月，他们再次到德国考察，初步部署了专家回国后的安置，确定科罗廖夫为装备部第88研究所总设计师（注：乌斯季诺夫最先曾经考虑过炮兵专家西尼里什科夫，不过波别多诺斯采夫和米申都支持科罗廖夫），并将波别多诺斯采夫、切尔托克、米申、沃斯克列先斯基等从航空工业部调到第88研究所。

同一时间，苏联于1946年5月成立武装力量总炮兵局火箭装备局，任命杰克洛夫少将为局长。同年8月15日，苏联在德国境内成立了第一个火箭兵团——特种旅，进行德国V2导弹的研究工作。该部队原为驻德苏军近卫火箭炮兵第92团，1948年该旅番号命名为特种第92旅，1950年12月成为最高统帅部预备队特种第22旅，后来逐步发展成了近卫导弹第24师。

据后来数据显示，当年，为了加大对于导弹的研制力度，苏联军费开支达到630亿卢布，占整个国民生产总值6%以上。

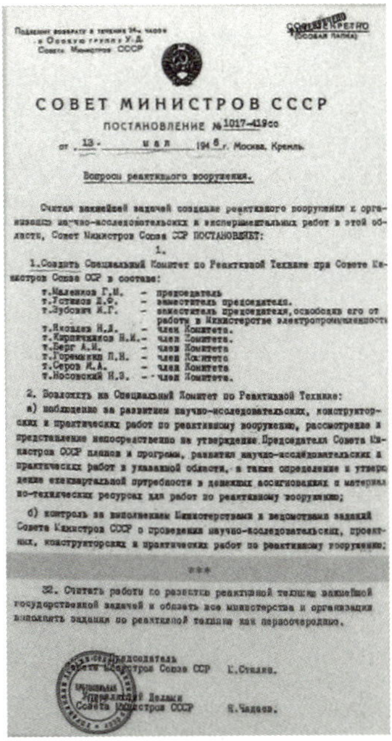

СОВЕРШЕННО СЕКРЕТНО
(ОСОБАЯ ПАПКА)

СОВЕТ МИНИСТРОВ СССР
ПОСТАНОВЛЕНИЕ №1017-419сс
от 13 мая 1946 г. Москва, Кремль.

Вопросы реактивного вооружения.

Считая важнейшей задачей создание реактивного вооружения и организацию научно-исследовательских и экспериментальных работ в этой области, Совет Министров Союза ССР ПОСТАНОВЛЯЕТ:

1.

1. Создать Специальный Комитет по Реактивной Технике при Совете Министров Союза ССР в составе:

т.Маленков Г.М. – председатель
т.Устинов Д.Ф. – заместитель председателя.
т.Зубович И.Г. – заместитель председателя, освободив его от работы в Министерстве электропромышленности
т.Яковлев Н.Д. – член Комитета.
т.Кирпичников П.И. – член Комитета.
т.Берг А.И. – член Комитета
т.Горемыкин П.Н. – член Комитета
т.Серов И.А. – член Комитета
т.Носовский Н.Э. – член Комитета.

2. Возложить на Специальный Комитет по Реактивной Технике:

а) наблюдение за развитием научно-исследовательских, конструкторских и практических работ по реактивному вооружению, рассмотрение и представление непосредственно на утверждение Председателя Совета Министров СССР планов и программ развития научно-исследовательских и практических работ в указанной области, а также определение и утверждение ежеквартальной потребности в денежных ассигнованиях и материально-технических ресурсах для работ по реактивному вооружению;

б) контроль за выполнением Министерствами и ведомствами заданий Совета Министров СССР о проведении научно-исследовательских, проектных, конструкторских и практических работ по реактивному вооружению;

* * *

32. Считать работы по развитию реактивной техники важнейшей государственной задачей и обязать все министерства и организации выполнять задания по реактивной технике как первоочередные.

Председатель
Совета Министров Союза ССР И.Сталин.

Управляющий Делами
Совета Министров СССР Я.Чадаев.

1946年5月13日公布的1017-419号决议

在德国的ФАУ-2导弹

斯大林的戎装标准像

第四章

最初的装备

第一节 P-1的诞生

1946年，苏联专门成立了以沃茨纽克（В.И.Вознюк）少将为领导的勘址小组，为未来火箭试验靶场选址。小组考察了7个候选地，收集分析了气象、水文、气候、施工可行性等条件，最终决定在阿尔汉格尔斯克州西北部，伏尔加-阿赫图宾斯克水泛地边缘草原上的卡普斯京亚尔村附近修建靶场。1947年6月23日，联共（布）中央和苏联部长会议通过决议，在卡普斯京亚尔建设靶场。7月27日，苏联部长会议公布决议，将卡普斯京亚尔村确定为第4国家中央靶场，由工程建设第2、12和14旅负责靶场的建设，靶场首任主任为沃茨纽克少将。

从1946年10月开始，所有在德国组装、生产的导弹、仪器和设备等全部被运回苏联，分配到新成立的各导弹研究所。在德国制造的2列导弹专列直接开到正在建设中的卡普斯京亚尔靶场，用于以后的发射试验。根据1946年

沃茨纽克

沃茨纽克观察导弹发射

卡普斯京亚尔靶场

卡普斯京亚尔靶场是苏联第一个导弹和航天器试验基地，坐落于伏尔加河下游北岸的卡普斯京亚尔村东北约30千米，是一片地势平坦、人烟稀少和海拔约30米的半沙漠地区，具体地理坐标为北纬48.52度，东经45.8度。发射场距离著名工业和交通中心伏尔加格勒约90千米，离开喀山、古比雪夫、萨拉托夫等主要导弹和火箭发动机生产基地也不算太远。整个基地占地面积约6900平方千米，呈L形布局，建有发射台和地下井30多处。在1947-1957年的10年间，它是当时苏联唯一的弹道导弹和火箭试验地，苏联的第一枚导弹、第一枚中程导弹以及“宇宙”系列运载火箭等都在此发射。1988年后，卡普斯京亚尔靶场不再担任航天发射任务，成为单一的导弹试验发射场。

7月26日苏联部长会议第2643-818号决议，由火箭技术特别委员会（注：1947年5月更名为第2委员会，委员会主席变为布尔加宁）负责领导V-2导弹的试验发射工作，众多部委、科学研究所、设计局和工厂积极配合，保证试验设施配置齐备，以及飞行试验顺利进行。

基于对德国V-2导弹的研究成果，苏联境内工厂及德国占领区工厂对导弹装配工艺的完善，苏联最终组装了几枚导弹。1947年4月14日，斯大林在克里姆林宫紧急会见科罗廖夫，

如今的卡普斯京亚尔靶场

瓦西里·伊万诺维奇·沃茨纽克

Василий Иванович Вознюк

1906年12月20日（俄历）出生在乌克兰文尼察州盖辛市，1976年9月12日去世。1925年参军，之后在列宁格勒第1炮兵学校学习，1929年毕业后历任哈尔科夫军区步兵第30师炮兵第30团排长、营长、团参谋长等职，1938-1939年在奔萨炮兵学院任教。第二次世界大战中历任西方面军反坦克炮兵第7旅参谋长、第13集团军炮兵作战处长，1942年7月12日晋升炮兵少将，1943年9月25日晋升中将，1944年任乌克兰第3方面军炮兵副主任。战后任卡普斯京亚尔靶场第一任主任并一直到1973年退役，20世纪60年代晋升上将。先后获得社会主义劳动英雄称号（1961年6月17日）、5枚列宁勋章、5枚红旗勋章、1枚二级苏沃洛夫勋章、1枚二级库图佐夫勋章、1枚一级博格丹赫梅利尼茨基勋章、1枚二级博格丹赫梅利尼茨基勋章、2枚红星勋章等。

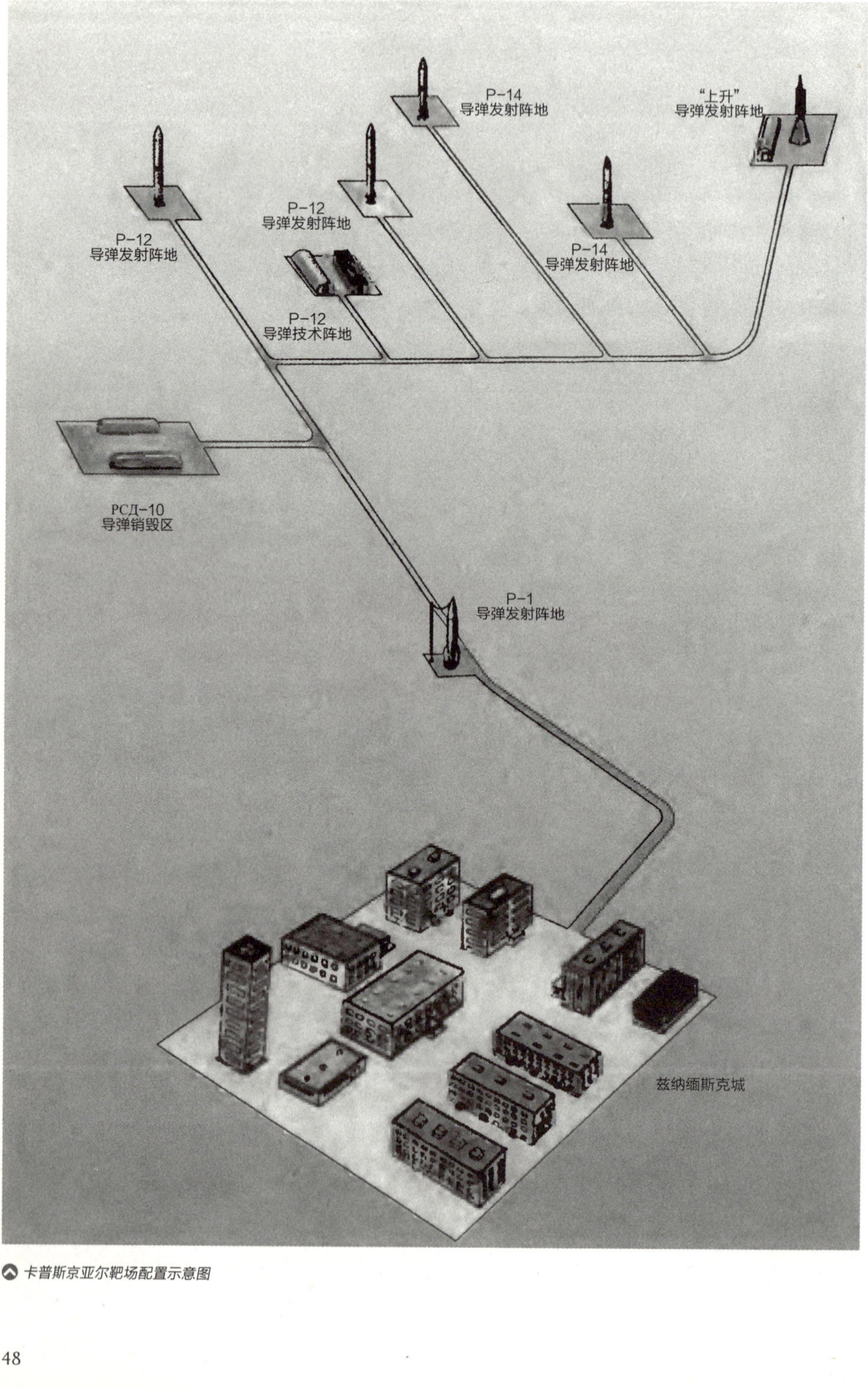

卡普斯京亚尔靶场配置示意图

在详细询问了导弹研制进展状况和弹道导弹在战争中的优势后，他让科罗廖夫加快研制进程并表示“没有足够的时间了”。同去参加会见的米申回忆道，斯大林强烈地渴望拥有远程弹道导弹，他认为美国有海外军事基地，拥有原子弹和远程轰炸机，所以美国即使没有洲际导弹，也会轻易地将核弹头扔到苏联境内，而苏联当时并不具有这样的有利条件。唯一可以抱有希望的就是尽快拥有远程弹道导弹，因此非常坚定地支持苏联的弹道导弹计划。1948年3月，科罗廖夫奉命向斯大林汇报研制导弹的进展情况。斯大林要求他尽快复制德国导弹并尽快装备部队。

根据安排，装备部第88研究所总设计师科罗廖夫担任导弹试验发射技术总负责人，航空工业部第456特殊设计局总设计师格鲁什科、通信器材工业部第885研究所总设计师梁赞斯基、造船工业部第10研究所总设计师库兹涅佐夫、机械和仪器制造工业部国家专业设计局总设计师巴尔明担任试验发射分系统负责人，分别领导火箭发动机、控制系统、陀螺仪系统地面设备和燃料加注设备相关工作。

之后不久的1947年10月18日，苏联在该靶场成功发射了苏联自己的弹道导弹P-1（8A11），火箭升入86千米高空，坠落于距离发射点274千米区域。它是总设计师科罗廖夫领导的第88研究所三室以德国V-2导弹为基础进行设计的。导弹射程270千米，发动机由第456特殊设计局研制，惯性导航系统由第885研究所研制，发射和注入设备由“专用机械”专业设计局研制，指挥仪由第10研究所研制。导弹飞行了206.7千米，向右偏离目标30千米。虽然这远不是一个出色的型号，但重要的是苏联的导弹第一次飞了起来！之后，苏联又利用组装的10枚V-2导弹进行发射，其中5枚命中了目标。导弹飞了274千米，最大发射质量12.7

1947年10-11月苏联11次火箭发射情况表

次数	发射时间	射程（千米）	横向偏差（千米）	发射具体情况
1	10月18日	206.7	左偏30	导弹在再入大气层过程中解体
2	10月20日	231.4	左偏181	这枚T系列导弹偏离目标区域181千米
3	10月23日	29.4	右偏3.9	导弹在飞行过程中可能遭到低云层阻碍，导致解体
4	10月28日	274.3	左偏4	导弹到达目标区域
5	10月31日	2	左偏1	导弹在发射后纵向倾斜，随后不稳定地飞行几秒后解体
6	11月2日	260	左偏5	导弹到达目标区域
7	11月3日	2.3	右偏0.9	导弹发射后进行翻滚，最终弹翼受损
8	11月4日	268.9	左偏1.1	导弹到达目标区域
9	11月10日	24.4	右偏18.2	导弹失去控制
10	11月13日	270	右偏0.1	导弹在再入大气层过程中解体，在距离目标区域80米处跌落地面
11	11月13日	262.2	左偏1.5	在上一枚发射5小时后发射，在距离目标区域700米处跌落地面

吨，最大飞行高度86千米。

专家们对导弹的试验发射做了精心安排。他们一共准备了两批导弹，每批10枚，一批称为T系列，使用德国运来的零部件在苏联装配的；另一批称为H系列，是在德国已经装配好的成品。在这次发射的11枚导弹分别来自于T和H系列，并安装了不同的遥测系统。整体来看，试验成功发射的导弹射程基本保持在260~275千米，偏离目标在5千米左右，飞行高度保持在72~86千米，最大飞行速度达到M5。

通过分析试验结果，苏联专家认为对德国导弹技术文件的复原以及对于导弹本身的复原、加工和装配都是正确的；发动机在试车和飞行过程中表现良好；自动控制系统、无线电控制系统和遥测系统工作结果令人满意，地面发射和加注设备也保证了导弹的试验发射顺利进行。当然，试验也表明V-2导弹某些技术设备在使用中显得复杂而笨重；部分控制仪器可靠性较低；发射前的控制系统调试非常复杂等。正是基于这次试验的结果，专家们确定了1947-1948年苏联导弹的项目计划，它们是射程为250~270千米的P-1导弹、射程为600千米的P-2导弹和射程为3000千米的P-3导弹。

1948年10月10日，真正的苏联国产P-1导弹在卡普斯京亚尔进行了第一次发射，随后的1年时间里又进行了20次发射。该型导弹与V-2导弹一样，也有不可分离的弹头和悬挂的燃料箱。由于弹头不可分离，因此要求导弹不仅在起飞和飞行过程中保持稳定姿态，而且在重入大气层时也要保持稳定姿态，所以在导弹尾部装了4个气动稳定面（尾翼）。

P-1导弹安装了1台液体火箭发动机，地面推力27吨力，导弹最大飞行距离270千米，最大发射质量13.4吨，弹头内含常规装药785千克。弹长14.6米，弹体最大直径1.65米，射击精度1.5千米。

1947年10月18日在卡普斯京亚尔试射苏联第一枚导弹后，相关人员合影

P-1导弹第一次发射时的图像记录

P-1导弹在卡普斯京亚尔准备发射

P-1导弹准备发射

确切地说，苏联的第一款导弹很不完善。整个导弹系统由包括20个车辆、机组和地面设备等的子系统组成。导弹发射前向过氧化氢箱加注催化剂，反应后生成蒸汽，蒸汽在压力作用下进入发动机涡轮泵。涡轮泵转动，将酒精和液氧送入燃烧室，再借助点火装置点燃推进剂。

由于导弹不能在已加注状态下保存，所以必须在阵地附近设置装盛液体易燃物质的容器。整个导弹发射准备时间需要6小时，其中技术阵地需准备2小时，发射阵地需准备4小时。导弹命中城市建筑物后，其破坏半径不大于25米。如果将这个数据与导弹射击精度相比较，就会明白这种武器的作战效能是多么的低下。当时来试验场的一位将军就说："你们在干什么，把4吨多酒精注入导弹里？如果把这些酒精送给我的师，我们会很快把一座城市拿下。而你们的导弹甚至命中不了这座城市，谁要这个东西……"

实际上当时的导弹设计师和技术人员都很清楚这种武器的缺点——低下的作战效能和高昂的维护成本。将它作为装备列装部队，无非是出于如下考虑：操练使用新武器的方法；训练部队使用导弹系统作战；研究导弹在部队长期使用过程中的结构特点。而正是这型导弹为苏联今后的导弹事业蓬勃发展开创了一个崭新的局面！

1950年10月，在P-1导弹顺利试验后，该型导弹开始装备部队。11月28日，最高统帅部预备队特勤第22旅正式装备该导弹，该旅在第二次世界大战中先后荣获苏沃洛夫勋章、库图佐夫勋章、博格丹-赫梅利尼茨基勋章、红旗勋章，并获得戈梅利荣誉称号。

就在导弹还在试验的过程中，1948年6月第一次柏林危机爆发。战败后的德国一直是美苏两大阵营争夺的焦点，按照雅尔塔会议

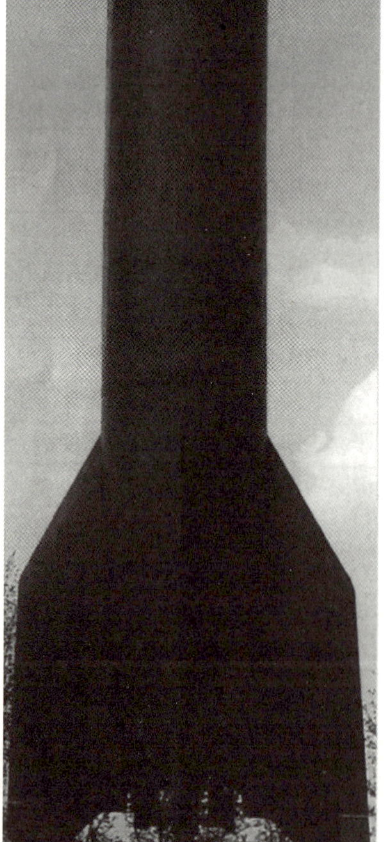

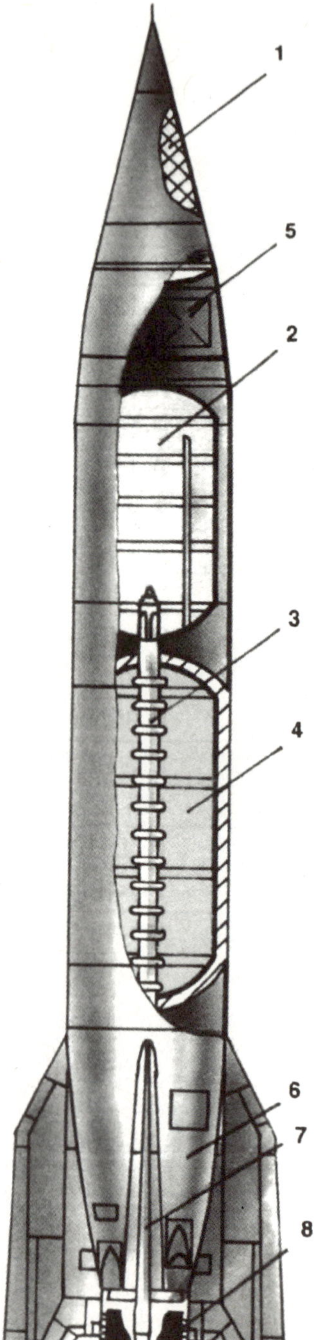

P-1导弹结构示意图
1 弹头；2 燃料箱；3 带燃料输送管的隧道管；4 氧化剂箱；5 仪器舱；6 尾段；7 气动稳定尾翼；8 燃气舵

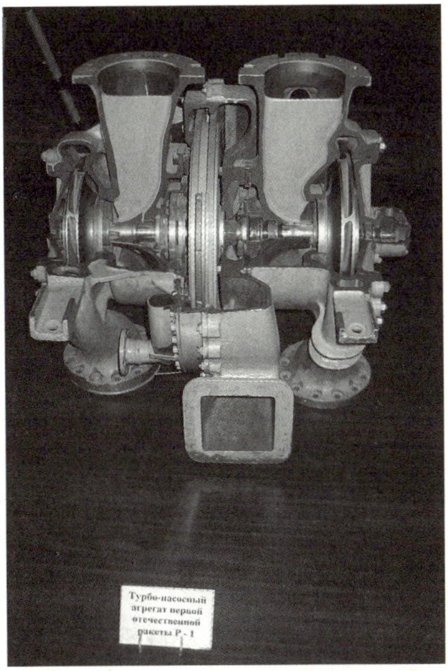

在卡普斯京亚尔博物馆展出的P－1导弹涡轮发动机

上的决定，由苏、美、英、法四国对德国实行分区占领。德国首都柏林市也被进行了相应的划分，柏林西部由美、英、法三国占领，东部则由苏联占领。

从1947年起，美国提出旨在控制整个欧洲的“马歇尔计划”，在欧洲发起了一系列冷战攻势。苏联则针锋相对地进行了强烈的反击，在东欧各地部署了大批军队。1948年初，双方在柏林市逐步实施针对对方的局部性封锁措施，范围越来越广，程度愈演愈烈。同年6月24日，苏联突然关闭了从汉诺威至柏林高速公路上，位于占领区边界的赫尔姆施泰特（Helmstedt）检查站，并切断了美、英管辖的西柏林地区所有的水陆交通，使依赖西方世界物质支援的西柏林变成了一块死地。与此同时，苏联驻扎在东部德国地区的30多万军队摆出了强烈的战争姿态。美、英等国对此产生强烈反应，立即向西部德国紧急调动兵力，准备全面迎战。一时间，整个欧洲再度陷入危机，似乎“第三次世界大战”一触即发，这就是震惊全世界的“柏林危机”。

1948年6月26日，美国总统杜鲁门命令美国驻欧洲空军投入所有能够使用的飞机实施空中补给，搭建一条通往西柏林的“空中走廊”。美国空军最高指挥部当即从阿拉斯加、夏威夷和加勒比海等地调集了大批运输机执

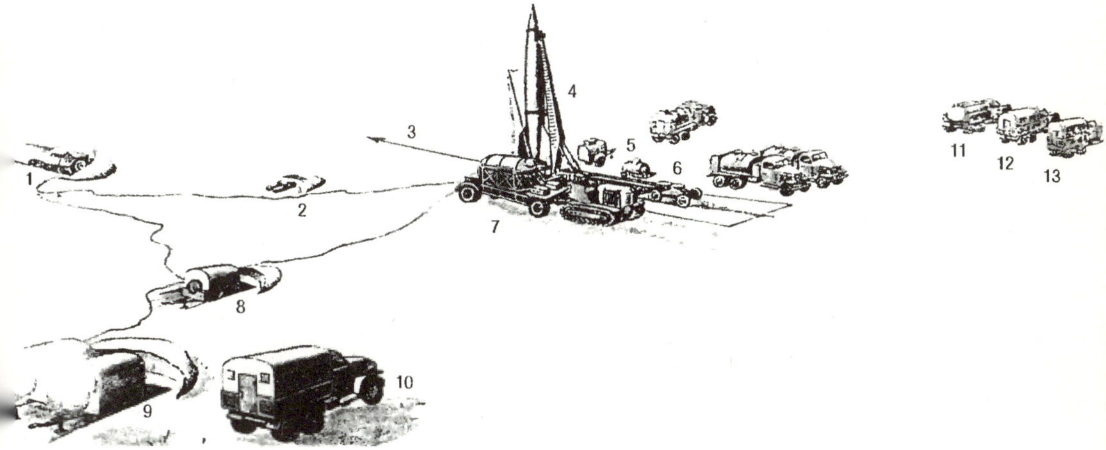

P-1导弹发射部署示意图
1 装甲指挥车；2 双联装压缩空气瓶；3 射击方向；4 发射台上的导弹；5 过氧化氢加温加注车；6 空气加温器；7 氧气罐；8 配电单元；9 汽油加注单元；10 电缆车；11 消防车；12 电源车；13 备品车

行代号为“运粮行动”的空运任务。同日，美国空军第1批C-47型运输机满载着生活必需品飞抵西柏林，一场被视为世界航空史上空前壮举的大规模空运行动——“柏林空运”由此揭开了序幕。

危机过程中，面对只有当面苏方常规武装力量一半实力的劣势，美国在7月17日-8月8日间先后派出3个B-29轰炸机大队（共60架）抵达英国，故意对外透露具有运载核武器的能力，以便对苏联实施核威慑。美方还制定了相应的“烤肉机”计划，准备第一批对苏联24个城市投掷34枚原子弹。

当然，这不是美国第一次向苏联挥舞核大棒，早在2年前的伊朗北部撤军问题上，美国就曾对苏联进行过威胁，如果不在规定期限内从伊朗北部撤军，就会考虑对苏联进行原子弹突袭。

1949年2月，美、苏两国开始就解决“柏林危机”进行秘密磋商。5月11日午夜，苏联解除了对西柏林的全部封锁。12日凌晨，从西柏林出发的无数汽车和火车驶向苏联占领区，

1948年柏林机场上列队的C-47运输机

“柏林危机”至此宣告结束。这次事件成为东西方两大阵营的第一次较量，而之后的斗争绝未就此平息。1949年5月23日，德意志联邦共和国（简称“联邦德国”，通称“西德”）宣告成立。同年10月7日，德意志民主共和国（简称“民主德国”，通称“东德”）宣告成立。德国由此开始了长达40年之久的分裂，全世界由此陷入了漫长而激烈的冷战，爆发了一次又一次新的危机。

第二节 由1到2

1949年9月，在P-1导弹基础上改进的P-2（8Ж38）导弹开始进行飞行试验，射程达到了600千米，以这一射程当时可以打击到一些美国在欧洲的海空军基地。该型导弹采用了分离式弹头、承重燃料箱，并且在其制导系统中增加了用来改善射击精度的侧向雷达补偿机制。导弹安装了1台液体火箭发动机，地面推力37吨力，导弹最大飞行距离600千米，最大发射质量20.4吨，弹头内含常规装药1008千克。弹长17.7米，弹体最大直径1.65米，射击精度1.25千米。

与之前的P-1导弹相比，科罗廖夫在P-2导弹上首次采用了推进剂燃尽后与第一级分离的头部，抛掉无用的载荷，使弹头可以飞得更远。另一新产品——采用轻铝合金制作的承压燃烧剂箱也使质量降低。为了增大发动机推力，格鲁什科增加了涡轮转数，提高了酒精浓度和燃烧室压力。为了提高远距离下的

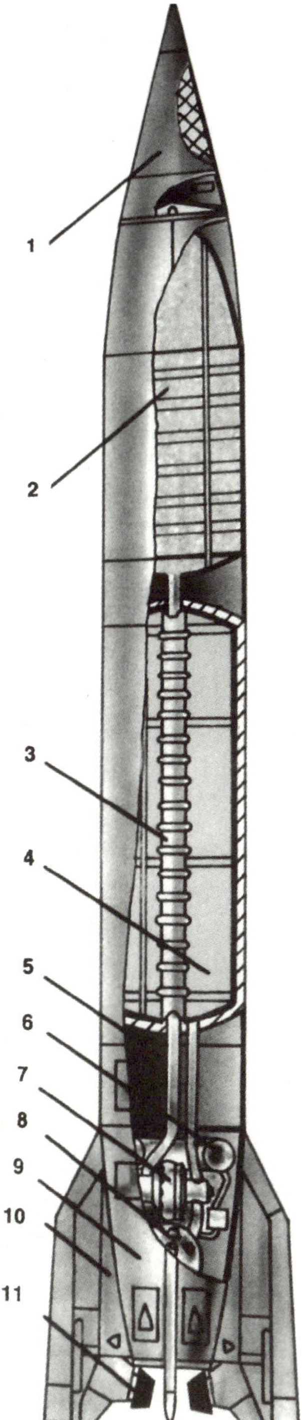

P-2结构示意图
1 弹头；2 燃料箱；3 带燃料输送管的隧道管；4 氧化剂箱；5 仪器舱；6 环形过氧化氢箱；7 涡轮泵组；8 发动机燃烧室；9 尾段；10 气动稳定尾翼；11 燃气舵

射击精度，包利申柯总设计师领导研制了横偏校正系统，即纵向惯性、横向无线电的组合制导。该系统的使用缩小了弹头的散布，但却使导弹的维护和使用更加复杂化。导弹系统有两个地面雷达站，作用是监视飞行和使用控制指令修正横偏。而TNT装药的质量增加，则使其在爆炸时能够造成面积达950平方米的破坏区域。不过导弹的发射准备时间与之前一样，仍然需要6小时。

虽然苏联导弹部队终于拥有了自己的导弹，但射程毕竟只有600千米，这远远不能达到斯大林的要求。1949年7月，在苏联第一颗原子弹爆炸前一个月，斯大林再次在克里姆林宫召见原子弹和导弹设计师，对核武器研制进度表示出极大不满："我们想要长期的、稳固的和平，但是头号战争狂人丘吉尔、杜鲁门把苏联看成魔鬼，他们用原子弹威胁我们，不过我们不是日本。这就是你，库查托夫同志、乌斯季诺夫同志，还有科罗廖夫必须要加快速度的原因。"

相对苏联的倾全国之力优先发展导弹，美国在冷战伊始并没有启动任何具有优先发展权的弹道导弹计划，因为此时美国是唯一拥有核武器的国家，且在海外先后建立了400多个军事基地，拥有战略空军和海军的绝对优势，而苏联所拥有的力量大体局限在东欧。因此，美国自身导弹的研制项目计划从1945年7月的40个减少到1950年3月的16个，同时还有另加上的8个研究计划。在导弹的研发地位中，地地导弹被放在最后一类，位于地空导弹、空空导弹和空地导弹之后，而在地地导弹的13个子类别中，远程导弹仅排在第8位。

1950年4月25日，以科罗廖夫领导的第88研究所三室为基础，第1试验设计部——弹道导弹试验设计部成立，之后又改组成为第1特殊设计局，由科罗廖夫本人担任局长。1956年8月13日，苏联部长会议做出第4912号决议，将第1特殊设计局从第88研究所划出，成为独立机构，由科罗廖夫任局长兼总设计师。该局拥有1939名技术人员，加上试制工人等合计1万人。

同年12月，苏联在国家中央靶场成立了第二支导弹部队——特勤第23旅，隶属顿河军区司令部。1951年开始，该部队隶属第4国家中央靶场，部署于伏尔加格勒州卡梅申。1951年11月27日，P-2导弹完成了定型。1952年，特种第22旅与特种第23旅开始换装，并开始掌握该型导弹的使用方法。

苏联与我国的导弹事业

1956年9月，苏联向我国提供了2枚P-1导弹。1957年12月，苏军1个缩编的导弹营连同2枚P-2导弹和1套地面设备秘密抵达北京，从此我国的导弹事业开始逐步发展。1959年秋，苏联派出了萨维列夫上校作为中国人民解放军战略导弹部队的总顾问，此外曾在卡普斯京亚尔靶场工作过的测试工程师苏霍多尔斯基少校也作为在北京的导弹小组组长对导弹试验基地等提出了建议。苏联专家们建议我国以导弹团为基本建制单位，并就部队建制、驻地选择等提出了卓有成效的建议。1960年9月10日，我国使用国产燃料，成功发射了1枚苏制P-2导弹。1960年11月5日，我国在此基础上仿制的"东风"-1号地地导弹发射成功！

为了组织P-1和P-2导弹的批量生产，1951年9月，苏联部长会议做出将原先属于汽车和拖拉机工业部的第聂伯罗彼得罗夫斯克汽车厂转交给装备部的决议，以及关于组织导弹批量生产的决议，成立了国家第586工厂，首任厂长由格里高利担任，1952年后改由斯米尔诺夫担任。在批量生产P-1、P-2和P-5等型号导弹过程中，该厂的工程师们接触了大量有关导弹的设计图纸和技术资料，并与不少导弹设计人员合作，为不久之后该厂独立进行导弹设计打下了基础。

1952年，随着导弹的批量生产，苏联又在国家中央靶场成立了最高统帅部预备队特种第54旅和特种第56旅。1953年3月，在国家中央靶场又成立了新的导弹部队——最高统帅部预备队工程第77旅和工程第80旅。而原先的最高统帅部预备队特种第22旅、第23旅、第54旅和第56旅番号也依次改编为最高统帅部预备队工程第72旅、第73旅、第85旅和第90旅。1955年之前，这些部队都装备了P-1和P-2导弹，1957年开始换装为P-5M和P-12中程导弹。

如今陈列着的P-2导弹

P-2导弹准备发射

第三节 中程导弹的出现

1947年，苏联根据国家导弹制造发展计划，开始进行P-3（8A67）导弹的研制。1949年6月完成设计，同年12月7日完成了对方案的评审。然而在1950-1951年间，由于煤油-液氧发动机研制出现困难，以及让位于P-7洲际弹道导弹的情势需要，该方案不得不被取消，并以P-3A导弹结构布局方案作为研制P-5导弹的基础。它也成为苏联一代导弹大师科罗廖夫第一次，也是最后一次没有变成实物的弹道导弹设计。

根据设计，该型导弹采用1台液体火箭发动机，发射质量71吨，最大射程3000千米，最大飞行速度4500米/秒，战斗部装3吨TNT，导弹长27.1米，弹体最大直径2.8米。

1951年，苏联在P-3A导弹方案基础上开始研制P-5中程导弹方案。导弹弹头采用常规装药，由以科罗廖夫为总设计师的第88研究所第1特殊设计局研制。1953年2月13日苏联部长会议决定在国家中央靶场把导弹飞行试验分成三个阶段。1953年3-5月进行了第一阶段，共发射了8枚，其中6枚命中目标。其中4月19日成功进行了第一次导弹全程发射。10-12月进行了第二阶段导弹飞行试验，共发射了7枚，只有1枚没有成功。1954年8月开始了第三阶段导弹飞行试验，共进行了19次发射。之后，P-5导弹由第586工厂进行批量生产，于1955年装备部队，1961年退役，它是苏联的第一种中程地地弹道导弹。

P-5导弹安装了1台液体火箭发动机，地面推力41吨力，导弹最大飞行距离1200千米，最大发射质量26吨，弹头内含常规装药1008千克。弹长20.75米，尾翼翼展3.45米，弹体最大直径1.65米，最大飞行速度M9，射击精度6千米，导弹发射准备时间2小时。

同时，苏联还专门在第88研究所第1特殊设计局成立了第一分局，主要由从德国俘虏的德国专家组成导弹技术小组。从1946到1953年，第一分局进行了一系列导弹设计方案，其中包括Г-1（P-10）、Г-2（P-12）和Г-4（P-14）弹道导弹和Г-5（P-15）巡航导弹等。不过德国专家设计的导弹方案没有一个得以生产，他们最终在20世纪50年代中期都被释放并回到民主德国。需要说明的是，当时苏联的制造工艺只相当于德国20世纪30年代初的水平，因此，德国的一些设计方案使得苏方难以在短时

P-5导弹发射

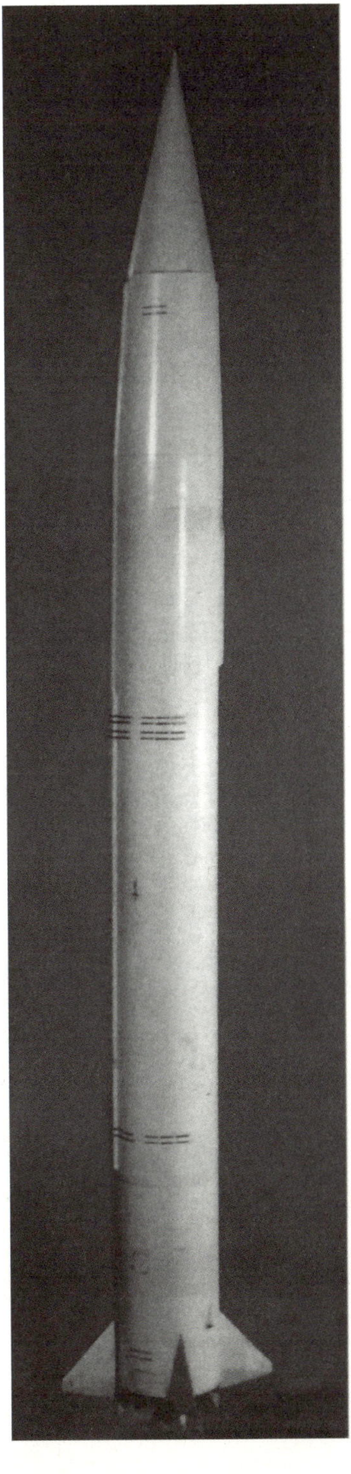

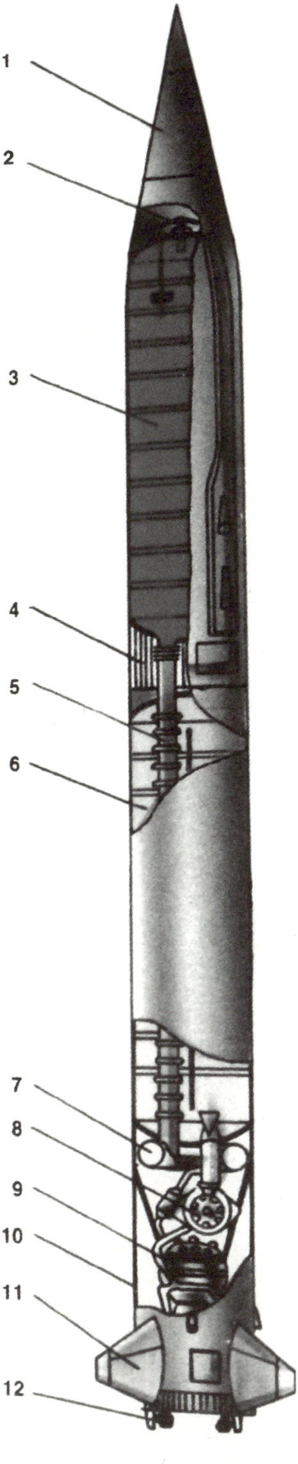

P-5导弹结构示意图
1 弹头；2 弹头分离用的气动顶推系统；3 氧化剂箱；4 仪器舱；5 带氧化剂输送管的隧道管；6 燃料箱；7 过氧化氢箱；8 涡轮泵组；9 带液体推进剂主发动机燃烧室；10 尾段；11 带空气舵的塔体；12 燃气舵

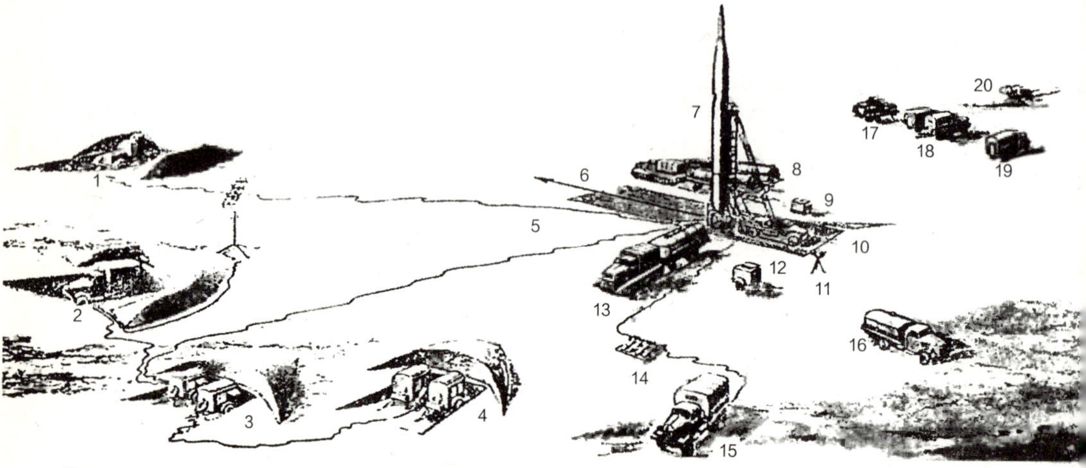

P-5导弹发射部署示意图
1 装甲指挥车；2 通信车；3 配电单元；4 食品拖车；5 导弹发射场；6 射击方向；7 发射台上的导弹；8 液氧加注槽车；9 空气加温器；10 起竖车；11 制导装置；12 过氧化氢加热单元；13 酒精加注槽车；14 四联装压缩空气瓶；15 空气压缩机车；16 过氧化氢加注车；17 塔架车；18 备品车；19 电缆车；20 水源车

间内掌握。不过一些设计理念还是在日后被用在了P-2和P-5导弹的设计中，如整体推进箱、无线控制开关以及前置液态氧油箱。

Г-2（P-12）设计射程2500千米，战斗部质量1吨；Г-4（P-14）设计射程3000千米，战斗部质量3吨，发射质量73吨；Г-5（P-15）设计射程3000千米，战斗部质量为3吨，飞行速度M2。

第四节 扬格利的首个作品

20世纪50年代初期，苏联虽然已经装备了P-1与P-2导弹，不过由于使用的推进剂都是容易挥发的液氧，所以在实战中很难长时间处于高戒备状态。同时，导弹的发射保障设施、设备，尤其是推进剂的运输、加注和贮存设备等规模庞大，严重制约了导弹的机动性和作战应用灵活性。

1950年12月，苏联政府命令科罗廖夫的第1特殊设计局研制新的导弹，设计代号P-11。在借鉴德国带燃料压送系统液体火箭发动机的地空导弹的基础上，设计出少量的、在加注状态下能长期保存的P-11型导弹。P-11导弹可以说是苏联另一位导弹大师扬格利（М.К.Янгель）的第一个作品，他本人是高沸点推进剂硝酸的拥护者。这种推进剂中的氧化剂在高温下沸腾，能够长时间让导弹处于战备状态，大大缩短了战斗准备时间。当然，缺点也很明显，就是硝酸的腐蚀性极强，而且燃烧剂有时还会出现自燃现象，安全性较低。

而科罗廖夫是低沸点推进剂的拥护者，

因为液氧不会腐蚀容器且容易生产。但是冷却到低温的液氧变化无常，即便是在零下50度低温条件下加注，液氧与导弹接触也会沸腾。这是这一缺点造成了导弹储存时间有限和战斗准备时间较长。

由于两位天才大师观点无法统一，经常展开激烈争论，最终，扬格利，这位科罗廖夫设计局的副总设计师另行组建了第586特殊设计局。

1953年3月，P-11导弹第一次成功试飞。1953年4月2日，P-11（8A61）近程导弹在第4国家中央靶场进行了试验。同年11月，导弹开始试生产。1955年6月，导弹开始批量生产并在同年7月正式装备部队。P-11导弹射程为270千米，射击精度750~1500米，发射质量5.5吨，最大速度M5，导弹长11.1米，弹径0.88米。导弹首次采用了高沸点推进剂，在加注后可以贮存1个月，大大增强了实战能力。

此后，可以携带核弹头的P-11M研制成功，于1958年4月装备部队。这两型导弹西方代号分别为SS-1A和SS-1B，也就是众所周知的“飞毛腿”（Scud）导弹。

1955年5月，最高统帅部预备队工程第233旅以沃罗涅日军区炮兵旅为基础成立，并装备P-11战术弹道导弹。1958年，装备有战术弹道导弹的最高统帅部预备队工程第77、90和第233旅归属陆军。负责专用技术和火箭技术的国防部副部长只掌管装备有射程1000千米以上导弹的部队，它成为日后战略导弹部队的基础。

20世纪60年代，该型导弹开始装备苏联陆军，编为导弹旅，每旅3个导弹营，装备导弹48~72枚，编入集团军和方面军。按照编制，坦克师和摩托化步兵师有1个独立战术导弹营，集团军有1个战役战术导弹旅，方面军有2~3个导弹旅。

20世纪60年代，苏联陆军共有8个导弹旅。与此同时，华约国家共有13个装备该型导弹的导弹旅。在之后的岁月中，埃及、伊拉克、叙利亚、也门、越南、阿富汗等国家通过购买和接受军援的方式，也拥有了带常规弹头的P-11导弹。

作为在世界上许多国家装备过的战术弹道导弹，P-11导弹多次被实战使用，第四次中东战争、两伊战争、阿富汗战争、海湾战争等都有它的身影，即便在1999-2001年的第二次车臣战争中，它的改进型P-17导弹依然获得了不错的使用效果。

为了更广泛地协调国防部核武器导弹和运载火箭的研制与生产工作，1953年4月23日，以炮兵总局火箭装备局为基础的第二炮兵专用技术局成立。1954年4月10日，苏联部长会议通过决议，在第586工厂总设计师室基础上组建第586特殊设计局（1966年后称南方设计

P-11导弹发射

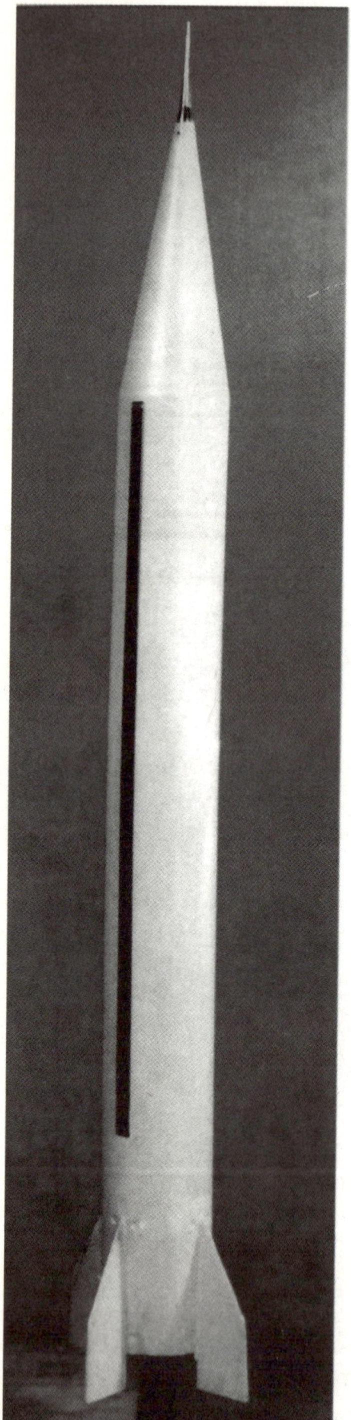

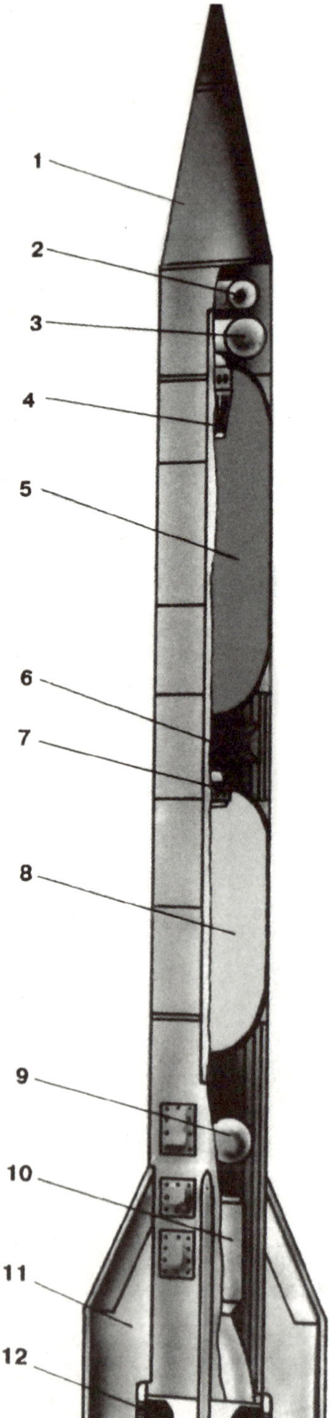

P-11导弹结构示意图
1 弹头；2 环形燃料箱；3 环形氧化剂箱；4 氧化剂箱液体蓄压器；5 氧化剂箱；6 仪器舱；7 燃料箱液体蓄压器；8 燃料箱；9 环形压缩空气气瓶；10 液体推进剂主发动机燃烧室；11 稳定尾翼；12 燃气舵

局)，任命原第88研究所所长扬格利为总设计师和局长。1955年3月，专管专用装备和火箭技术的国防部副部长一职设立，由炮兵元帅涅捷林（1953年8月4日晋升）担任。1955年7月，苏联成立了火箭部队司令部。

P-11导弹

P-17系列战术导弹外形示意图

第三篇

初建成军

第一章

进入核时代

第一节 第一代战略核导弹

1946年7月21日，苏联部长会议做出286-525号决议。按照决议，苏联当年在高尔基州的阿尔扎马克-16市成立了第11特殊设计局，负责研制原子弹。经过几年的辛勤工作，1949年8月29日苏联成功引爆了第一枚原子弹РДС-1。此后的1953年8月12日，苏联又在谢米巴拉金斯克成功引爆了第一枚氢弹РДС-6。随着核武器装备苏联军队，苏军重型轰炸航空兵团的图-4A轰炸机开始悬挂核弹，并为此成立了专门的分支机构——技术维护基地。在1954年8-9月的飞行训练中，苏军第一次用图-4A轰炸机成功投掷并引爆了РДС-3原子弹。在苏联核武器试验成功的同时，苏军也装备了射程1000千米的P-5导弹。这些事件成为创建苏联战略核导弹系统的先决条件。

苏联第一颗原子弹爆炸瞬间（之一）

苏联第一颗原子弹爆炸瞬间（之二）

1954年4月10日，苏联部长会议通过决议，决定进行核导弹研制。P-5M（8K51）（注：M是“现代化”的俄语单词“Модернизация”的首字母）弹道导弹成为苏联第一代战略导弹系统。该型导弹是第1特殊设计局（局长为科罗廖夫）在P-5导弹基础上加装核战斗部和专用设备而研制的。

导弹在结构上进行了改进：采用可分离

式弹头；有铝合金制作的承载结构的薄壁推进剂箱，内部有加强筋；推进剂箱可增压，燃料箱可以用气瓶气体增压；为了提高导弹制导系统的可靠性，第一次使用了专用仪器的备份件和随机的电缆网。

1955年7月，苏联开始对该型导弹进行飞行试验。1955年8–11月，苏联进行了10次射程1083~1190千米的导弹试射，其中8次成功，包括5次携带核弹头的试验模型。1956年1月11日到2月6日进行了考核射击。1956年2月2日，苏联又进行了带核弹头的发射试验，导弹从卡普斯京亚尔基地发射升空，飞行1200千米后抵达咸海卡拉库姆预定目标，核爆炸产生的威力相当于广岛原子弹的6倍。这次成功让苏共高层和军方欣喜若狂。2月27日，苏共中央主席团（即苏共中央政治局前身）成员赫鲁晓夫、布尔加宁、莫洛托夫、卡冈诺维奇等来到第88研究所，慰问所有导弹研究人员。导弹随后在6月21日列入装备。此后，研发导弹各系统的总设计师科罗廖夫、格鲁什科、皮柳金、梁赞斯基、巴尔明和库兹涅佐夫荣获社会主义劳动英雄称号。

该型导弹装备有无防护的地面发射装置（发射台），发射准备时间需要几个小时；制导方式为惯性制导加雷达修正。不过该型导弹没有进行大批量生产，一共只生产了48枚。

导弹安装了1台液体火箭发动机，地面推力41吨力，弹头质量1.4吨，导弹最大射程1200千米，最大发射质量29.1吨，核装药威力达30~100万吨TNT当量。弹长20.75米，弹体最大直径1.65米，最大飞行速度M9，命中精度3.7千米（极限偏差6千米）。

当时，该型导弹分别装备在在日托米尔州的最高统帅部预备队工程第77旅和第80旅、诺夫哥罗德州梅德维奇市的最高统帅部预备队工程第72旅、伏尔加格勒地区卡梅申市的最高统帅部预备队工程第73旅、第4国家中央靶场的最高统帅部预备队工程第85旅和基辅军区的最高统帅部预备队工程第90旅。1956年共部署了24个导弹发射装置，1957年达到了48个。1959年5月开始，苏联装备P–5M的部队共有5个导弹团，它们分别在喀尔巴阡的萨瓦尔亚瓦（Свалява）（最高统帅部预备队工程第73旅工程第101团，后番号改为导弹第44师导弹第101团）、克里木半岛辛菲罗波尔的佩列瓦尔诺耶（Перевальное）（最高统帅部预备队工程第85旅工程第84团，后番号改为导弹第46师导弹第84团）、加里宁格勒的游击城（Гвардейск）（最高统帅部预备队工程第72旅工程第97团，后番号改为近卫导弹第24师导弹第97团）、拉脱维亚的

P–5M导弹准备发射

帕拉卡（Паплака）（近卫导弹第29师导弹第115团）和滨海边疆区乌苏里斯克的曼佐夫卡（Манзовка）（最高统帅部预备队工程第85旅工程第652团，后番号改为导弹第45师近卫导弹第652团）开始了战备值勤。当时苏联导弹部队的核装置的装药时间需要30小时，后来经过改善弹头部分结构、完善组织工作和提高部队战斗素养，最终将准备时间缩短到了5~6小时。1968年该型导弹解除战备值勤。

由于该导弹的装备，赫鲁晓夫在当年2月的苏共二十大上提出了著名的“三和理论”，即和平共处、和平竞赛和和平过渡。也就是在这次大会上，苏联的军事理论和战略思想发生了变化。同年2月18日，国防部部长朱可夫元帅强调道：“在苏联武装部队的建设方面，我们的出发点是，未来的战争方法和形式都会大大不同于过去的一切战争……它的特点就是大规模的使用空军、各种火箭武器和各种大规模杀伤性武器。”

在同一时期，美国也陆续装备了“诚实约翰”和“斗牛士”等中程弹道导弹和“大力神”-Ⅰ洲际弹道导弹。

就在观看P-5M导弹发射后不久，赫鲁晓夫于1956年4月访问了英国，发表了著名的契克斯别墅炉边谈话，让广大英国人记住了8枚导弹就可将英伦三岛毁于一旦的魔咒。

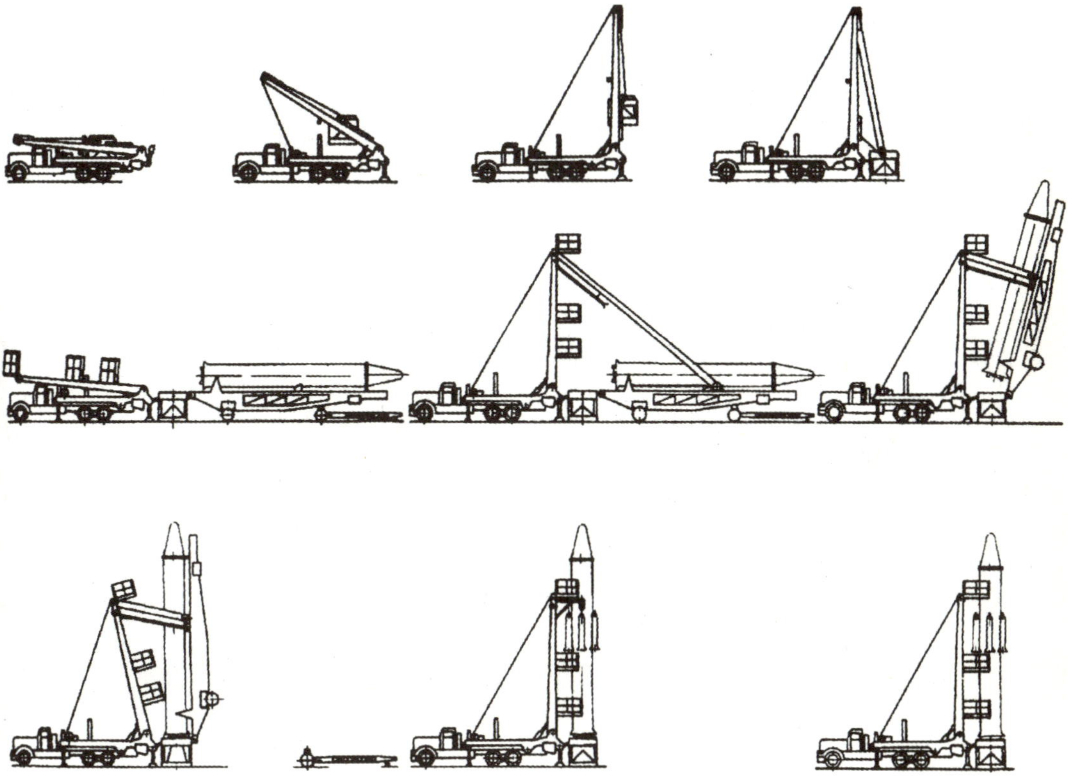

P-5M导弹运装示意图

第二节 秘密部署在德国

面对苏联不断增加的导弹力量，美国从1958年开始逐步加强了在西欧的空军和导弹力量。1958年6月，美国野战炮兵导弹第40营调到联邦德国海德堡基地，之后1959年春第46营也从俄克拉荷马州希尔堡调到该地，两个营都装备了“红石”地地导弹。1959年3月，美国又在意大利部署了45枚“丘比特”中程导弹。此外，1959年美国还在英国约克郡和萨福克部署了60枚“雷神”中程导弹。面对美国的举动，苏联当然也不甘示弱，祭出了自己的法宝——刚装备不久的P-5M导弹。当时，装备该型导弹的导弹团被部署到加里宁格勒、克里米亚和乌克兰南部，导弹可以攻击美国在德国、土耳其和意大利的导弹基地。然而，由于导弹射程有限，苏联的战略导弹无法攻击美国在英国中部和西部的导弹基地。

不过，前任国防部部长朱可夫曾签署的一项命令让这一问题得以解决，根据之前的秘密协议，导弹部队可以在特殊情况下部署在保加利亚或者民主德国。得知这一消息后，国防部部长马利诺夫斯基向苏共中央第一书记赫鲁晓夫做了汇报。1958年12月，总参谋长索科洛夫斯基向最高统帅部预备队工程第72旅旅长霍洛波夫（Холопов）上校下达了秘密命令，命该旅由诺夫哥罗德州德梅德维奇村转移到民主德国法斯滕堡（Fürstenberg），相比之下，在该地发射的导弹将比位于加里宁格勒的导弹基地省下600余千米的射程。

随后，工程第72旅精心挑选了人员和装备，制定了详细的行军与保密计划。在运输过程中，没有其他情报机构或人员对该部运载车辆的真正目的产生怀疑。到达民主德国后，该旅驻扎在近卫坦克第2集团军近卫坦克第25师东南位置，整个集团军中也没有几人清楚该旅的实际情况。随后，苏联驻德集群总司令扎哈罗夫元帅亲自向赫鲁晓夫做了汇报，告知该旅已经部署到位，随时可以进入战斗状态。1959年5月，全旅12枚P-5M导弹都已进入战斗状态。

不过由于导弹发射准备时间过长、射程有限，以及P-12与P-14中程导弹也开始陆续装备部队，1959年8月该旅奉命回国，驻防在加里宁格勒。虽说这次在国外部署导弹的行动持续时间并不算太长，但却为战略火箭军未来的行动积累了经验。同时此次行动到位的保密工作，以及起到的震慑效果，也在某种程度上为日后赫鲁晓夫决定在古巴部署导弹的行动增强了信心。

第二章

新军种诞生

为了解新型导弹的威力，以及为未来建立新军种做准备，1958年9月12日，赫鲁晓夫等国家政府领导人以及军队的高级官员都来到了卡普斯京亚尔靶场。根据计划，这次需要发射多枚导弹，首先登场的就是P-12中程导弹。导弹发射前，总设计师扬格利还在向赫鲁晓夫低声解释问题。发射命令下达后，P-12导弹按照预定程序飞向2000千米外目标，不过最终弹着点有些偏差：飞越目标1100米、方向偏左5400米。在权衡利弊后，导弹试验委员会主席卡拉什尼柯夫宣布："导弹已经到达预定目标，弹着点有些偏差——飞越目标1100米，方向偏左540米。"听到报告后，观察所里一片欢腾，赫鲁晓夫紧紧抱住扬格利，亲了又亲；而火箭部队司令涅捷林则兴奋地接受大家的祝贺。之后，靶场又发射了2枚P-1和2枚P-11导弹。晚上，在观看完导弹技术展示后，赫鲁晓夫高兴地说："今天，你们大家都目睹了弹道导弹的巨大威力，它们将成为国家最强大的和最可靠的盾牌。"这个声明从实质上表示，苏联武装力量将会出现新的军种。

P-12导弹准备发射

1959年12月17日，苏联部长会议做出第1384-615号关于苏联武装力量组成部分的导弹部队总指挥职能结构的决议，成立了苏联武装力量的新军种——导弹部队，任命炮兵主帅涅捷林为第一任司令，第一副司令则为坦克兵中将托卢布科。

导弹部队总部组织结构为导弹部队总司令部、导弹装备总局、苏联国防部第12总局、战斗准备和军事训练局以及后勤部门。导弹部队装备有中程和洲际战略导弹。中程导弹装备于由3~4个中程导弹团编成的导弹旅和由5~6个中程导弹团编成的导弹师；而洲际导弹则装备于由6~8个导弹发射装置编成的导弹旅。后来，随着更多的导弹装置的装备，两者被合并组建成了导弹军。

同年12月31日，苏联国防部部长马利诺夫斯基签署命令，确定了归属导弹部队总司令的机构和部队的清单。根据命令，最高统帅部导弹预备役兵团、靶场、军械局、科研机构、火箭部队参谋部和其他属于国防部专管专用装备和火箭技术部副部长的机构成为战略导弹部队成立的基础。1959年12月，导弹部队总参谋部、中央指挥中心以及其他组织机构成立。导弹部队的组成包括原导弹部队的工程团和工程旅、空军3个航空兵师和其机构。至此，苏联战略火箭军正式成立了。决议内容如下：

本决定严禁复制和抄录。每一份文件的阅文标记和日期由收文的同志亲自书写，并必须有本人的签字。

关于设立苏联武装力量战略火箭军总司令职务

部长会议决定：

一、设立战略火箭军总司令——苏联国防部副部长的职务。

授予战略火箭军总司令——苏联国防部副部长全权负责战略火箭军的状态：作战运用，战斗和动员准备，物资和技术保障，火箭武器的发展，领导战斗总体及特种目标的建设和使用，负责战略火箭军全体人员的军纪和政治道德状况，以及协调在武装力量所有兵种制造发展和使用特种武器及火箭技术方面的问题。

二、战略火箭军总司令应有总数为896名军人和280名职员的机构，由下列部门组成：

1. 战略火箭军总司令部；

2. 火箭武器管理总局；

3. 国防部第12总局；

4. 战斗训练和军事学校管理局以及领导；

5. （具有计划督察职能）后勤部部长。

为了管理战略火箭军和实现其战斗运作，建立直属战略火箭军总司令的指挥所（配备通讯中心）和一至二个计算中心。应采取措施在建立战略火箭军总司令机构时，不增加国防部中央机构的数量。

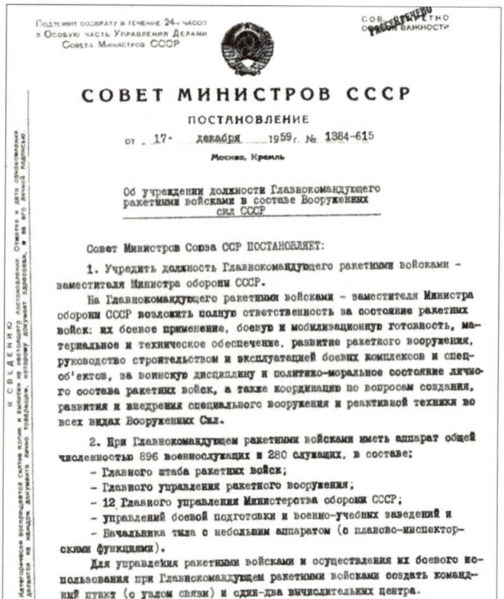
Подлежит возврату в течение 24-х часов
в Особую часть Управления Делами
Совета Министров СССР

РАССЕКРЕЧЕНО
СОВ. ...ЕТНО
О... ВАЖНОСТИ

К СВЕДЕНИЮ

СОВЕТ МИНИСТРОВ СССР

ПОСТАНОВЛЕНИЕ

от 17 декабря 1959 г. № 1384-615

Москва, Кремль

Об учреждении должности Главнокомандующего ракетными войсками в составе Вооруженных сил СССР

Совет Министров Союза ССР ПОСТАНОВЛЯЕТ:

1. Учредить должность Главнокомандующего ракетными войсками - заместителя Министра обороны СССР.

На Главнокомандующего ракетными войсками - заместителя Министра обороны СССР возложить полную ответственность за состояние ракетных войск: их боевое применение, боевую и мобилизационную готовность, материальное и техническое обеспечение, развитие ракетного вооружения, руководство строительством и эксплуатацией боевых комплексов и спецоб'ектов, за воинскую дисциплину и политико-моральное состояние личного состава ракетных войск, а также координацию по вопросам создания, развития и внедрения специального вооружения и реактивной техники во всех видах Вооруженных Сил.

2. При Главнокомандующем ракетными войсками иметь аппарат общей численностью 896 военнослужащих и 280 служащих, в составе:

- Главного штаба ракетных войск;
- Главного управления ракетного вооружения;
- 12 Главного управления Министерства обороны СССР;
- управлений боевой подготовки и военно-учебных заведений и
- Начальника тыла с небольшим аппаратом (с планово-инспекторскими функциями).

Для управления ракетными войсками и осуществления их боевого использования при Главнокомандующем ракетными войсками создать командный пункт (с узлом связи) и один-два вычислительных центра.

Мероприятие по созданию аппарата Главнокомандующего ракетными войсками провести без увеличения численности центрального аппарата Министерства обороны СССР.

1959年12月17日1384-615文件

1960年身为战略火箭军副司令的托卢布科与司令涅捷林在一起

三、所有装备战略火箭（洲际火箭和中程火箭）的兵团和部队、军事学校科研及试验机构、军火库、特种武器与火箭武器基地及库房均为战略火箭军总司令指挥。

四、为保证领导，装备战略火箭的战略火箭军组建下列编制：

1. 三至四个团建制的火箭旅（中程）和五至六个团的火箭师，视某一方向火箭部队的数量而定。

2. 六至八个导弹发射装置组建的洲际火箭旅，尔后根据处于使用状态的导弹数量的增加，可以将上述旅合并成一个军。

任命国防部副部长炮兵元帅H.M.伊万诺维奇为战略火箭军总司令。

部长会议主席 H.C.赫鲁晓夫

部长会议办公厅主任 Г.斯捷潘诺夫

与此同时，捷尔任斯基军事学院也开始转变职能，成为专门培养火箭武器专家的院校，它是战略火箭军的高等军事学府。

捷尔任斯基军事学院

该学院设在莫斯科，是战略火箭军高等军事学府和重要的军事科学研究中心。学院前身是1820年创办的彼得堡米哈伊尔炮兵学校，1855年更名为米哈伊尔炮兵学院。学院于1918年2月恢复教学，1919年3月15日更名为工农红军炮兵学院，1923年开设了弹道系、机械系和化学系。1925年，工农红军炮兵学院和工农红军工程学院合并为工农红军军事技术学院。1926年，学院以捷尔任斯基之名命名。1938年，学院从列宁格勒迁至莫斯科，同年荣获列宁勋章并开始设立防空系。卫国战争期间，1941年11月–1944年7月，学院迁至撒马尔罕。1945年学院获得一级苏沃洛夫勋章。1952–1953年，该院各指挥系分离成为独立分院，之后又合并成炮兵学院。1970年学院获得十月革命勋章。1998年6月学院改名为彼得大帝战略火箭军军事学院。

之后不久的1960年1月14日，苏联领导人赫鲁晓夫在苏联最高苏维埃会议上发表了“为了永久和平及友谊而裁军”的演说。演说中，首次形成了国家核军事理论，即“在各战区进行核战争的战略”（Стратегия ведения ядерной войны на различных театрах вовнных действий）。该理论的基础是，认定弹道导弹应在军事战略中占据中心位置，并应成为欧洲战争和具有超级大国参加的战争中的决定因素。赫鲁晓夫认为，新的战争会从核武器的大规模突袭开始。他的理论在发展苏联导弹制造业和核工业方面起了巨大作用，

彼得大帝战略火箭军军事学院

也最终导致了两个超级大国的战略均势。该战略的实质就是以对敌实施密集核突击来完成最重要的军事政治和战略任务。

对于战略火箭军的成立，当时的苏联领导人赫鲁晓夫无疑是最终决策者，这和他本人对导弹的热衷密不可分。在赫鲁晓夫的回忆录中，他对自己在成为国家领导人后与科罗廖夫的见面做了如下的描述：“在斯大林死后不太久，科罗廖夫在一次政治局会议中汇报了他的工作。我不想言过其实，但我要说，当他展示自己的工作给我们看时，我们就像一群绵羊第一次看见一扇新门一样。当他让我们见到他的一枚火箭时，我们觉得它简直像一根巨型的雪茄烟状的管子，不相信它会飞。科罗廖夫带我们去参观发射台，并且打算向我们解释如何操作火箭。我们就像市场里的农民一样，绕着火箭转来转去，用手摸摸它，拍拍它，看看它是否够结实——除了舔舔它以便知道它是什么滋味外，我们样样都做了……当他详细地说明着，或为他的见解辩护时，你可以看到他的眼睛里闪烁着光辉。他的报告也总是明晰透彻的模范。他有着无限的精力和决心，并且他还是一位出色的组织者。”

难得一见的赫鲁晓夫戎装照

第三章

扬格利的杰作

随着战略火箭军的正式成立，原装备P-5M导弹的部队陆续换装P-12和P-14中程战略导弹。这两款型号导弹在1958-1964年部署，共生产了608部发射装置。

P-12与P-14导弹是由总设计师扬格利领导的第586特殊设计局研制的，导弹射程分别为2000千米与4000千米。苏联在P-12导弹上第一次搭载了氢弹弹头，使得它的威力是之前P-5M导弹的16倍。而在P-14导弹上，苏联则第一次使用国产陀螺稳定平台作为导弹的制导系统。1960年5月，在斯罗尼姆市郊、新格鲁德克市郊、平斯克市郊、琴扎尔市郊和普伦格市郊，装备着P-12导弹的苏军第一批导弹团分别进入战备值勤。1962年1月，在格鲁霍夫市郊和普里斯库尔市郊，P-14导弹团进入战备值勤。两型导弹分别在第聂伯罗彼得罗夫斯克的第586工厂（即如今的南方机械制造生产联合体）和在欧姆斯克的第166工厂（现为飞行生产联合体）进行批量生产。

P-12导弹是扬格利就任第586特殊设计局总设计师后的第一个作品。导弹采用了扬格利一贯主张的高沸点推进剂。按照1953年2月13日部长会议做出的决议，第586工厂设计室接受委托进行导弹的草图设计。1955年8月13日，部长会议做出了关于研制和生产P-12导弹的决议，同年10月导弹的草图设计完成。导弹于1957年6月22日卡普斯京亚尔靶场进行首次发射，1958年10月开始进行批量生产，1958年12月27日完成试验，1959年3月4日开始列装，1961年第一次公开展示。它是苏联战略火箭军成军后装备的第一种导弹，也成为苏联第一种批量生产的导弹。此外，它也创造了装备使用期的历史记录，前后服役了整整30多年，直到1990年5月21日才退役！这应归功于卓越设计师扬格利的天才构想。

P-12导弹安装一台液体火箭发动机，采用煤油和硝酸自燃推进剂，地面推力64.8吨力，最大射程2000千米，最大发射质量41.7吨，弹头质量1.3～1.6吨，核装药威力达110～230万吨TNT当量，弹长22.1～22.7米，弹体最大直径1.65米，命中精度1.1～2.4千米（极限偏差5～5.4千米），安装飞行中分离的单个核弹头。导弹发射前最快准备时间0.5小时，保存期限达到7年。

导弹的发动机系统由4个液体火箭发动机燃烧室与1台涡轮泵联动装置组成。制导系统为模拟型自主制导系统，采用侧向稳定仪表、视速度调节系统和以积分仪为基础的射程自动控制装置。瞄准时，通过转动发射台使光学瞄准具对准基准发射，依靠在喷管处的石墨燃气舵对导弹进行飞行控制。

导弹担任战备值勤时其燃料贮箱是空的，在这一状态下其保存期是7年。导弹在不加注的状态下，战斗准备时间为3.5小时；在加注的状态下可以保存1个月，战斗准备时间仅需要30分钟！

1961年6月，为了检验该型导弹核弹头的威力，苏联专门组织了一次试验发射，整个试验工作都在国防部部长马利诺夫斯基的特别监督下进行。为了确保试验万无一失，新上任不久的战略火箭军司令莫斯卡连科元帅也亲临位于新地岛的靶场。几天之后，2枚导弹在规定时间内发射升空，飞越喀拉海数百千米后在新地岛靶场上空爆炸。核爆产生的火球，宛如明亮的太阳在新地岛的冻土和冰封山岩上空发出耀眼的光芒。莫斯卡连科也在靶场指挥所掩体中目睹了这一盛况，随后他向参与试验的官兵们表示了热烈的祝贺。

在20世纪70年代，装备P-12的导弹团一般由2个地面发射营和1个拥有4个发射井的发射营组成。地面发射营由2个发射连组成，每连有2枚导弹。1个导弹团拥有5~8个地面发射装置、10~14辆运输车辆、6~7台导弹发射车、45~52个推进剂存储容器。发射架之间的距离，以及发射架与导弹存储室之间的距离都大于175米。

1959年夏季，苏共中央第一书记赫鲁晓夫视察了弹道导弹生产线。工厂规模很大，绵延数千米，宽大的厂房、设计局和巨型试验台，别说是走一圈，就是坐上汽车绕上一圈也不容易。几十米长的导弹紧挨着放在一起，从一个车间延伸到另一个车间，产品在车间间输

P-12与P-14中程导弹的核弹头

P-12导弹发动机

P-12导弹结构示意图

1 弹头；2 弹头分离用的气动顶推系统；3 氧化剂箱；4 仪器舱；5 氧化剂输送导管；6 燃料箱；7 环形压缩空气气瓶；8 过氧化氢箱；9 涡轮泵组；10 主发动机燃烧室；11 尾段；12 稳定尾翼；13 燃气舵

送须严格遵循保密要求。导弹半成品都被仔细地裹在帆布罩里，帆布罩则绷在正方形的撑板上，将导弹的轮廓遮掩起来。赫鲁晓夫对看到的情况极为满意，这是他第一次目睹导弹的生产过程。在参观结束后的群众大会上，他发表了热情洋溢的讲话，留下了这样的名言：“苏联生产导弹如同制造香肠一样容易。在我们工厂的装配线上，每年可以生产250枚带氢弹头的导弹。如果这些致命的东西在某个国家爆炸，那里什么也不会留下。”

1958年7月2日苏联部长会议通过决议，决定研制射程为3600千米的P–14导弹。导弹于1958年12月完成了总体草案设计，1960年7月6日开始飞行试验，1961年2月15日完成飞行试验，1961年4月24日开始服役，1961年12月31日第一个导弹营进入战备值勤，1962年1月1日第一个导弹团在格鲁霍夫进入战备值勤。截至1965年，苏联共部署了97个P–14和P–14У导弹发射装置。

1962年9月5日–9月8日，在代号为“郁金香”的演习中，战略火箭军从赤塔以南亚斯纳亚向新地岛靶场发射了几枚P–14导弹，导弹飞越4000千米，准确命中预定区域的目标，有效检验了该型导弹的威力。

P–14导弹安装2台液体火箭发动机，采用偏二甲肼和硝酸作为推进剂，地面推力138吨力，最大射程4500千米，最大发射质量86.3吨，弹头质量1.3~2.1吨，核装药威力达100~230万吨TNT当量，弹长24.4米，弹体最大直径2.4米，安装飞行中分离的单个核弹头，命中精度1.25~1.9千米（极限偏差5千米）。

P–14导弹的燃料为偏二甲肼，与氧化剂（硝酸）混合时能自燃，因而无须使用“启动”燃料。在氧化剂和燃料管路中首次装有薄膜式活门，用以隔离发动机与贮箱，这样可以使已经加注推进剂的导弹能够长期贮存，准备发射。整个动力装置由2台相同的主发动机和1台四燃烧室游动发动机组成。每台主发动机有2个燃烧室、1个涡轮泵组件、1个燃气发

P–12导弹的维护

P–12导弹试验前

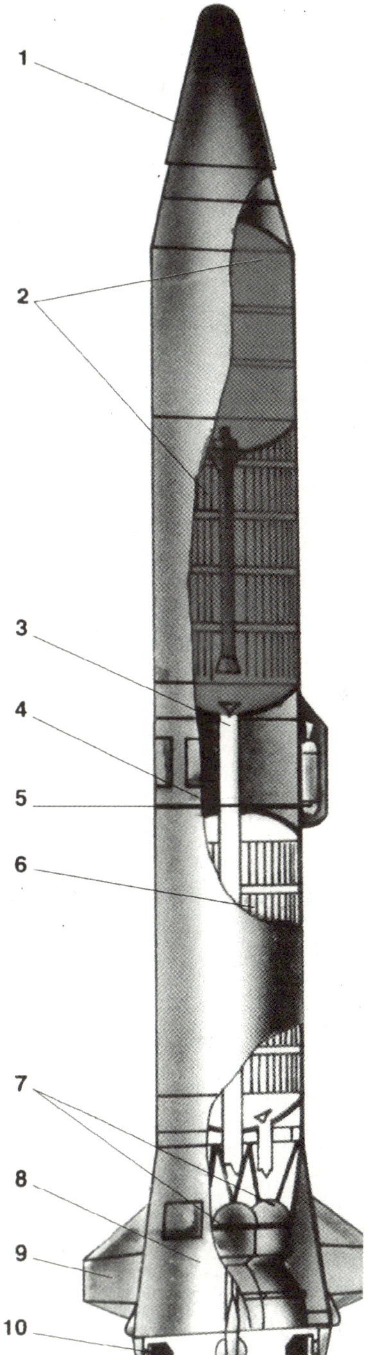

P-14导弹结构示意图
1 弹头；2 氧化剂箱；3 氧化剂输送管；4 仪器舱；5 制动鼓体火箭发动机；6 燃料箱；7 主发动机；8 尾段；9 稳定翼；10 燃气舵

生器和1个自动器系统。导弹制导系统为模拟式自助系统，采用在陀螺稳定平台上的滚珠轴承陀螺和机电计算装置，而且为了提高俯仰角随动精度，首次采用了可编程脉冲发生器。瞄准依靠陀螺稳定平台实现，无须转动导弹。飞行控制则依靠游动液体火箭发动机的4个摆动燃烧室。为了防止弹头与弹体在飞行过程中分离后产生碰撞，P-14导弹弹体装有3个制动固体火箭发动机。

由于受到射程限制，这两款导弹都部署在苏联本土西部、南部和东部边境地带，部署的地点有明斯克、奥斯特罗夫、斯塔夫罗波尔、格奥尔基耶夫斯克、阿拉木图、克孜尔和乌兰乌德等。

米哈伊尔·库茨米奇·扬格利

Михаил Кузьмич Янгель

1911年10月25日（俄历）出生在伊尔库茨克，1971年10月25日在莫斯科逝世。1931年进入莫斯科航空学院学习，1937年毕业，先后担任总设计师助手、副厂长、飞机试验站主任和飞机设计局副总工程师。1950年4月12日担任第88研究所所长，参与P-1、P-2和P-5导弹的研制工作。1954年4月担任新成立的第586特殊设计局负责人，先后完成了苏联新一代中程弹道导弹P-12和P-14以及新型洲际弹道导弹P-16的研制工作。其巅峰之作是P-36和P-36M重型洲际弹道导弹，这两型导弹使得苏联在核打击力量上逐步取得了对美国的优势。先后2次获得社会主义劳动英雄称号（1959年6月25日和1961年6月17日）、4枚列宁勋章、1枚十月革命勋章等。1960年获得列宁奖金，1966年成为苏联科学院院士，1967年获得苏联国家奖金。

著名导弹设计师扬格利

扬格利在1966年苏共二十三大上发言

第四章

洲际导弹诞生

第一节 紧张的筹备

苏联研制远程导弹的初期工作是在研究德国导弹制造技术基础上进行的。1946年3月，科罗廖夫做了关于恢复和研制A-9导弹设计的报告。1949年，以捆绑的3枚还在研制的P-3导弹为基础，国防部第4研究所的季洪拉诺夫开始了相关工作。1950-1952年，苏联进行了不同类型远程导弹H-3的研制工作，包括弹道导弹和巡航导弹，还有射程5000~10000千米，战斗部质量达1~10吨的捆绑式导弹。1950年12月4日，苏联部长会议通过决议，开始进行射程为5000~10000千米，战斗部质量1~10吨的各类型远程导弹制造前景的研究。1951年12月27日，科罗廖夫在科学技术委员会和科学家代表会议主席团做了《关于远程弹道式火箭发展远景研究的报告提纲》的报告，此后1952年1月16日又做了《关于远程有翼火箭发展远景研究的报告提纲》的报告。

1953年2月13日，部长会议发布443-213号政府文件《1953-1955年苏联远程导弹研制决议》。文件决定在未来2~3年时间内，苏联将致力于发展射程超过8000千米的远程弹道导弹，决定开始进行课题代号分别为T-1和T-2的洲际导弹的研制工作。T-1课题为研制射程7000~8000千米的两级弹道导弹，T-2课题则为研制洲际巡航导弹。最终根据T-1课题的研究成果，苏联制定了第一枚国产洲际弹道导弹P-7的设计方案。而T-2课题的研究成果则主要用于“风暴”号和“暴风雪”（Буран）号洲际巡航导弹的研制。

在443-213号政府文件中，第88研究所的科罗廖夫被任命为远程导弹的总设计师、米申为副总设计师。文件将远程导弹的研制工作上升到国家重大任务的层面上，责成装备部部长乌斯季诺夫、工业通信部部长阿列克岑科、造船工业部部长诺岑科、电力工业部部长叶夫列莫夫、农业机械制造部部长斯捷潘诺夫、机械和仪表制造工业部部长巴尔什、航空工业部部长赫鲁尼切夫、军事部部长瓦西里耶夫斯基、有色冶金部部长罗马科、化学工业部部长基哈米洛夫、建筑和道路机械部部长福明、重型机械制造部部长卡查科夫、运输机械制造部部长马克萨列夫、汽车拖拉机工业部部长赫拉莫夫、高等教育部部长斯托列托夫、煤炭工业部部长巴巴科夫、有色冶金工业部部长杰沃森、电力部部长瑞林、生产建筑材料部部长尤金、苏联科学院主席涅斯米亚诺夫等共同承担远程导弹的研制任务，并在两星期内确定导弹研制计划中各个项目负责人的职责和工作任务；在10日之内向国家计划委员会提交有关导弹研制的组织和技术材料计划书；三星期内由国家计划委员会和国家供应委员会向部长会议汇报。乌斯季诺夫、阿列克岑科、赫鲁尼切夫、瓦西里耶夫斯基、涅斯米亚诺夫在两个月之内向部长会议提交远程导弹无线电系统研制和试验计划书。在导弹研制工作开始后，根据决议规定，乌斯季诺夫等人每年定期向部长会议提交两次总体工作进程报告。

1953年10月，T–1课题完成了洲际弹道导弹的草图设计，导弹设计射程7000～8000千米，弹头质量3吨，发射质量170吨。不过由于核战斗部的新设计方案，装药比之前几乎增加了2倍。根据决议，总设计师会议于1954年1月召开，会上讨论了有关远程导弹与增加战斗部质量的后续工作。最终，这次会议通过了P–7导弹的外观设计方案。

为了确保洲际导弹项目的顺利实施，苏联还在专门成立了总设计师委员会（Совет Главных Конструкторов），主席是科罗廖夫，成员有航空工业部第456特殊设计局的总设计师格鲁什科，负责研制液体火箭发动机；机械制造和仪表制造工业部国家专业设计局的总设计师巴尔明，负责研制导弹发射设备；造船工业部第10研究所的总设计师库兹涅佐夫，负责研制导弹指令仪表（陀螺仪）；电器工业部第885研究所的总设计师梁赞斯基，负责研制导弹自主控制系统；电器工业部第885研究所的总设计师皮柳金，负责研制导弹飞行弹道无线电校正系统。不过，这个委员会属于非行政化组织，最早是在1947年根据科罗廖夫的倡议建立起来的，这源于前文提及的几位大师在德国诺德豪森研究所的工作经历。

1954年5月20日，苏联部长会议通过了进行洲际弹道导弹总体研制工作的决议。为了保证国产洲际弹道导弹的顺利试验，以及摆脱美国设在土耳其的情报部门雷达站对于卡普斯京亚尔的监视，苏联决定建立新的专用发射场。为此，专门成立的勘址委员会在远东、北高加索、里海沿岸等地区中，经过严格论证和考察，确定了新地点。1955年2月12日，部长会议做出292–181号决议，决定创建国防部第5国家中央靶场“拜科努尔”（Байконура，1982年归宇航总局），并在卡姆恰托克（克柳奇）建立独立科学试验站。苏联部长会议决定将靶场建在秋拉–塔姆（Тюра-Там）村，并很快兴起大规模建设。1955年6月2日，苏军总参谋部颁布命令，确定了靶场的组织编制结构并正式开始建设，这一天成为靶场诞生纪念日，靶场首任主任为А.И.涅斯捷连科。现在全世界都知道它的名字“拜科努尔航天发射场”，而苏联军方则将其称之为“秋拉–塔姆”。

几位苏联导弹与航天专家的合影，从左到右顺序依次为梁赞斯基、皮柳金、科罗廖夫、格鲁什科、巴尔明和库兹涅佐夫。

P-7导弹核弹头

拜科努尔航天发射场

拜科努尔航天发射场坐落在莫斯科—塔什干铁路上的丘什坦火车站附近，莫斯科东南2100千米，拜科努尔镇西南288千米，咸海以东约150千米，具体地理位置在北纬45.6度，东经63.4度，属于大陆性气候。

拜科努尔镇位于哈萨克塔克奇尔奥尔达区，面积约40平方千米，最早的建筑物于1955年5月5日搭建。目前共有7个小区，400多栋公寓，6万多人口。整个航天城占地面积6717平方千米，南北75千米，东西90千米，海拔90多米，共拥有2个机场、92个通信基站、470千米铁路、1281千米公路、6610千米电线、2784千米电话线等。

航天中心布局呈Y形，共拥有9个航天运载火箭发射场区（15个发射场位）、4个试验洲际弹道导弹发射装置、11个火箭和卫星装配测试大楼、3个航天燃料站和5套跟踪测量设施。

在这里，苏联发射了第一枚洲际弹道导弹、第一颗人造地球卫星、第一个月球探测器、第一艘载人飞船、第一个空间站等，见证了人类征服太空的历史。苏联解体后，经过协商，俄罗斯在1994年与哈萨克斯坦签订了20年租用合同；2001年1月又签订了新的协议，租用期延长到2050年。

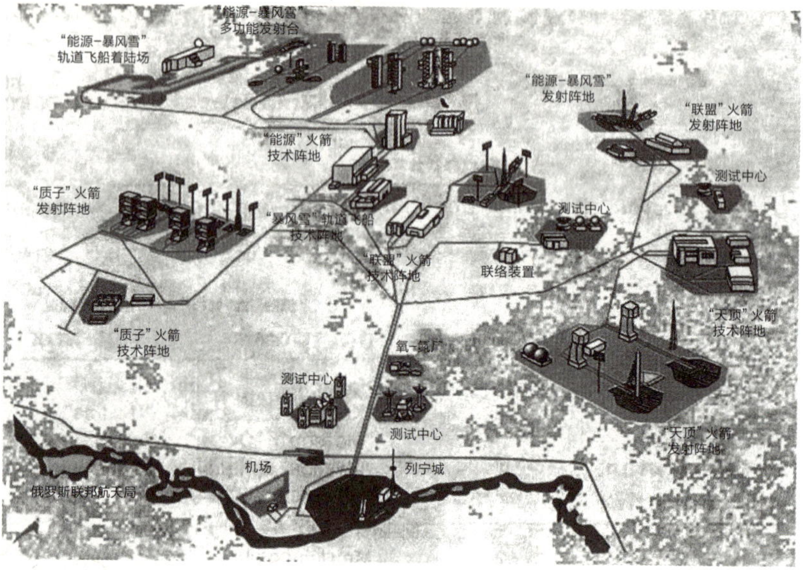

拜科努尔航天中心示意图

拜科努尔航天中心卫星地图

1955年，荒凉的拜科努尔镇

1955年参加拜科努尔航天发射场建设的苏联官兵们

拜科努尔航天发射场

第二节 高调亮相

P-7导弹上第一次采用了第一级和第二级发动机机组捆绑布局，并使用了燃料清空和同步作战系统。为了提高导弹的命中精度，P-7导弹采用了雷达横偏校正系统。横偏雷达测量仪可以控制导弹的横向偏差和速度，从而对发动机组进行修正。从1953年开始，苏联进行了导弹控制系统的研制工作，陆续开始了导弹发动机、随机设备及地面跟踪站的生产。

1956年10月，P-7导弹各部件分批运抵发射基地。经过组装完毕后的导弹长约30米，最大宽度10米，质量达300吨，最大推力486吨力，是当时世界上最大的导弹。1957年3月13日，导弹进入技术阵地。5月15日，苏联进行了第一枚洲际导弹P-7（8K71）的试验，但导弹在飞行103秒后，因为猛烈起火而发出了紧急关机指令，导弹坠落到距离发射点300千米的地方。之后，6月10日和7月12日的两次发射分别又由于控制系统故障以及导弹在发射时烧毁而宣告失败。接连三次失败让总设计师科罗廖夫感到痛苦、彷徨和焦虑。经过事故分析后，同年8月21日，再次在拜科努尔航天发射场进行的P-7洲际导弹试验终于成功，弹头质量模型飞完了5600千米航程，到达堪察加靶场。之后苏联又专门生产了16枚P-7用于发射试验，其中4枚到达堪察加靶场，但总体偏差很大。1959年7月30日，一枚带核弹头的导弹进行了试射，实验数据显示，导弹纵向偏差1.75千米，横向偏差0.75千米。

在冷战政治环境下，作为世界上第一枚洲际导弹，P-7导弹无疑给苏联的国防和对外战略带来重大突破。苏联抢在美国之前（提前6个月）成功发射洲际导弹，意味着两大阵营的军事力量发生了巨大改变，苏联阵营的力量得以壮大。尽管导弹仍存在着诸多设计缺陷，但为了抢在美国人之前发射，科研团队在设计中有意简化了程序并避开技术性难点。赫鲁晓夫后来也承认P-7并不是实用的作战型武器，只是反对美国威胁的象征。

出于冷战的需要，苏联一反军事技术秘而不宣的传统，由塔斯社在1957年8月27日发表了一则轰动全球的公告：“8月21日，世界上第一枚多级远程弹道火箭向太平洋进行全程发射试验成功。火箭试验进展顺利。经过短时间的远距离飞行之后，火箭在预定区域降落，

1957年在拜科努尔航天发射场发射台上的P-7导弹

P－7导弹第一级发动机

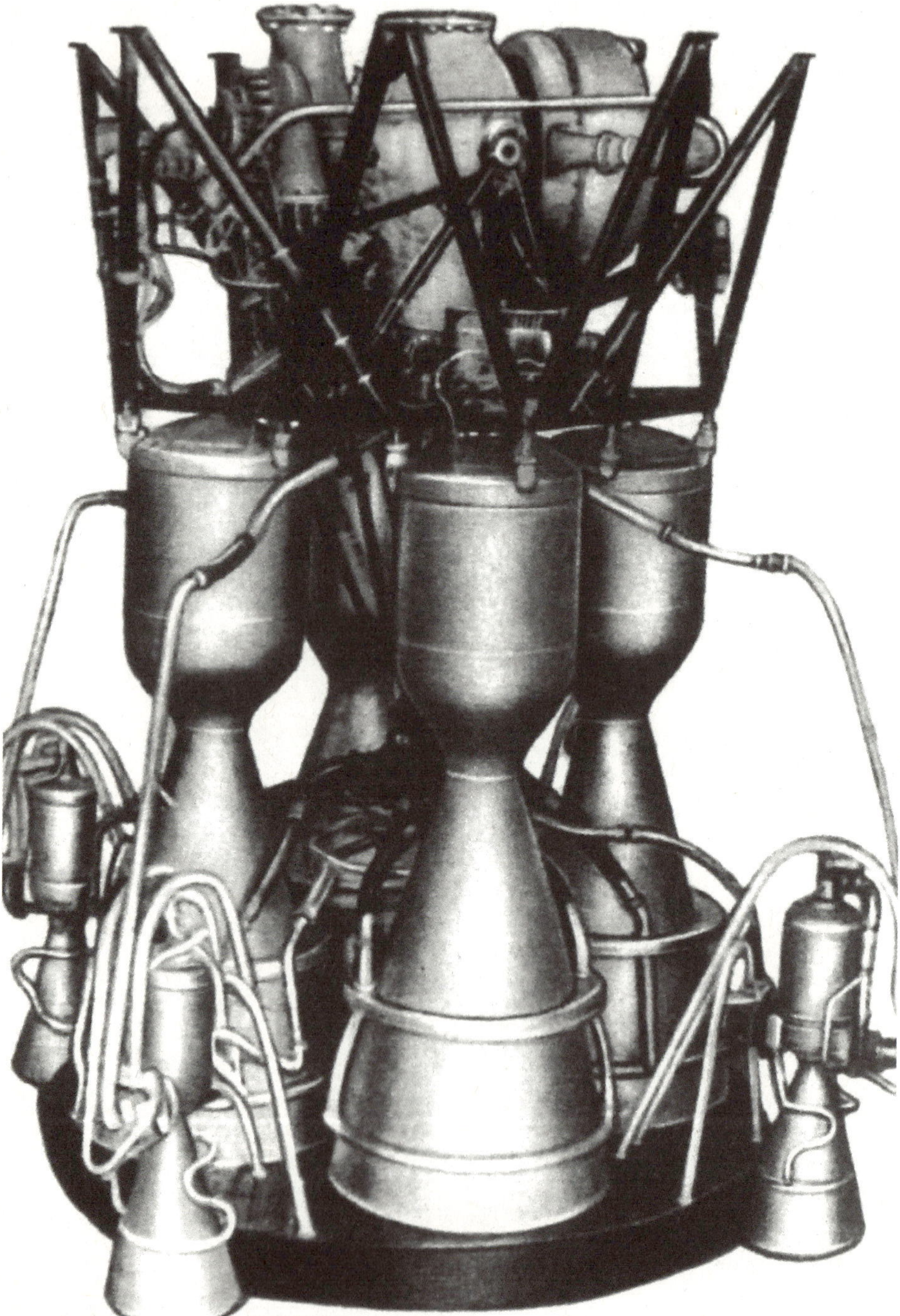

P-7导弹第二级发动机

完成了一次前所未有的飞行！试验结果表明，这种导弹能够发射到地球上任何地区，与之相比，战略轰炸机已经远远落后了。”这种报道显然是在暗示苏联在核武器运载工具上已经超越了美国，苏联具有把核武器发射到美国本土的能力。

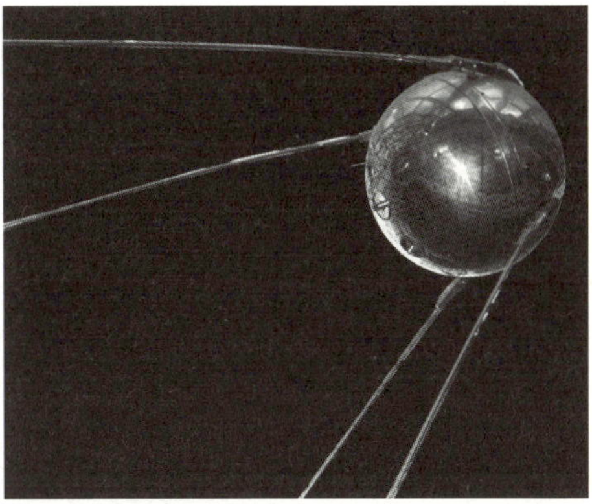

苏联第一颗人造卫星“旅伴”-1号

在此之后，1957年10月4日22时28分34秒，苏联使用P-7导弹的弹体将苏联也是世界上第一颗人造卫星“旅伴”（Спутник）-1号送入近地轨道。这一天，全世界的对空观察站都在注视着星空中的一个小黑点，成千上万的收音机在播放着它发出的信号。2个月前的首枚洲际导弹试射成功，并没有在西方世界引起轩然大波。而这一次，西方世界却被定期环绕地球一周的83千克金属球吓得不轻。在苏联卫星发射成功后的一段时间后，美国把一枚“红石”弹道导弹安放到纽约中央火车站大厅内展示，以安定人心，宣示美国科技并不弱于苏联。11月3日，苏联又发射了第二颗人造地球卫星，并将小狗“莱伊卡”送上太空。

苏联1982年发行的纪念人造卫星上天25周年邮票

在这场以洲际弹道导弹与卫星为后盾的美苏空间争夺战中，苏联后来居上，取得了第一回合的胜利。事实上，在1957年，美国至少有9个洲际导弹计划，还有“轨道”和“先锋”等人造卫星方案。但这些方案一直在互相竞争、扯皮，延误了时间。这点正如当时的中情

P-7导弹进行发射前检查

纽约中央火车站大厅内展示的“红石”弹道导弹

局局长杜勒斯所述："在战后第一个十年，我们对苏联火箭发展情况可以说没有什么了解。"事后还有一些美国专家认为，按照当时的技术，如果液体推进导弹射程要超过8000千米，最大发射质量将超过200吨，导弹的实战效果未必令人满意，因而美国觉得这类导弹不太符合需要，所以改为研制相对先进的导弹。

1960年1月，P-7导弹开始战斗执勤，同年11月20日正式装备部队。导弹最大射程8000千米，最大发射质量283吨，弹头质量5.5吨，最大速度7900米/秒，核装药威力达300~500万吨TNT当量，弹长31.4米，弹体直径11.2米，命中精度2.5~5千米（极限偏差10千米）。导弹在注满推进剂情况下可以保存30天，发射准备时间12小时。这型导弹仅仅生产了4枚，目标分别指向了纽约、华盛顿、芝加哥和洛杉矶，之后在1968年退役。

P-7导弹作战单元由多个固定地面掩体组成，包括技术和发射阵地、弹头检测和准备阵地、专用阵地、两个雷达控制站（位于导弹发射阵地前方276千米，相互间隔552千米，分别是主雷达站和反射雷达站）、推进剂储存位置和辅助掩体。

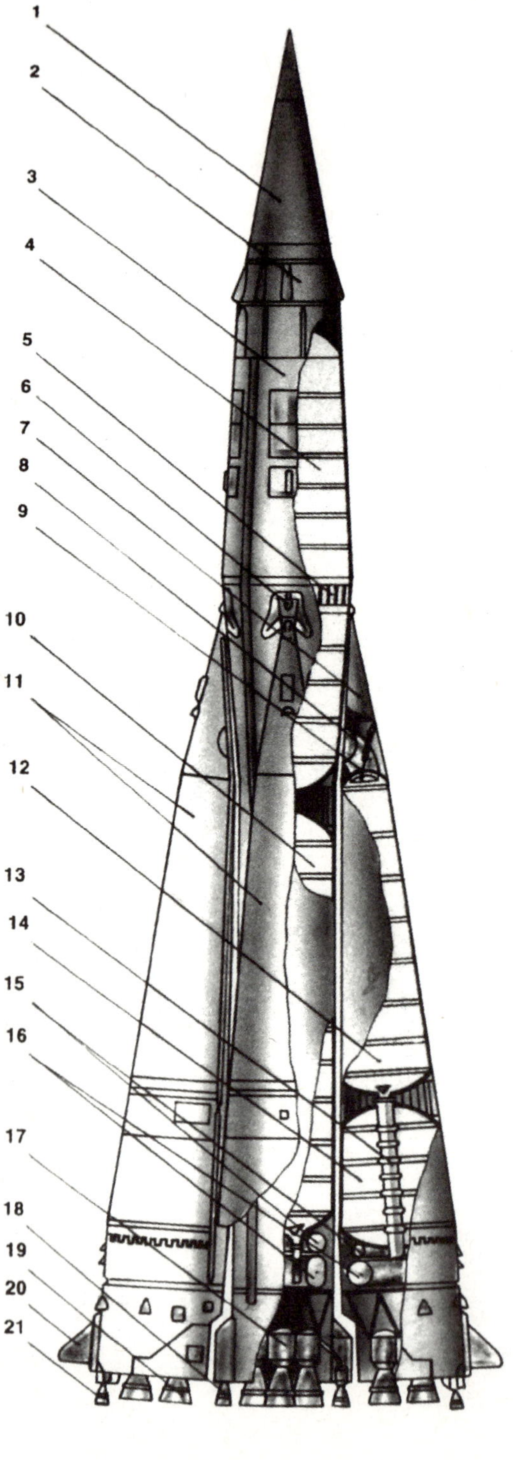

P-7导弹结构示意图

1 弹头；2 仪器舱；3 芯级；4 芯级氧化剂箱；5 导弹承力增强箍；6 芯级球形底座；7 助推器支承椎体；8 级间分离系统喷器口（喷嘴）；9 盖；10 芯级燃料箱；11 助推器；12 助推器氧化剂箱；13 带氧化剂输送管的隧道管；14 助推器燃料箱；15 芯级和助推器的环形液氧箱；16 芯级和助推器的环形过氧化氢箱；17 芯级主发动机；18 芯级游发动机；19 助推器主发动机；20 气动舵；21 助推器游发动机

第三节 余音不绝

洲际导弹的出现，使得当时苏联领导人赫鲁晓夫兴奋异常，他随即宣布苏联在战略武器具有绝对的优势地位，在1960年1月14日最高苏维埃会议上他说道："在各种洲际弹道导弹的发展和大量生产方面，我们要比其他国家领先好几年。"

由于认为洲际导弹对美国取得了战略武器的优势，"帝国主义别无选择，只好与我们和平共处，共产主义将继续以和平或解放斗争的方式来让越来越多的人摆脱压迫。帝国主义的包围圈已被打破，世界上政治力量的对比发生了对苏联有益的变化"。1958年3月31日最高苏维埃通过了苏联单方面停止核武器试验的决定，并希望西方国家也支持这个倡议。与此同时，苏联还建议与西方国家就一系列重大问题进行磋商，这些问题包括：在中欧建立无核区、北大西洋公约组织和华沙条约组织缔结互不侵犯协定、和平利用外太空空间等。不过在遭到西方冷淡反应后，苏联又在10月初宣布解除单方面停止核武器试验的义务。

赫鲁晓夫访美

苏联的洲际导弹发射与卫星上天，使得美国当局一片震惊。当时苏联领导人赫鲁晓夫在1958年4月5日致函美国总统艾森豪威尔，建议美苏举行最高级别首脑会谈。经过多方要求和协商，在1959年9月15日-9月27日，赫鲁晓夫应美国总统艾森豪威尔的邀请访问美国，这是战后美苏首脑举行的第一次会谈。双方讨论了德国柏林、核试验和双边关系等问题，并发表了联合公报。

在访问活动中，赫鲁晓夫提出了两个小要求：参观迪士尼游乐园及与当时的美国影星玛丽莲·梦露共进晚餐。最终，赫鲁晓夫参观迪士尼游乐园的要求被以安全理由婉拒，与玛丽莲·梦露共进晚餐的要求还是得以实现。9月21日，赫鲁晓夫在好莱坞与玛丽莲·梦露共进了午餐，但被安排了多达400人的陪客。

宴会中的美国影星玛丽莲·梦露

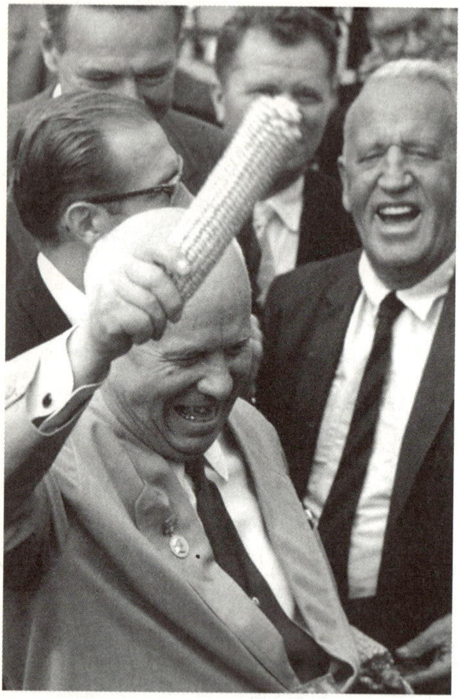

赫鲁晓夫访美时，手中挥舞玉米的瞬间

随着洲际导弹的试验，苏联在1957年1月11日做出第61-39号决议，将建设两个洲际导弹战斗阵地——在普列谢茨克（Плесецк）建

1957年“安加拉”工程首批建设者合影

设“安加拉”（Ангара）工程，在萨列哈尔德建设“伏尔加”工程。1958年7月2日，苏联部长会议正式做出第725-347号决议，要求在1959年完成“安加拉”工程的建设。1958-1959年，苏军陆续在基洛夫市郊、秋明市郊、弗拉基米尔市郊和布拉戈维申斯克市郊部署了第一批洲际导弹部队，而为了保密，这些驻地一律称之为“炮兵训练靶场”。

P-7导弹在研制的过程中，它的竞争对手出现了，即由格鲁申科领导的第456特殊设计局提出的P-8洲际导弹方案，该导弹采用可以长期保存的偏二甲肼作为燃料。这一方案得到了炮兵元帅涅捷林的认可，不过被科罗廖夫否定了。但在之后，偏二甲肼成为苏联海基、陆基使

普列谢茨克航天发射场

普列谢茨克航天发射场位于俄罗斯西北部，阿尔汉格尔斯克以南180千米，距离普列谢茨克市不远，占地面积1762平方千米，南北长46千米，东西长82千米，中心点位于北纬63度，东经41度，是俄罗斯第一个航天发射场。

1957年1月11日，苏共中央和部长会议通过决议，建设发射系统并组建装备P-7导弹的导弹师，工程代号“安加拉”。1957年7月15日成为发射场的成立纪念日。1963年9月16日普列谢茨克航天发射场改为国防部第53科研试验靶场。1966年3月17日进行了第一次航天发射。1994年11月11日改为俄罗斯国家第1航天发射场。

整个发射场共有6个中心和9座运载火箭发射平台，俄罗斯在2006-2015年对地面基础设施进行了全面建设和改造，改建完成后可以起降重型运输机并能发射所有型号的运载火箭。普列谢茨克发射场是全世界发射卫星最多的发射场。

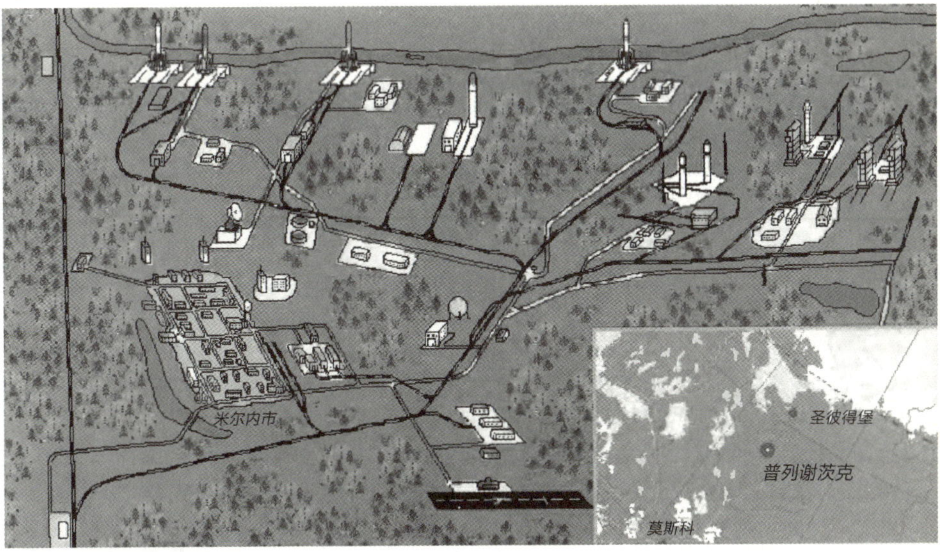

普列谢茨克靶场配置示意图

用液体火箭发动机的弹道导弹的主要燃料。

为了改善P-7导弹的战斗和运行性能，苏联又研制了改进型的P-7A（8K74）导弹。该方案在1958年7月2日提出，在1958年7月12日部长会议上决议通过。导弹将具有更完善的雷达制导系统，而且简化了地面设备，弹头质量也有所减轻，射程增加到9000~9500千米。

此后，改进型P-7A的（8K74）在1959年12月24日首次进行了实验性发射，但由于一台发动机故障而未能完成飞行计划。之后又陆续进行了16次试验，其中8次成功，不过只有4次到达了堪察加半岛。经过一系列改进后，P-7A导弹最终于1960年1月1日进入战备值勤，1960年9月12日开始列装。

这型导弹由科罗廖夫领导的第1特殊设计局研制，导弹采用两级捆绑式布局，以煤油作为燃料，液氧作为氧化剂。导弹最大射程9500千米或14000千米（轻型战斗部），最大发射质量276吨，推进剂质量250吨，战斗部质量2.2吨（轻型战斗部）或3~3.7吨（重型战斗部），核装药威力达300~500万吨TNT当量，弹长31.4米，弹体直径11.2米，命中精度大于5千米，发射准备时间14~16小时（在技术阵地上）或9小时（在发射阵地上）。不过该型导弹也仅是小批量生产，共装备6枚，于1968年退役。

在该型导弹的设计中，科罗廖夫采纳了使用液氧作为氧化剂的成熟发动机设计方案。不过由于液氧在加注后不耐储存，因此导弹的战备水平大大降低。后来在扬格利和切洛梅（В.Н.Челомей）设计的其他导弹上，采用了其他的混合推进剂，显著提高了导弹的战备水平。

顺便一提，正是由于采用了煤油和液氧的传统推进剂，航天运载火箭才得以生产，如“东方”号和“联盟”号就是安装了第3级火箭的P-7弹道导弹。直至今天，“联盟”号仍然是苏联/俄罗斯把载人宇宙飞船送上地球轨道的唯一运载火箭。

混合推进剂在失重条件下的点火技术很难掌握，在地面试验时一切还不算太坏，但第二级火箭在高空启动时却有一定的失败率，如果带有核弹头的导弹或运载有航天员的飞船遇到第二级火箭不能启动的情况，后果将是很可怕的。因此，除了弹上自主式控制系统外，科罗廖夫还使用了无线电校正系统。由于当时计算机尚未发明出来，不完善的自主式控制系统会使导弹偏离目标几十千米。操作员通过无线电校正系统可以修正误差，提高命中精度。不过如果遇到超大功率的无线电干扰，导弹就会一下子“脱缰”。

1957年8月P-7导弹试验相关人员合影

根据安排，1958年开始，古比雪夫的第1航空制造厂着手进行P-7A导弹的批量生产。这家航空制造厂在此之前生产了米格-15歼击机、米格-17歼击机、伊尔-28前线轰炸机和图-16远程轰炸机。为了组织导弹的批量生产，工厂专门又成立了第1特殊设计局第一分局，由P-7导弹的主任设计师科茨洛夫为负责人。之后在20世纪60年代初期，又以该分局为基础成立了中央专业设计局。

“联盟”2号运载火箭的发动机

1959年12月，炮兵第3训练靶场（原“安加拉”工程，1959年2月9日更名）交付了第一个P-7导弹系统，之后共建立了6个单元，2个在哈萨克斯坦的第5仪表制造研究所，4个在普列谢茨克郊区。此后，P-7A导弹还成为苏联“东方”号、“联盟”号和“闪电”号航天运载火箭的基础。1957年7月15日，格里戈里耶夫（M.Г.Григорьев）就任普列谢茨克导弹师师长，这一天也成为该航天发射场成立的纪念日。1960年1月1日，导弹师进入战备值勤。

在该型导弹的研制过程中，苏联有效解决了控制系统问题，对象包括视速度调节系统、燃料箱排空调节系统、横向控制系统等子系统。在日后的10多年时间里，这些新型的控制原理和技术发展为所有苏联大型液体弹道导弹和运载火箭控制系统的研制奠定了基础。由于“成功完成了特殊部件生产的开发任务”（指成功生产了P-7导弹的液体火箭发动机），第24航空制造厂在1960年7月29日被授予劳动红旗勋章。

2006年“联盟”2号运载火箭准备发射

米哈伊尔·格里戈洛耶维奇·格里戈里耶夫

Михаил Григорьевич Григорьев

1917年10月23日出生在特维尔州，1981年12月12日在莫斯科逝世。1936年进入捷尔任斯基炮兵军事学院学习，1941年5月毕业后为炮兵连长。1942年7月任列宁格勒方面军独立火箭炮兵第85营营长，同年12月任火箭炮第10旅副旅长。1943年2月受命组建重型火箭炮第7旅。战后任职于苏军炮兵参谋部，1950年12月-1954年任最高统帅部预备队特勤第23旅旅长，1954-1956年在总参谋部军事学院学习。1957年7月-1962年5月任P-7导弹师师长，1962年5月-1966年6月任导弹第43集团军第一副司令，1966年6月-1968年4月任该集团军司令。1968年4月-1981年8月任战略火箭军第一副司令，1968年晋升上将，1981年4月开始任国防部督导组顾问。先后获得2枚列宁勋章、4枚红旗勋章、1枚一级卫国战争勋章、2枚红星勋章和1枚三级“在苏联武装力量中为祖国服务”勋章等，此外还获得列宁奖金1次。

格里戈里耶夫

P-7是世界上第一枚洲际弹道导弹，这其中凝聚着科罗廖夫的心血。作为苏联火箭设计大师，他的一生为苏联赢得了一系列世界第一：第一枚洲际弹道导弹、第一艘载人飞船、第一个月球探测器、第一个金星探测器和第一个火星探测器、第一次太空行走等。

2007年1月12日，俄罗斯总统普京在克里姆林宫举行的纪念科罗廖夫100周年诞辰大型晚会上做出了如下评价：“科罗廖夫不仅是一名天才的科学家，而且还是一名真正的开拓者，是苏联和俄罗斯载人航天领域辉煌成就的创造者。他在创建俄罗斯火箭航天领域方面的贡献仍在继续保障着俄罗斯在世界航天领域的稳定地位。”

在研制洲际弹道导弹的同时，根据T-2课题，苏联从1950年12月开始研制带核弹头的洲际巡航导弹，主要是“地球”导弹系统和“风暴”洲际巡航导弹。根据苏联部长会议1954

谢尔盖·巴甫洛维奇·科罗廖夫

Сергей Павлович Королёв

1906年12月30日(俄历)出生在乌克兰日托米尔,1966年1月14日逝世。1924年进入基辅工学院机械系学习,1926年到莫斯科鲍曼高等技术学校空气动力系继续大学学习。1929年毕业,获得了飞机设计师文凭,同年在卡卢加拜访了齐奥尔科夫斯基,从此走上航天道路。1930年2月9日获得空气动力学工程师称号并在6月任中央流体力学研究所高级工程师。同年从航空俱乐部飞行员学校毕业,取得了飞行员驾驶执照。1931年9月加入喷气运动研究小组,1932年7月成为组长,1933年8月17日参与研制了苏联第一枚液体火箭。1933年10月成为喷气科学研究所副所长。大清洗中曾遭到逮捕,后在图波列夫领导下的第29特殊设计局工作,任发动机副主任设计师。

第二次世界大战结束后,科罗廖夫和同事们利用德国专家的智慧和V-2导弹的大量资料,在一年时间里,研制、发射成功苏联第一枚弹道导弹P-1。1947年至1953年间先后取得了一连串重要成果,包括仿制和自行设计的近程、中程、远程和战术导弹,中程导弹试验成功后即开始装备部队。1953年开始领导研制P-7洲际弹道导弹,1956年将P-7号导弹改装成准备发射人造地球卫星的运载火箭。1957年8月3日,这枚射程达7000千米、能够打到美国本土的洲际导弹试飞成功。

科罗廖夫先后2次获得社会主义劳动英雄称号(1956年4月20日和1961年6月17日)、3枚列宁勋章、1枚“荣誉”勋章等,1957年成为苏联科学院院士。

科罗廖夫

科罗廖夫与航天员

年5月20日的决议，拉沃奇金飞机设计局（即第301特殊设计局）负责研制“风暴”（Буря）洲际巡航导弹。在此之前，该设计局研制出了用在C-25地空导弹系统中的B-300地空导弹。米亚谢舍夫飞机设计局（即第23设计局）则负责研制“暴风雪”洲际巡航导弹。

“风暴”洲际巡航导弹在1954年8月完成了预设计草图，导弹为正常飞机形状，前缘为70度的后掠三角翼和薄超音速翼型。导弹战斗部位于弹体头部进气道的中央部分。1957年9月1日，“风暴”洲际巡航导弹的第一次飞行试验在卡普斯京亚尔靶场举行，不料空气舵过早断裂，导弹在飞行几秒后坠毁；之后的第二次飞行试验，导弹在飞行31秒后炸毁；第三次飞行试验，导弹在飞行63秒后炸毁；第四次飞行试验，导弹在飞行81秒后炸毁；直到1958年5月22日第五次飞行试验，导弹才成功完成各级分离并启动了火箭冲压发动机。1960年12月16日，导弹进行了第十八次也是最后一次飞行试验，这次试验中导弹飞行了6500千米。不过由于P-7导弹的成功试验，1960年2月5日部长会议做出第138-48号决议，终止了该导弹的研制工作。

“风暴”洲际巡航导弹导弹长19.88米，弹体最大直径2.22米，最大射程8500千米，巡航速度M3.2，战斗部质量2.1~2.35吨，最大发射质量97吨，命中精度10千米。

“暴风雪”洲际巡航导弹外形与“风暴”一样，只是发射质量更大一些，以便搭载更大威力的大弹头。1957年11月，由于此时已经开始了被认为更有前景的P-7导弹试验，苏联部长会议决定终止该导弹的研制工作。

“暴风雪”洲际巡航导弹导弹长24米，弹体最大直径2.4米，最大翼展11.6米，发射质量125吨，弹头质量3.5吨，最大射程9500千米，命中精度10千米，巡航速度M3.1。

作为苏联的军事对手，美国一开始并不重视洲际弹道导弹，这主要源于美国军方内部的部分空军将领极力夸大空军的战略地位和作用。在1947-1953年的7个财政年度里，美国为远程导弹划拨的预算经费一共只有700万美元。

直到1954年2月10日，美国军方才提交了远程弹道导弹可行性研究报告，5月“宇宙神”项目成为空军最优先考虑的项目。1955年末又成立了作为“宇宙神”项目备份的“大力神”洲际弹道导弹项目。

1955年5月1日，苏联在劳动节阅兵上第一次展出米亚-4战略轰炸机，它的出现震惊了

“风暴”洲际巡航导弹

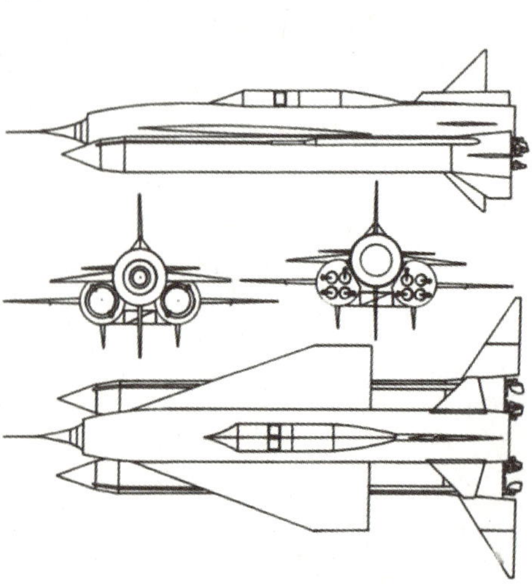

“暴风雪”洲际巡航导弹三视图

美国政府和军方领导人。作应对，美国总统艾森豪威尔在同年10月批准洲际导弹为“国家超过其他的最优先项目”，不久又下达了优先发展“宇宙神”和“大力神”洲际导弹、“丘比特”和“雷神”中程导弹计划的指令。就在苏联P-7洲际导弹发射成功后不久，1957年12月17日，美国“宇宙神”洲际导弹在卡纳维拉尔角发射成功。

第四节 勉为其难的重担

虽然苏联先于美国拥有了世界上第一枚洲际弹道导弹，但由于受当时技术等条件的制约，整体看来表现平平。P-7导弹的整体结构设计与齐奥尔科夫斯基在1896年提出的火箭设计方案十分相似。为了能够最大限度地产生推力，将导弹投送到8000千米以外的地点，P-7导弹采用了“捆绑”式结构，即有1个中央发动机，在中央发动机四周捆绑4个助推器。中央发动机直径达2.95米，长28米，带4个燃烧室和4个作为方向舵使用的游动发动机燃烧室，可以产生71吨力的推力。4个助推器，每个长19.2米，最大直径2.68米，带有4个主燃烧室和2个游动发动机燃烧室，每个可以产生约70吨力的推力。导弹发射时，4个助推发动机先同时工作，然后中央发动机再点火工作。这就意味着导弹点火发射时，要求4个助推器的24个发动机同时正常工作。如此复杂的结构要达到高可靠性，在当时的技术条件下显得十分困难。

而最困难的莫过于作战阵地和配套设施的建设。由于导弹体积庞大，即便只是简单地将导弹发射出去，就需要大面积的发射坪。而根据当时的战备要求，导弹发射场必须建在人烟稀少、交通不便的地区。在这样的环境和条件下，需要挖出上万立方米泥土，再铺覆一层水泥，工程量之大，所需时间之长，建设之难，可想而知。

然而，仅仅建造发射坪还不够。导弹还需要无线电来实施飞行控制。一个导弹发射基地，至少需要配套建设3个大型无线电控制站才能保证导弹的正常作战使用。按照要求，这些配套的无线电控制站必须建在人难以通过的森林和沼泽地带。修建这样的一个控制站，往往需要铺设数百甚至数千千米的道路，还要修建和安装相应的电力设施和其他设备，难度极大。

按照苏军当时的要求，导弹发射准备必须能够在几个小时内完成。而导弹在发射前加注液氧和煤油的工作，是一个长时间的过程。如加注燃料定额为170吨，就需要运给导弹400吨液氧。冷却到超低温的液氧一旦与温暖的贮存箱接触，会立刻沸腾、蒸发。导弹的整个发射准备时间需要12小时，但保持战备状态不超过8小时，此后将推进剂排出。为了维持导弹作战必需的液氧加注量，导弹操作人员需要不停地向导弹补加液氧。只要导弹还在战备值勤过程中，这项工作就必须不间断进行。为此，赫鲁晓夫专门向导弹设计师科罗廖夫咨询过，并在其回忆录中详细描写道：“记得有一次，我问科罗廖夫：‘告诉我，谢尔盖·巴甫洛维奇，你是否有办法把你的导弹置于经常准备状态，以便在危急时刻一声令下就能发射？'他说：'不能。'"

在得到这一明确答复后，以及得到关于一个完整P-7导弹发射场需要5亿卢布费用的预算报告后，赫鲁晓夫断然取消了原先修建几十个导弹发射场的计划，最终只保留了已经开工建设的3个，最后实际上也只建成了2个。从1959年12月P-7正式战备值勤到1964年全部退役，P-7只是昙花一现地存在了5年，实战部署仅有区区4枚！

反映战略火箭军早期工作的油画

P-7导弹发动机装配车间

第五章

新型洲际导弹

第一节 命殒发射场

在研制P-7导弹的同时，1956年12月17日，部长会议决议公布，指定第586特殊设计局负责研制P-16（8K64）洲际弹道导弹。这型导弹的职责就是充当苏联的可靠导弹核盾牌，可以从苏联领土上发射并摧毁美国战略目标。P-16导弹采用两级串联式布局，之后这个布局成为苏联所有使用液体燃料的洲际弹道导弹的主要布局。该导弹发射单元包括带统一指挥中心和燃料储罐的2个地面发射阵地，分别在第586工厂和第166工厂进行批量生产。

P-16导弹于1957年11月完成了草图设计，之后开始了后续的研制工作。1960年夏天，苏联在试验基地建设了两个场区，8月进行了导弹第一级和第二级点火试验。按照计划，首次正式飞行试验安排在了10月24日。就是在这次试验中，惨剧发生了，这也是战略火箭军成军以来遭遇的最大打击。

1960年9月26日，第一枚P-16洲际弹道导弹实验原型由列车装载着运抵拜科努尔航天发射场42号场区（技术阵地）进行安装。时任战略火箭军司令的炮兵主帅涅捷林被任命为国家试验委员会主席，导弹系统总设计师扬格利担任试验的技术领导。在综合安装试验设施的过程中，各项相关试验从1960年9月底开始，一直持续到10月20日。

到10月20日午夜，P-16导弹首次发射前的各项试验全部结束。国家最高领导层密切关注着试验的整个进程。政府通讯部门严阵以待，不敢有丝毫懈怠。他们知道，苏共中央第一书记赫鲁晓夫和最高苏维埃主席勃列日涅夫随时有可能往试验场打电话，莫斯科已经急不可待。况且，前不久赫鲁晓夫已经向那些企图威胁苏联的人发出了警告，因此洲际弹道导弹的发射将会成为国际舞台上的重大政治事件！

10月21日凌晨，已完成发动机对接的导弹被运出综合安装试验设施，尔后被运到离该设施几千米远的41号场区（发射阵地）。时任战略火箭军司令的炮兵主帅涅捷林在拜科努尔航天发射场基地建设时就多次来到工地，如今看到期待已久的作品出现在面前，也忍不住地看上良久，难抑喜悦和激动。

从导弹被安装上发射台那一刻起，发射前的准备时间就进入了倒计时。P-16导弹在10月21日-23日完成了技术所规定的检测和发射前作业，10月23日完成了加注燃料和压缩气体。发射准备的关键性阶段已经开始，发射时间定在了当地时间10月23日19时。10月23日白天，一切还平安无事，傍晚时分，导弹发射准备进入了关键性时刻。18时30分传来了第一个危险信号：在执行一级发动机的氧化剂和燃料管路内有关的高温隔膜爆毁例行检查时，出现了意外情况。

高温隔膜爆毁系统的致命缺陷是不能对高温隔膜起爆情况进行客观监控。经过磋商，技术领导决定采用简单的解决方法：根据隔膜爆毁瞬间液压冲击声的特点，凭听觉监控。技术人员受命执行该项作业。他们通过氧化剂通道，清晰地听到了高温隔膜的起爆声。

此消息犹如晴天霹雳，指挥所立即作出发射时间推迟一小时的决定，并紧急成立了由发动机专家和军方代表组成的小组。在手提灯的引导下，专家们开始对发动机装置展开检查，他们很快就断定：除了高温隔膜，在3个发动机组中，1个机组的气体发生器关断活门引爆管也已经报废。

晚上，国家试验委员会召开紧急会议，会议要确定第一枚P–16导弹的下一步命运。导弹在注满燃料的状态下可保存24小时（这一时限后来被延长到 30天）。此时，取消发射意味着毁掉导弹，需要排放燃料，拆卸发动机，对油箱和管道进行中和处理，更换全部密封装置。排放燃料的工作带有很大的冒险性，因为试验人员既没有这方面的经验，也没有规范的技术资料可参考。

技术领导层建议在不排放燃料的情况下，直接在发射阵地上更换耗损的关断活门引爆管。军方对此表示同意。于是国家试验委员会决定，继续进行导弹发射准备，发射时间定在了10月24日19时。

1960年10月24日，导弹开始第一次试验发射。18时45分，发动机开始轰鸣，由于二级发动机提前点火，发动机喷出的火苗烧穿发动机底部及氧化剂箱，之后一股火焰冲向第一级已经加注的贮箱，瞬间将其摧毁。120多吨有毒的液体推进剂流到地上，导致了一场空前的火灾。导弹发生了剧烈爆炸，伴随着震耳欲聋的爆炸声，发射阵地变成了喷火的地狱：硝酸溅出几百米远，大火顿时席卷发射场和周围地面。人们根本无法逃脱喷射而来的火焰，因为从发动机喷油嘴喷出的火焰速度高达每秒5000米。发射台周围的人们习惯性地往存放灭火器材和车辆的帐篷奔去，然而通向那里的新铺设的柏油路面已经被瞬间熔化，许多人因此被粘住而葬身火海。最可怕的事发生在发射基地高架上，高架上的人被突如其来的大火吓得失去理智，于是纷纷从上往下跳，落入熊熊火海中。他们在空中就像火柴一样，还没有抵达地面就燃烧起来。而火箭外壳则在刹那间折成两半，落到发射台上，压在那些还活着的人身上。。

涅捷林被风力刮到水泥隔离墙旁边台阶处，火舌迅速吞没了那里。除了被熔变形了的勋章以外，什么遗物也没留下。除他以外，还有77人也在爆炸中丧生，其中包括试验场第2局局长、作业领导人工程师格里戈里扬茨中校，试验场副主任诺索夫上校，试验场第1局局长、工程师奥斯塔舍夫中校，指挥控制系统总设计师科诺普列夫，指挥控制系统副总设计师鲁巴诺夫，导弹副总设计师柏林、孔采沃伊，以及航空发动机副总设计师菲尔索夫。伤员名单中共49人，其中4人不治身亡，包括部长会议国防技术国家委员会副主席格里申和战略火箭军总司令主任副官萨洛上校。事后统计，在发射场直接牺牲和因烧伤不治在医院死亡的共有126人，伤残50余人。

在燃料充分烧尽后，大火又持续燃烧了几个小时，将所有可以烧的东西都化成了灰烬：部件和设施，设备和电缆管线……唯一保存下来的只有用特种钢制造的一级和二级发动机。

而导弹的总设计师扬格利则奇迹般地幸免于难，原因在于这位烟鬼在导弹发射前几分钟，应国家试验委员会副主席姆雷金将军的邀请，到吸烟室小憩抽烟去了，而吸烟室位于起飞点150米开外的一个防护严密的地下掩体里。爆炸发生后，姆雷金冲进了地下掩体，并命令站在门口的士兵关闭入口。当马特雷宁建议打开大门好让所有人进入掩体时，他十分平静地说道："我要对掩体负责，这里只能执行我的命令。"

之后，扬格利通过专用高频线路向莫斯科报告："当地时间18时45分，距离8K64型导弹发射30分钟以前，正在进行发射的最后操作之际，发生了招致贮存复合燃料的油箱损毁的火灾。事故结果，多达100多名或更多的人伤亡，其中数十人丧生。炮兵主帅涅捷林当时正在试验现场，目前还在搜寻他。我请求对于被火灾和硝酸烧伤的人进行紧急医疗救助。"当然，由于受到赫鲁晓夫在电话中的严厉质问，扬格利觉得自己已经不被信任，因而恳请活下的人对其工作表示支持。

之后，人们看到了一具具从发射场周围运回的尸体，全都一个样子：身材佝曲，衣服和毛发全无，面容无法辨认。次日，为了调查事故原因并采取措施，以最高苏维埃主席团主席勃列日涅夫为首的委员会来到现场。委员会的阵容非常庞大，除了勃列日涅夫，还有国防部第一副部长格列奇科，部长会议第一副主席、军事工业主席乌斯季诺夫，部长会议国家国防技术委员会主席鲁德涅夫，部长会议国家无线电电子技术委员会主席卡尔梅科夫，苏共中央国防工业局局长谢尔宾，国家安全委员会第3总局局长古西科夫，火箭试车台点火试验科学研究所所长塔巴科夫和中央火箭制造科学研究所所长秋林。

委员会工作非常认真，了解得非常仔细，分别将幸存的人叫来问他们各自看见了什么；他们翻阅文件，查看从导弹发射台收集来的残片，但却并没有发现造成事故发生的原因和导弹设计上的问题，也没有发现和找到事故的直接肇事者。尽管扬格利一直坚持承认有罪，但勃列日涅夫表现出了慎重的态度。当委员会结束工作，事故原因已经查明的时候，勃列日涅夫陈述了自己的意见："政府已经得出结论，你们已经对自己做了足够的惩罚，便不再处罚你们了。望安葬自己的同事，继续工作。国家需要洲际作战导弹。"10月26日，苏联各大报刊这样

勃列日涅夫与扬格利的关系

由于在1957年7月的苏共中央会议上支持赫鲁晓夫，勃列日涅夫成为苏共中央主席团（后称政治局）委员，并受赫鲁晓夫委托，负责处理军事工业、火箭制造和宇宙航行方面的事务，因此与宇宙火箭系统的总设计师们建立了良好的关系。相对而言，他更喜欢扬格利一些，即便1960年10月24日的重大事故也没有改变他对扬格利的态度，始终支持他。勃列日涅夫去第聂伯罗彼得罗夫斯克时一直坚持看望扬格利，而且在一次例会中也对其家务问题也表现出莫大的关心，还帮助扬格利从原先采光不好的住房迁入了新的大楼。

报道："苏共中央委员会和苏联部长会议沉痛宣告，今年10月24日苏共中央政治局候补委员、苏联最高苏维埃代表、苏联英雄、国防部副部长、炮兵主帅、战略火箭军总司令、著名的军事活动家、伟大卫国战争的光荣英雄涅捷林·伊万诺维奇执行公务时因飞机失事在空中遇难殉职……"值得玩味的是，基地的代号"秋拉-塔姆"在哈萨克语中的意思就是"神圣的墓地"，这真是奇特的预言和巧合。

由于这场事故的发生，原定于12月进行的首次宇宙飞行计划也被延后，直到1961年4月12日，加加林才乘坐"东方"号宇宙飞船完成人类首次航天飞行。日后，为了纪念涅捷林，以他名字命名了在罗斯托夫的高等军事指挥工程学院。

P-16导弹失事遇难者纪念碑

P-16导弹的装配

赫鲁晓夫参加涅捷林的葬礼

首位航天员加加林

第二节 担当重任

悲剧过后，1961年2月2日，P-16导弹又一次进行了发射，不过仍没有取得成功，导弹在飞行途中因为失去稳定性，坠毁到离发射点520千米的地方。1961年4月，导弹终于成功进行了发射，此后在同年10月开始列装。1961年11月1日，最初的3个P-16导弹团在下塔吉尔郊区、尤里亚郊区和拜科努尔进入战备值勤。P-16导弹于1962年10月20日开始服役，到1965年部署了186部，其中三分之一为地下发射井型，1974年退役。

P-16导弹采用3台液体火箭发动机，地面总推力227吨力，使用偏二甲肼和硝酸作为燃料。导弹最大射程13000千米（轻弹头）或11000千米（重弹头），最大发射质量140吨，核装药威力达300~600万吨TNT当量，弹长34.3米，弹体最大直径3米，命中精度2.7千米。导弹采用了全新的更可靠的自主制导系统，可以防止外部的无线电干扰；采用陀螺稳定平台以及可预测脉冲系统的小型电源，因而可以保证较高的命中精度。

由于首次航天飞行的成功和P-16导弹的列装，科罗廖夫和扬格利都被授予了“社会主义劳动英雄”称号，当然由于“领导建立和发展导弹工业、科学技术和实现苏联进行世界首次太空航行的杰出功勋”，赫鲁晓夫第三次获得了“社会主义劳动英雄”称号，部长会议主席乌斯季诺夫和科学院院长克尔德什第二次获得了“社会主义劳动英雄”称号，最高苏维埃主席团主席勃列日涅夫和中央书记科兹洛夫等人也获得了“社会主义劳动英雄”称号。

液体推进剂

自1900年人类正式开始研究液体火箭以来，液体推进剂也得到了很大发展。1900－1957年是第一阶段，主要成果有中能低温推进剂（即液氧与煤油或酒精）和单元推进剂过氧化氢（包括高锰酸钾催化剂）。

1957－1969年为第二阶段，液体推进剂得到了大力发展，苏联研制了偏二甲肼和四氧化二氮，美国则对可贮推进剂、高能低温推进剂、单元推进剂进行了全面研究。偏二甲肼是一种易燃有毒，具有强烈鱼腥味的无色透明液体，热稳定性好，对冲击、压缩、摩擦和振动等均不敏感，从20世纪50年代末期开始作为液体推进剂广泛运用在航天领域。它在生产过程中会产生N－二甲基亚硝胺（DMNA），这是一种高毒性的高致癌化学物质。此外，在偏二甲肼使用过程以及发动机燃气中，这一产物也会存在。总体来说，当时主要的液体推进剂偏二甲肼、硝基氧化剂四氧化二氮以及低温推进剂液氧和液氢，都具有易燃、易爆、安全性差的问题，还具有一定腐蚀作用。此外，推进剂和产生的燃气会对操作人员造成中毒、刺激、过敏等恶性反应，还会产生腐蚀容器和污染环境等问题。

1969－1980年为第三阶段，人们改进了已有推进剂的性能，并开始研究高能推进剂。

1980年后至今为第四阶段，重点研究环境友好、冰点低、密度高、绿色高能的推进剂，例如硝酸羟胺基单组元推进剂、高浓度过氧化氢推进剂。目前在液体推进剂方面，美国和俄罗斯水平最高；在大型运载火箭方面，美、俄、法水平基本相当；但在巡航导弹、高超声速导弹、高空高速侦察机、无人机用高密度吸热燃料（推进剂）方面，美国具有领先优势。在低温推进剂方面，美、俄、法水平基本相当。

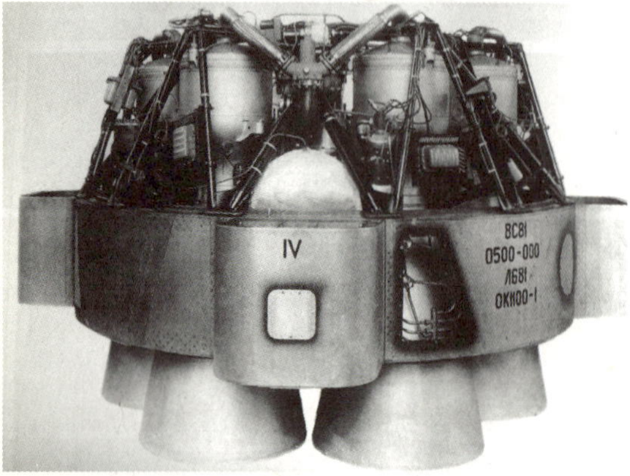

P－16导弹第一级发动机

导弹推进剂移动加注设备КП3О

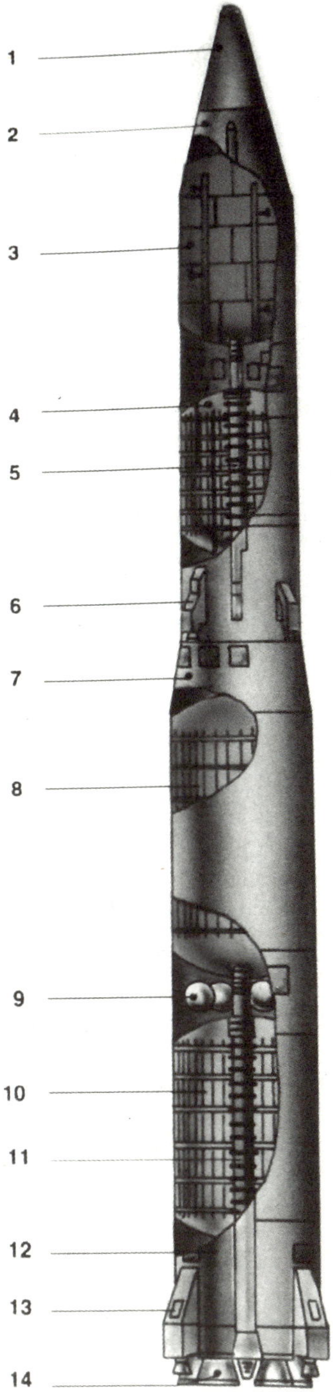

P-16导弹结构示意图
1 弹头；2 仪器舱；3 二级氧化剂箱；4 二级燃料箱；5 二级氧化剂输送管；6 二级游动发动机；7 过渡段；8 一级氧化剂箱；9 弹上增压系统的球形气瓶；10 一级燃料箱；11 一级氧化剂隧道管；12 一级尾段；13 一级游动发动机；14 一级液体推进剂主发动机

第六章

孤注一掷

第一节 部队扩编

在涅捷林殉职后，苏联政府随后任命苏联元帅莫斯卡连科为新的战略火箭军司令。随着进入战备值勤的导弹部队和装备的中程与远程导弹数量的不断增长，战略火箭军从1960年开始组建导弹师。

主要编成部队有：

近卫导弹第23师（奥尔洛夫·柏林师），以航空兵第25师为基础组建，原为近卫重型轰炸航空兵第11师；

近卫导弹第24师（戈梅尔师），以最高统帅部预备队工程第72旅为基础组建，部署在近卫军城，1990年5月31日撤销；

近卫导弹第29师（维捷布斯克师），以最高统帅部预备队工程第85旅为基础组建，部署在希奥利艾，1982年之前在伊尔库茨克；

近卫导弹第31师（布良斯克·柏林师），以航空兵第83师为基础组建，原为近卫重型轰炸航空兵第14师，部署在普鲁扎内，1993年撤销；

近卫导弹第33师（斯维尔斯克师），以最高统帅部预备队近卫工程第15旅为基础组建，原为近卫火箭炮兵第7旅，部署在莫济里市；

近卫导弹第37师（塞瓦斯托波尔师），以最高统帅部预备队近卫工程第22旅为基础组建，原为近卫重型火箭炮兵第43旅，部署在卢茨克市，1992年12月31日撤销；

导弹第44师，以最高统帅部预备队工程第

当时战略火箭军主力装备之一的P－12导弹在阅兵式中

P－12导弹部队

73旅为基础组建，部署在科罗梅亚市，1990年3月31日撤销；

导弹第45师，以航空兵第96师为基础组建，部署在乌苏里斯克市，1970年9月15日归属远东军区；

导弹第19师（扎波罗热师），以突击炮兵第7师为基础组建，部署在赫梅尔尼茨基市。

除了组建这些导弹师外，苏联还以空军第43集团军为基础组建了导弹第43集团军，集团军军部驻于文尼察市；以空军第50集团军为基础组建了导弹第50集团军，集团军军部驻于斯摩棱斯克，该集团军于1990年11月30日撤销。1961年，苏军一共只有20具洲际弹道导弹发射装置，而到了1964年则达到了180具。

要部署大量导弹，必须首先修建大规模的工程建筑。为此，火箭武器总局第8局在1961年2月脱离火箭武器总局建制，成立了战略火箭军工程总局，别洛捷洛夫少将任总局局长，其军官来自武装力量各军兵种，他们当中的多数人都参加过卫国战争。

导弹发射阵地一般都选在远离居民点的无人区，专业考察队在对这些地区进行评估时，会充分考虑到当地的经济、能源、地质和地理等方面的条件。整个勘察工作全部由考察队独立完成，他们开辟林间通道、铺设临时道路、用钻探机打出探井等。

当时，最为艰巨的任务是建造地下发射井。早在1959年6月，伏尔加格勒附近的卡普斯丁亚尔导弹靶场就已经开始建设地下发射井了。开工3个月之后，从那里发射了一枚导弹。实验发射井的完成，为以后的设计方案提供了经验。

首批建筑工程人员、装配工和导弹师司令部军官们经受了各种艰难困苦的考验。夏日，他们冒着炎炎酷暑，运送钢筋混凝土构件、铺设各种设备及其他物资的简易道路。冬日，他们又顶着凛冽寒风为公路和铁路填筑路基。建筑工程人员一年四季都住在陆军帐篷里，由炊事车供餐，在野战浴室洗浴。军官们离家一走就是几个月甚至几年，他们每天都要紧张工作16~18个小时。

20世纪50年代导弹基地建设场景

第二节 争夺桂冠

自1949年8月苏联原子弹爆炸成功后，出于冷战需要，美苏双方在核武器威力大小、运载工具、机动能力、生存能力和命中精度等方面，展开了长达40多年的竞赛。而在20世纪50年代中期到60年代初，竞赛的重点则是核弹的爆炸威力，彼此都想摘取和保持“核弹之王”的桂冠。

从1949年8月29日第一枚原子弹爆炸后，

苏联又在1953年8月12日成功爆炸了第一枚氢弹，当量达到40万吨TNT（РДС-6弹头），之后1955年11月22日爆炸了当量为160万吨TNT的氢弹（РДС-37弹头），随后在1957年10月6日，试验弹头的当量达到了290万吨TNT。

1954年2月28日，美国在马绍尔群岛比基尼岛上，成功爆炸了一枚代号为“迈克”的巨型氢弹，威力相当于1500万吨TNT当量。这一威力使得之前所有爆炸的原子弹、氢弹等都黯然失色，这一纪录被保持到了1961年。

当时的苏联领导人赫鲁晓夫不甘心这一结果，投入了大量人力、物力和财力，准备设计一种1亿吨TNT当量的核弹。在1961年苏共二十二大召开前夕，赫鲁晓夫亲自向军方和核部门领导人下达命令，要求在大会召开期间爆炸一枚超级氢弹，作为向大会的献礼。

1961年10月6日，苏联在新地岛爆炸了1枚400万吨TNT当量的核弹，近3周后的10月23日，又爆炸了1枚1250万吨TNT当量的核弹。之后仅仅过了一周，苏联再次让美国和世界震惊。这一次原计划爆炸1亿吨TNT当量的巨型氢弹，不过考虑到爆炸的杀伤范围将达到1000千米，而在此区域内又有苏联多个城市，因此苏联军方在保持原有外形不变的情况下，将核装药减半。

10月30日，战略火箭军司令莫斯卡连科、负责核武器研制的国家中型机械制造部部长斯拉夫斯基等军政要员亲临新地岛，主持这次创纪录的核试验。8时30分，1架图-95战略轰炸机在试验场上空12000米高空投下核弹。按照预先设计，核弹在距离地面3500米的空中爆炸。伴随着轰鸣声，巨大的蘑菇云冲天而起。这次爆炸实际威力达到5800万吨TNT当量，是核武器问世以来威力最大的一次爆炸。指挥这次核试验的靶场主任库德里亚夫采夫中将等高级官员在距离新地岛250千米的地下观察所里观察了整个过程，他们也为这枚核弹展现的威力所惊骇。

库德里亚夫采夫事后写道：“我们几乎没有料到，爆炸的闪光如此明亮。虽然爆心距

1953年8月12日РДС-6核弹爆炸，这是苏联第一枚氢弹

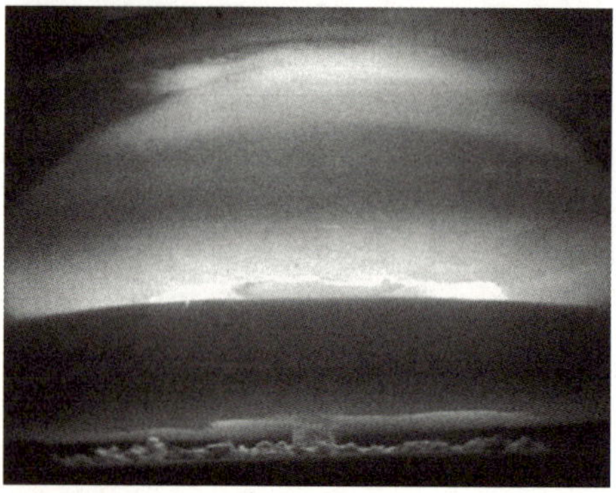

1955年11月22日РДС-37核弹爆炸瞬间

“大伊万”核弹爆炸瞬间

离我们相当远，但闪光仍使人们的眼睛无法忍受。很快，我们感受到了热度，就像有人在身边打开一座正熊熊燃烧的火炉的炉门。火球翻滚着迅速上升、扩大，火球中心的闪光持续了数秒之久。火球在膨胀，在上升。它的下方，从马托奇京纳·沙拉地区的山中升起一股巨大的尘柱。尘柱好像在追赶上升的火球，然而它们的距离在拉大。专家们估计，拖着火球的蘑菇云最后上升到了70千米高空。几分钟后，地震波传来，我们都感觉到脚底下的大地在颤抖。接着是冲击波，狂风势如万马奔腾，呼啸着卷过大地。它甚至作用到了距离爆心700千米以外的基斯科沃。”

对于这次试验的结果，赫鲁晓夫相当满意，认为“完成了当时苏联一项战略任务，在核军备方面取得了对美国的优势”。在之后的一次谈话中，他表示：“我们还有1亿吨TNT当量的氢弹，不过我们不想试验，因为我们担心自家的窗户会被震飞。”

第三节 阿纳德尔行动

“雷神”与“丘比特”

1962年4月，苏联政府任命苏联元帅比留佐夫（С.Бирюзов）为第三任战略火箭军司令。在这一年的5月，美国在意大利和土耳其新部署了45个“丘比特”（Jupiter）中程弹道导弹发射架，而此前美国已经在英国和土耳其部署了60个“雷神”（Thor）中程弹道导弹发射架。在1962年7月1日，苏联武装力量拥有4具P–7A、26具P–16洲际弹道导弹发射架，479具P–12、P–14中程弹道导弹发射架，以及36具P–5M近程导弹发射架，而美国相应的则有69具洲际弹道导弹发射架和105具中程导弹发射架。当时美国部署在欧洲的所有中程弹道导弹都可以覆盖苏联领土。此外，美国战略空军有1515架战略轰炸机和3000枚核弹头；而相对应的，苏联只有48架图–95轰炸机和96枚核弹头。现在看来，或许苏联当时也的确需要赫鲁晓夫这样豪放的个性，才敢于靠这样贫乏的核武库来威胁对手，毕竟苏联当时的核力量距离战略核均势还很遥远。

除了这个情况，实际上当时苏联政府还并不知道，美国在1960年11月制定了一个《统一联合作战计划》，这是美国第一个核战争计划。当时，美国的核武库经过十几年的发展，在1960年时已经拥有18638枚核弹头（其中含3127枚战略核弹头），总当量204.9亿吨TNT（注：而此时美国估计苏联只有1700枚核弹头，其中354枚是战略核弹头）。计划中写道：“一旦美苏出现敌对状况，首先将摧毁或者压制苏联集团的战略核发射能力以及主要的军事和行政控制目标。其次会打击苏联集团的主要民用中心……”根据这一计划，美国选定了1043个目标，不过其中只有151个是工业目标。

为了改变这种不利局面，苏联当时做了一个复杂而重要的决定，实施了“阿纳德尔”行动——在古巴部署42枚P–12和P–14中程导弹，这就是著名的“古巴导弹危机”。这两型导弹在古巴导弹危机中声名远播。当时，面对美国在苏联欧洲边界部署大量导弹的事实

"雷神"与"丘比特"中程弹道导弹

SM-75"雷神"中程弹道导弹，1957年1月开始飞行试验，1958年12月开始批量生产，1959年10月底交付使用，1963年4月退役。美国空军当时编有5个"雷神"中队（每个中队装备15具导弹发射架和20枚导弹），4个在英国，1个在土耳其。导弹采用煤油和液氧作为燃料，液体火箭发动机推力66.7吨力，最大射程2400~3200千米，命中精度4~8千米，反应时间15分钟。弹长19.8米，弹径2.44米，起飞质量49.9吨，战斗部质量1吨（100万吨TNT当量）。

SM-78"丘比特"中程弹道导弹，在"红石"导弹基础上研制，1957年3月开始飞行试验，1959年3月交付使用，1963年4月退役。美国空军于1959年3月在意大利部署了3个中队，每个中队装备15枚导弹。导弹采用煤油和液氧作为燃料，液体火箭发动机推力65.7吨力，最大射程2400千米，命中精度4~8千米，反应时间15分钟。弹长18.4米，弹径2.67米，起飞质量48吨，战斗部质量1.5吨（100万吨TNT当量）。

"雷神"导弹

"丘比特"导弹

（在英国部署了60枚"雷神"导弹，在意大利部署了30枚"丘比特"导弹，在土耳其部署了15枚"丘比特"导弹），苏联政府急于摆脱这一潜在的巨大威胁，将目标选在了美国的后院——加勒比海沿岸的古巴。

糖罐与芒刺

古巴是加勒比海沿岸的一个岛国，面积11万多平方千米，北部距离美国佛罗里达州南部只有155千米左右。这个岛国之前曾长期受西班牙殖民统治，在美西战争后沦为美国的殖民地。之后的历届古巴政府都奉行亲美政策，美国势力也一直在古巴占有统治地位。

当时的古巴处于巴蒂斯塔的独裁统治中，遭到了社会中下层人民群众的普遍不满，革命运动由此孕育产生。对苏联来说，古巴是个意料之外的收获。1958年12月31日，由卡斯特罗领导的革命武装力量攻入首都哈瓦那，推翻了美国支持的巴蒂斯塔独裁政权。1959年1月1日，新政权正式开始运转。1月6日，美国出于自身利益需要，宣布承认古巴革命政权。新政权建立之初，卡斯特罗于1959年4月15日应邀访问美国，和美国副总统尼克松进行了交流，但此后古巴与美国关系不断恶化，美国对古巴施展了外交孤立和经济制裁手段。

1959年5月，美国拒绝了卡斯特罗提出的给予拉丁美洲国家援助的提议，同时还在7月策动古巴空军司令兰斯发起政变。8月10日，美国宣布减少古巴蔗糖进口份额。1960年5月27日，美国宣布停止一切对古巴的经济援助。1961年1月16日美国国务院宣布，除经特别批准，禁止所有美国公民前往古巴；从3月31日起断绝与古巴的蔗糖进口贸易。同年4月15日，美国策划了“猪湾登陆”，以期推翻古巴革命政府，但2天之后遭到失败。美国又在同年11月30日开始了“猫鼬行动”，力图通过包括对卡斯特罗实施暗杀等一切手段来推翻新政权。1962年2月3日起，除必需的食物和药品外，美国禁止一切与古巴的贸易往来。

在美古关系不断恶化的情况下，苏联与古巴之间的关系却越来越亲密。1959年1月10日，苏联承认新生的古巴共和国临时政府。同年4月，就在卡斯特罗应邀访问美国的同时，他的弟弟劳尔·卡斯特罗派人与苏联密谈援助问题。同年9月30日，苏共中央主席团批准了“由波兰向古巴提供由苏联许可波兰工厂制造的某些步兵武器”。1960年2月4日，苏联部长会议第一副主席米高扬对古巴进行了为期10天的访问。同年7月9日，赫鲁晓夫在莫斯科的全国教师会议上明确声明支援古巴：“美国企图绞杀古巴经济，但它发号施令的时代已经过去了……如有必要，苏联炮兵可以用他们的火箭去支援古巴人民……苏联的导弹可以准确打击远在13000千米外的目标。”7月17日，劳尔·卡斯特罗访问苏联，7月20日双方发表了联合公告。之后，苏联不断向古巴派出军事技术人员，并提供大量军事和经济援助。

1957年6月卡斯特罗与战友在马埃斯特拉山区

1959年4月24日卡斯特罗访问美国，这是他革命成功后访问的第一个国家

在美国宣布禁止从古巴进口蔗糖的同时，苏联宣布将从古巴进口蔗糖，以帮助年轻的共和国摆脱美国的经济封锁。苏联的波罗的海和黑海的海运船队首先架起了苏联和古巴之间联系的桥梁，每年向古巴输出50万吨粮食，还有卡车、拖拉机、工程机械、化肥、木材等，又从古巴运回300万吨蔗糖。

在军事援助方面，苏联最早在1960年7月与古巴签署了秘密协议。到1961年4月之前，古巴已经从苏联获得125辆T-34-85坦克和SU-100自行火炮、725挺机枪、16.7万支步枪等武器，这些装备在粉碎"猪湾登陆"中发挥了积极的作用。1961年8月4日，双方正式签署了军事装备供应协议，苏联将会提供价值4850万美元的装备，而古巴只需支付600万元美元。9月30日，双方签订了第二个协议，苏联将向古巴提供价值1.495亿美元的军事装备，而古巴只需支付6755万美元。据统计，到1962年4月，苏联向古巴提供了394辆坦克、888门高射炮、41架军用飞机、13艘舰艇等武器装备。

1962年4月12日，苏联苏共中央主席团做出决定，向古巴提供4个C-75防空导弹营和2个技术修理营。

冒险的决策

赫鲁晓夫在古巴部署导弹，这个举动是为了抵消与美国相比巨大的核劣势。当时，美国拥有各种核武器27387件，苏联只有3322件。美国拥有洲际弹道导弹294枚和战略核弹头5000枚，而苏联分别仅有56枚和300枚（实际可投入使用并打到美国本土的不过20枚）。

1961年10月21日，美国国防部副部长吉尔帕特里克在弗吉尼亚温泉城一次会议上公开宣称，根本不存在所谓的导弹差距，实际上，美国在核武器方面远远超过苏联。"即使在苏联对我们的武装力量发动了一次突然袭击之后，美国摧毁敌人的能力仍将相当于或者大于敌人可用于威胁对美国发动进行第一次核打击的未遭任何损失的全部力量。简言之，我们的第二次核打击能力至少和苏联第一次核打击能力一样大。"这言论清楚地表明，即使有差距，美国也是处于绝对优势。这也为美国国内关于美苏存在导弹差距的争论画上了句号。而苏联方面，为了显示自己拥有摧毁美国国内全部工业和行政中心的能力，苏联在10月30日进行了历史上最大当量（5800万吨TNT当量）的核试验。

1962年2月，苏联召开国防会议，讨论发展战略核武器的问题。会议上战略火箭军司令比留佐夫坦言，由于目前苏联拥有的远程弹道导弹的数量和质量还不足以与美国抗衡，若将中程弹道导弹部署到古巴，可以大大提高第一次打击能力，在一定程度上抵消美国的战略优势。主持会议的赫鲁晓夫也认为，这样做不仅可威慑美国放弃对苏联发动先发制人打击，更可加强苏联在全球范围内同美国对抗的能力。这样，在柏林问题、限制军备竞赛等争端上，苏联将有更多与美国讨价还价的资本。

在4-5月期间，赫鲁晓夫做出了最终决策。5月24日，苏联召开国防委员会和苏共中央主席团联席会议。除赫鲁晓夫，参加会议的还有中央委员会书记科兹洛夫、部长会议第一副主席米高扬、第一副总理柯西金、最高苏维埃主席勃列日涅夫、国防部部长马利诺夫斯基、国防部副部长兼战略火箭军司令比留佐夫、苏共中央主席团候补委员拉希多夫（Ш.Рашидов）和驻古巴参赞阿列克谢耶夫。与会者中除了葛罗米柯表示过怀疑外，没有人对这个计划表示反对。

赫鲁晓夫的这次冒险行动基于三大估计：一是这些导弹基地在可供使用之前不会被美方发现（参照先前P-5M导弹成功部署在民主德国的经验）；二是即使导弹被发现了，

美国也不会冒险进行报复，肯尼迪只会接受现实而没有别的选择（赫鲁晓夫认为肯尼迪是一个年轻脆弱的人）；三是即便美国有所行动，苏联也可以完全应付，轻而易举控制住这些风险。然而事实证明，这些估计都是错误的，结果苏联的政策遭受了一次重大挫折。

危机前后

1962年5月31日–6月9日，苏联政府代表团以“商讨农业领域合作问题”名义访问了古巴，讨论了在古巴境内部署中程导弹的计划。代表团成员包括政治局委员拉希多夫，战略火箭军司令比留佐夫，空军副参谋长乌沙科夫（С.Ушаков）中将和总参谋部高级官员阿格耶夫（П.Агеев）空军少将等。由于拉希多夫急于尽快赶回莫斯科向赫鲁晓夫报告卡斯特罗接受苏联建议的消息，因而比留佐夫等人没有充分的时间来详细勘察导弹部队和导弹阵地配置地点的地形条件，也就无法就导弹阵地配置及其伪装问题进行深入分析并提出有根据的建议。比留佐夫认为，导弹可以伪装成棕榈树，棕榈叶可以掩盖核弹头。事后证明，这个建议实在显得仓促和不够高明。之后经过几次秘密洽商，最终在9月2日双方正式签署《关于古巴–苏联共同防御和军事合作的协定》。

当时，苏联计划在古巴布置导弹第29师导弹第79团以及导弹第50师导弹第181团（24具导弹发射装置，36枚P–12导弹）和导弹第51师的2个P–14导弹团（16个导弹发射装置，24枚P–14导弹）。赫鲁晓夫的计划是等到11月份导弹部署完毕，他本人访问古巴时再公开宣布这一决定，当然此时正是美国国会中期选举之时。7月7日，赫鲁晓夫任命北高加索军区司令普利耶夫大将为苏联驻古巴部队总司令，授权在紧急情况下可以使用战术核武器。

7月12日，苏联防空部队首先启程，揭开了“阿纳德尔行动”的序幕。7月19日，导弹师的先遣小组乘坐伊尔–18飞机抵达古巴，立即着手进行阵地选址以及部队部署等计划安排。首先开始的就是10处导弹发射阵地的选址问题。他们对古巴中部［马坦萨斯（Matanzas）、圣克拉拉（Santa Clara）和特立尼达（Trinidad）］620平方千米的110处地点进行了检查，再对初步选中的110平方千米的20处地域进行了复查，最终选定了4处。之后，又对古巴西部［比那尔德里奥（Pinar del Rio）、阿尔特米萨（Artemisa）和瓜纳哈伊（Guanajay）］300平方千米的44处地点进行了检查，再对初步选中的65平方千米的15处地域进行了复查，最终选定了6处。

9月8日和9月15日，苏联货轮“奥姆斯克”号和“波尔塔瓦”号抵达古巴马里埃尔港（Mariel），运来了36枚中程导弹及其辅助设备。10月4日，运载核弹头的货轮“因迪基尔卡”号也抵达马里埃尔港。该船共装载有45枚中程导弹核弹头（每枚100万吨TNT当量）、36枚巡航导弹弹头（每枚1.2万吨TNT当量）、6枚伊尔–28轰炸机使用的核弹头（每枚1.2万吨TNT当量）和12枚“月亮”（Луна）近程战术导弹核弹头（每枚0.2万吨TNT当量）。另一艘货船“亚历山大罗夫斯克”号运载了24枚P–14导弹核弹头与44枚巡航导弹到达了伊莎贝尔港口。但由于P–14导弹没有如期到达，核弹头也就没有被卸下来。到了10月底，苏联已经秘密在古巴部署了36枚P–12导弹，其中一半已经完成燃料加注和对接核弹头准备。由于美国的海上封锁，P–14导弹最终没有运抵古巴，但已经存在的P–12导弹已经对美国构成了严重威胁！导弹第51师师长施塔什科少将被授权可以直接指挥在古巴的战略火箭军部队。

此时，导弹第51师下辖导弹第514团、第539团、第546团、第564团和第657团。

第514团即原近卫导弹第29师的近卫导弹第79团，最初为近卫重型轰炸航空兵第198团。该团驻防在谢提艾谢托（Sitiecito）和卡拉巴扎萨古阿（Calabazar de Sagua），团长为谢多罗夫（И.С.Сидоров）。

第539团即原导弹第50师导弹第181团，最初为最高统帅部预备队工程第80旅第3发射营。该团驻防在列梅迪欧斯（Remedios）和祖鲁爱塔（Zulueta），团长为切尔科夫（Н.А.Черкесов）。

第546团即近卫导弹第43师的近卫导弹第664团，该团驻防在圣塔克鲁茨洛斯皮诺斯（Santa Cruz de los Pinos）和坎德拉里阿（Candelaria），团长为巴恩迪洛夫斯基（Н.Ф.Бандиловский）。

第564团即近卫导弹第43师的导弹第665团，该团驻防在洛斯帕拉西奥斯（Los Palacios）以北10千米，团长为索罗夫耶夫（Ю.А.Соловьёв）。

第657团即近卫导弹第43师的导弹第668团。该团驻防在瓜那耶（Guanajay），团长为科瓦连科（А.А.Коваленко）。

据统计，截至1962年10月22日，全师共有7956人，装备导弹42枚（包括训练弹6枚），各类车辆1695辆。

从苏联开始建设导弹阵地，美国就不断派出飞机侵入古巴领空进行侦察。不过由于苏联伪装较好，美国尽管共出动飞机83架次（U-2侦察机出动8架次），但并没有取得实质性收获。不过美方还是了解到一些情况，如8月29日U-2侦察机发现了在古巴的8处地空导弹阵地，之后又陆续发现了苏联米格-21歼击机以及海防导弹阵地；又如美方注意到居住在马里埃尔港的居民被强行疏散，卸货和码头的警卫都由苏联人担当。面对美国飞机不

伊戈尔·德姆亚诺维奇·施塔什科

Игорь Демьянович Стаценко

1918年2月10日出生于现在的乌克兰基辅，1987年10月20日在莫斯科逝世。

1936年毕业于恰卡罗夫斯科耶防空炮兵学校，1942年7月-1943年3月担任高炮885团参谋；1943年3月-1944年4月任防空第3营营长；1944年4月到战争结束任独立高炮第426营营长。第二次世界大战后，1947年9月-1949年2月在奥尔忠尼启则军事学院任教，1950年8月-1954年6月任近卫步兵第70师独立高炮65营营长，1954年6月-1955年6月任近卫高炮第2306团长，1955年6月-1956年3月任近卫高炮第836团团长，1956年6月任高炮第61师参谋长，1957年6月任该师师长，1958年3月-1959年11月在列宁格勒高等军事指挥工程学院学习，1959年9月-1961年7月在伏罗希洛夫高等军事指挥工程学院学习。1961年7月-1962年7月任近卫导弹第43师师长，1962年晋升少将。1962年7月-1963年1月（古巴导弹危机中）任导弹第51师师长。1963年1月-1967年8月任独立导弹第5军副司令，1967年8月-1971年11月任彼尔姆高等军事指挥工程学院院长，1971年11月-1976年3月任人造卫星和太空测量中心负责人。1976年3月退役后，担任军事研究所高级研究员。先后获得1枚列宁勋章、2枚红旗勋章、2枚一级卫国战争勋章、1枚劳动红旗勋章和1枚红星勋章等。

斯塔什科

苏联导弹部队在古巴人员合影

断进行的侦察行动，考虑到面临的空袭危险，苏联共部署了4个57毫米高炮连和12个37毫米高炮连对导弹发射阵地进行防空掩护，之后又增加了2个100毫米高炮连。导弹师指挥部的防空掩护由2个23毫米高炮排负责。

10月14日黎明，美方的U-2侦察机从加利福尼亚爱德华兹空军基地起飞，到达古巴上空进行侦察。飞机在古巴西部上空从南向北飞行了6分钟，期间既没有遭到炮火攻击，也没有遇到歼击机拦截，一共拍摄了928张照片。10月15日，美方根据拍摄到的照片判读，苏联在古巴有3个中程导弹发射阵地正在修建之中，另有21架可载核弹头的伊尔-28轰炸机。当天，美国再次出动U-2侦察机进行了两次侦察，证实了上述情况。

10月16日，肯尼迪在白宫召开了紧急会议，商讨对策，首先决定加强对古巴全境的空中侦察，以便拍摄更多照片，掌握更多证据，了解导弹阵地实际建设情况以及确定是否有核弹头。在随后5天里，美国出动U-2侦察机17架次，对古巴98%的区域都进行了拍照，发现苏联运往古巴的共有42枚中程导弹、42架伊尔-28轰炸机、42架米格-21歼击机、4具岸防导弹发射装置和12艘导弹艇等。

10月20日，美国中央情报局对在古巴的苏联军事力量做了最新评估，证实有2座中远程导弹发射阵地正在建设，16座中程导弹发射阵地已经竣工且导弹可在接到命令8小时内发射。此外还有22架伊尔-28轰炸机、39架米格-21歼击机、69架其他飞机、24座地空导弹发射架、3具岸防导弹发射装置以及12艘导弹艇。

10月22日19时，肯尼迪发表电视讲话，公开披露苏联正在古巴建设进攻性导弹基地，宣布“对一切驶往古巴运载有进攻性武器的船只实施海上隔离，严密封锁运往古巴的一切进攻性军事装备。从任何国家或港口驶往古巴的无论何种船只，一经发现载有进攻性军事装备，都将命令其停止前进，原路返回……”次日19时，美国公布了一份由肯尼迪签署的公告：从10月24日10时起，美国海军将在加勒比海实施海上隔离任务。为此美国海军共出动183艘舰船，包括8艘航空母舰、2艘巡洋舰、118艘驱逐舰和13艘潜艇，还动用68个空军中队组成一个从佛罗里达到波多黎各的环形封锁线。

另外，从10月22日开始，美国三军也进入三级战备状态，183架携带核弹的B-47战略轰炸机疏散到国内33个民用和军事机场，66架携带核弹头的B-52战略轰炸机升空待命，22架携带空空导弹的截击机在佛罗里达海岸上空待命，以应付古巴可能采取的行动。24日美国三军进入二级战备状态，战略空军的1436架轰炸机、145枚洲际导弹等进入了警戒状态，2艘携带32枚潜射导弹的“北极星”潜艇在北大西洋巡弋。

与此同时，在佛罗里达则集结了多达25万人的登陆部队，做好了武装占领古巴的准备。根据计划，第一天将会出动1190架次飞机对古巴进行三轮轰炸，持续一周，随后派出1.45万名伞兵。轰炸首要目标是导弹发射基地、机场和防空阵地，其次是备用机场、炮兵阵地、弹药库、指挥机构和交通枢纽。空袭之后，美军将出动18万人入侵该岛，预计战斗前10天可能伤亡1.85万人。

另外，为了获得更多关于苏联导弹基地的确凿证据，从10月23日开始，美国海空军对古巴进行了低空飞行侦察，一方面搜寻核武器和核弹头的存放地点，更重要的是为U-2侦察机提供准确的侦察目标。据统计，10月23日-11月23日，美国海空军共进行了158架次低空侦察，而U-2侦察机更是进行了多达400架次的高空侦察。低空侦察的主力是RF-8A，在其照相窗口还写着一行字：“笑一笑，照相呢。”

在这次危机前后，时任战略火箭军司令的莫斯卡连科、驻德集群司令科涅夫、总参谋长扎哈罗夫以及总政治部主任加利科夫都因为反对赫鲁晓夫的冒险政策而遭到解职。

美国的举动完全出乎赫鲁晓夫的预料，随后10月23日16时，播音员宣读了声明：

“苏维埃社会主义共和国联盟部长会议：鉴于美国政府的挑衅行动和美国武装力量的侵略意图，苏联政府于1962年10月23日在克里姆林宫听取了苏联国防部部长、苏联元帅马利诺夫斯基同志为提高武装力量的战斗准备所采取的措施的报告，并给予国防部长以必要的指示，其中包括一些特别的命令：一、苏联战略导弹部队、防空部队和潜艇的乘员一律停止复员工作；二、停止一切个人休假；三、必须提高全军的战备状态和警惕性。”

随后又广播了华沙条约部队的类似消息：

“华沙条约国联合武装力量司令部：华沙条约国联合武装力量总司令、苏联元帅格列奇科在1962年10月23日召集了参与国军队的代表，指示他们为提高联合武装力量部队的战斗准备采取一切措施。”

按照苏联当时的计划，如果美国进攻古巴，将使用导弹和飞机摧毁美国在土耳其的导弹基地，随后华约部队全面占领柏林，向西欧推进，而古巴则在22日就宣布进入了全面战备状态，当时古巴军队共有27万人（正规军10万人）以及民兵40万人。

10月24日上午10时，封锁正式开始，当时有2艘苏联货船距离隔离线只有几海里，且两船之间有1艘潜艇护航。10时25分，美国海军情报办公室送来了一份初步报告，显示6艘苏联船只已经停航，有的已经调转航向。15分钟后，更准确的报告递交上来，驶向古巴的全部25艘苏联船只都已经停航或者调转航向。

10月27日上午，苏联驻古巴的军队已经完全做好了战斗准备，36枚中程导弹可以在几小时内攻击美国境内目标。这一天的上午11时，美军1架U-2侦察机因为导航系统失灵，误入苏联楚科奇半岛，苏联出动米格-21歼击机进行拦截，而U-2侦察机也发出了求救信号，美国2架带有战术核弹的截击机也奉命升空救援。不过，双方的截击机没有相遇，美方的截击机和侦察机最终安全返回。就在肯尼迪及其智囊团正在绞尽脑汁思考如何应对时，美国1架U-2侦察机在莫斯科时间18时20分在古巴被苏军防空导弹第500团击落。同一天，美国海军1架低空侦察的RF-8A也遭到古巴防空炮火攻击，飞机受伤但安全返航。两个核大国接连擦枪走火，局势正在失控，这一天是这次危机中最危险、最紧张的一天，人类世界从未如此接近核大战的边缘，因而这一天也被称为“黑色星期六”。

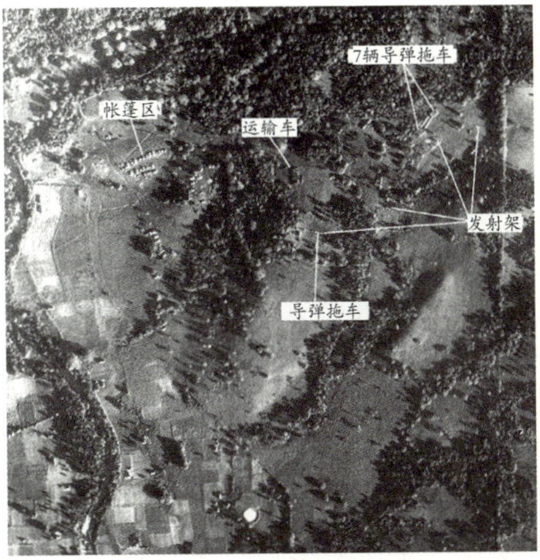

1962年10月14日，美国U-2侦察机拍摄的照片

10月28日，秘密外交谈判终于成功。斯塔申科接到苏联驻古巴集群司令第7665号命令，根据苏联政府决议，拆除所有导弹。到11月9日，最后的8枚导弹装上回苏联的货船。12月12日，该导弹师的最后一批人员和设备也踏上回国路程。

据美国国防部统计，在危机期间的10月22日-11月20日，美国海军共有813艘舰艇参加了行动，直接卷入的有90艘（包括8艘航空母舰），海军舰艇总航行里程12.5万千米；海军飞机飞行9000架次共3万飞行小时，总飞行里程965.4万千米；美国战略空军的B-52轰炸机执行了2088次任务，进行了4076次空中加油，总飞行4.7万小时，总飞行里程3218万千米。

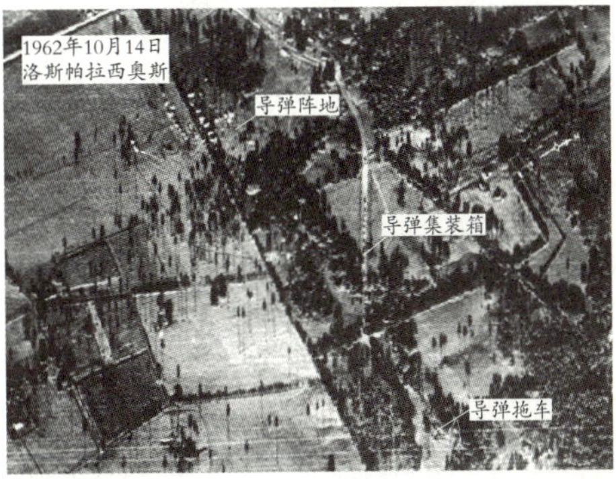

1962年10月14日，美国U-2侦察机发现苏联在圣克里斯托瓦尔部署导弹

危机结束后，1962年11月22日，苏联战略火箭军人数达到了15万人，拥有48具洲际导弹发射架和543具中程导弹发射架；相对应的，美国分别有151具和105具。苏美所拥有可打击对方领土的战略导弹数量比从0.17变为0.28。危机最终以苏联撤出部署在古巴的中程导弹和42架伊尔-28轰炸机，美国答应不侵略古巴（注：虽然双方没有签署书面协议，但日后美国确实没有再入古巴）和在次年4月从土耳其和意大利撤出部署的“丘比特”导弹而告终。

这次危机是人类历史上距离全面核战争最近的一次，而实际上在此前后，人类社会也多次面临核战争的威胁。

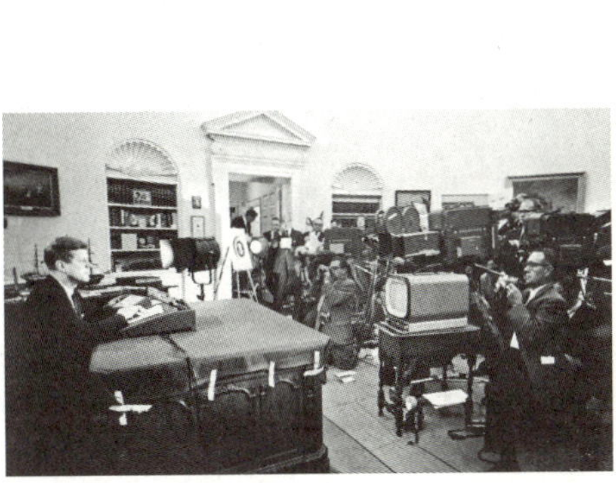

1962年10月22日，美国总统肯尼迪发表电视讲话，宣布从10月24日起封锁古巴

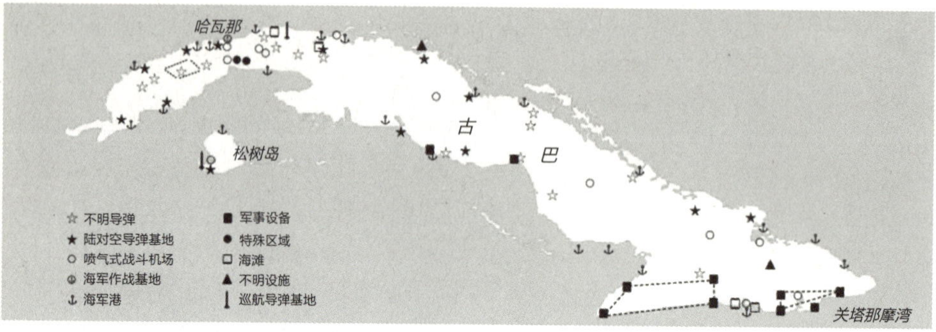

1962年10月15日美国U-2侦察机侦察到的情况

美国国家照片判读中心

美国飞机检查苏联货船

影片《惊爆13天》(Thirteen Days)

时隔30多年后，美国好莱坞还以古巴导弹危机为背景，拍摄了影片《惊爆13天》，在2000年12月公开上映。该片在2001年4月11日俄罗斯的首映式上，于1962年担任美国国防部长的罗波特·马克纳马拉、美国前总统肯尼迪的顾问西多·索伦森和当年曾参与在古巴部署导弹的原苏联高级官员都前来捧场。

电影《惊爆13天》剧照（之一）

电影《惊爆13天》剧照（之二）

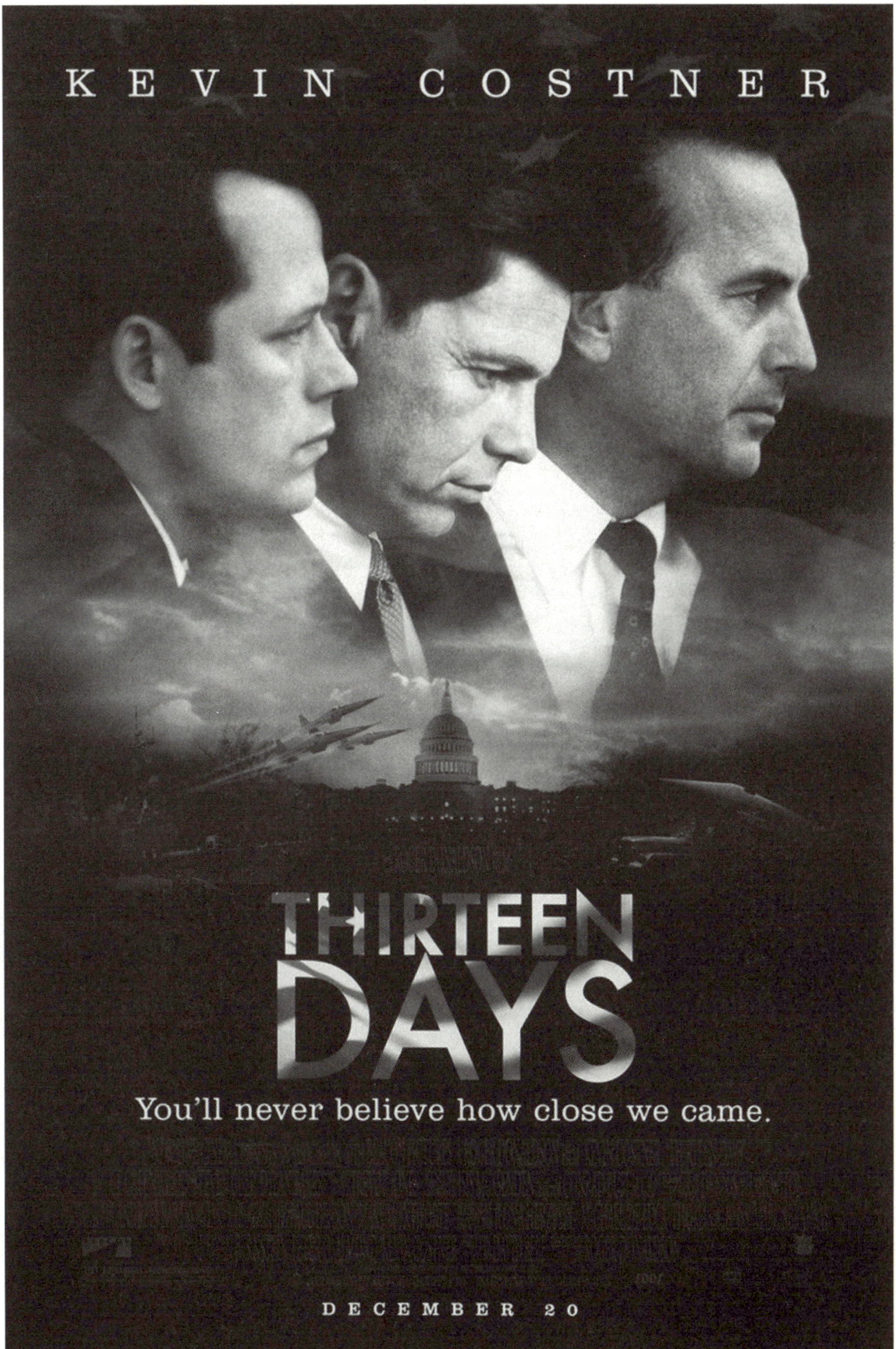

电影《惊爆13天》宣传海报

冷战时期的核危机

自核武器在1945年问世以来，虽然仅被用于美国对日本广岛和长崎的轰炸，但冷战中，出于争夺世界霸权的需要，核大国间一次又一次挥舞核大棒，数次将人类推向全面核战争的边缘。

伊朗撤军问题

1946年初，美国和苏联因伊朗问题发生争执。当时苏联为了获得伊朗的石油和确保其在伊朗北部的势力范围，拒绝在美军、英军已陆续撤出的情况下按期从伊朗撤军。此后，伊朗在1946年1月向联合国控诉苏联干涉伊朗事务，苏伊争端成为联合国成立后首次大会审议的第一个问题，使苏联外交处于极为被动的局面。为了对苏联施加压力，美国总统杜鲁门在3月单独召见苏联驻美大使葛罗米柯，告诉对方如果苏联不按时撤军，美国将会使用原子弹实施突击。最终，迫于国际压力、英美强硬态度，顾及伊朗在石油问题上做出的让步，苏联在5月9日撤出了全部驻伊军队。

第一次柏林危机

（详见本书第53~54页）

第二次柏林危机

1958年11月27日，苏联政府向美、英、法三国和民主德国、联邦德国政府分别提出照会，要求美、英、法三国在半年内撤出自己在西柏林的军队。如果西方国家半年内未与民主德国签订条约，苏联将与民主德国政府单独签订条约，苏联在柏林的权利将由民主德国政府来行使，第二次柏林危机正式爆发。

1961年8月13日，民主德国开始修建柏林墙。而在此之后美苏双方互相以核武器试验进行威胁，苏联更是在同年11月爆炸了5800万吨TNT当量的核弹！在古巴导弹危机之后，双方经过谈判，最终在1963年1月解决了第二次柏林危机。

第三次中东战争

中东战争期间，由于担心己方在叙利亚的利益受到损失，6月10日上午8时48分，苏联部长会议主席柯西金通过热线电话告诉美国总统约翰逊："我们建议您令以色列在几个小时内立即停火，我们也同样作出努力。警告以色列，如果不停火，我们就会采取必要行动，包括军事行动。"之后的11时31分，苏方再次指出："……如果今天战争不结束，有必要采取下一步措施。"此后，在美国施加的压力下，以色列在6月10日上午宣布停火，战争结束。

美国的误警

1980年6月2日，美国北部的战略空军地下指挥中心的计算机一个元件出现故障，导致屏幕上显示出惊人的信息：苏联的洲际导弹和潜射导弹已经飞临美国。面对苏联的核攻击，美国立刻向战略空军的全部导弹部队和战略轰炸机部队发出了警报。随后，洲际导弹准备点火，三分之一的战略轰炸机开始发动准备升空，战略核潜艇也进入战斗状态。战略空军空中指挥所的飞机已经起飞，总统的专机“空军1号”也开始发动，准备起飞。几分钟后，通过卫星与雷达网的直接观察，发现并没有导弹来袭，才清楚这只是一场误报。

第七章

从地面转入地下

从地面发射架上发射的中程与洲际弹道导弹系统自进入战备值勤开始，如何提高它的防护性能便成为一个重要问题，而解决办法之一就是将导弹放置在有防护能力的地下发射井中。

当时，苏联的核力量还相对弱小，而且所有的导弹发射阵地都让美国通过航空侦察和航天侦察而了如指掌。一旦战争打响，30分钟之内，大洋彼岸的导弹就会飞向苏联的导弹发射阵地，但当时苏联许多导弹系统的战斗准备时间至少需要几个小时。更严峻的是，苏联经过测算，发现自己任何一个地面导弹发射装置都可以被美方100万吨级弹头在5千米距离内消灭，此时美国的洲际导弹的弹头都是300万吨TNT当量，而且命中精度不超过3千米！

美国从20世纪50年代末期开始，便将自己的洲际弹道导弹都部署在发射井中，到了1962年，已经有87%的战略导弹部署在发射井中并在那里保存，不过发射之前需要将导弹从井中取出。

几乎同一时刻，苏联也开始着手这方面的研究。1958年9月，涅捷林下达了将导弹部署在发射井中的任务。根据这一命令，1个月后，苏联第4国家中央靶场制定了几套方案，经过和总设计师扬格利的协商后，最终保留了其中的3套方案。

方案一是装有导弹发射架的单发导弹发射井，同时装备有一系列用于进行导弹发射和维护保养的专用设备；方案二是从四个发射井中发射导弹，发射井按方位角分布，之间间隔40米，使用一套装备来保证所有导弹的发射；方案三为单个导弹发射井中使用可装4枚导弹的转盘，用一套设备保证所有导弹的发射。

1958年11月，炮兵元帅涅捷林同意在第4国家中央靶场建设一个P-12导弹的试验用发射井。根据专用机械设计局和国防部中央设计院的设计，带控制仪器的“灯塔”单个试验发射井在很短时间里建成，其控制设备置于距离发射井100~150米的地洞中。靶场使用了25吨吊车将P-12导弹放入发射井中。由于发动机需要在井中点火，为了排除发动机产生的废气，在井边装有一个专门的排气管道。排气管道的上部有将热气排向旁边的拓宽部分，这样可以防止导弹从发射井出来时对弹体产生热影响。1959年9月，P-12导弹进行了第一次井下发射。发射过程中，在第58秒由于一个气动安定面出现故障，导弹丧失了稳定性并坠落地面。通过分析后确定，发射时导弹及其控制系统承载的声波负荷导致导弹俯仰角产生了巨大震动。在排除不足后，1960年开始在卡普斯京亚尔的第4国家中央靶场重新进行了P–12导弹的井下发射。在确认井下发射导弹的可行性后，苏联第一代战略导弹除了具有移动式和固定式地面发射装置外，都具有井下发射系统。这些导弹有P-12У“德维娜”（Двина）、P-14У“秋索瓦亚”（Чусовая）、P-9A“德斯娜”-B和P-16У“谢斯娜”（Шексна）（注：У是“改进与完善”的俄文单词“Усовершенствовние”的缩写）。

1960年6月，苏联政府决定研制P-12У“德维娜”导弹，1961年12月20日进行了第一次试射，1963年10月完成飞行试验。1963年1月1日，第一个P-12У导弹团在普里耶库尔进入战备值勤。该型导弹当时部署在俄罗斯境内的奥尔德热尼奇、格瓦尔捷伊斯克、奥斯特洛夫、哈巴罗夫斯克市和曼佐夫卡村，以及乌克兰、白俄罗斯、哈萨克斯坦、爱沙尼亚与立陶宛等加盟国。P-12У从1964年1月9日开始服役，1990年5月退役。

P-12У“德维娜”导弹的每个发射单元为4个发射井以及相应的导弹发射装置指挥中心和保障系统，发射井互为直角分布，分布距离70～80米，发射井深度24.1米，钢衬套内径4.8米，外径7.2米。P-12У导弹的最大射程为2000千米，核装药威力100～230万吨TNT当量，弹长22.1米，弹体最大直径1.65米，发射质量41.7吨，弹头质量1.3～1.63吨，命中精度1.1～2.4千米（极限偏差5～5.4千米），发射准备时间0.5～3.5小时。

新的地下发射井导弹发射装置使得导弹防护力提高了10倍，当然由于是集群式发射井，如果遭到一次密集射击，整个阵地也会无法幸存。不过，这毕竟迈出了关键的第一步！

1960年5月30日，苏联部长会议通过决议，开始有关P-14У中程弹道导弹的研制工作。该型导弹于1962年1月12日完成了第一次地面发射，1962年2月11日-1963年10月进行了井下发射试验。P-14У导弹最大射程4500千米，核装药威力100～230万吨TNT当量，弹长24.4米，弹体最大直径2.4米，发射质量86.3吨，弹头质量1.3～2.15吨，命中精度1.25千米（极限偏差5千米），发射准备时间2小时。1962年1月1日，第一个导弹团在普里耶库尔进入战备值勤。之后导弹陆续部署在涅尔琴斯克、车臣的奥罗瓦扬、哈萨克斯坦的德让姆布尔、乌克兰的格鲁霍夫、立陶宛的科尔梅拉瓦和拉脱维亚的普里耶库尔。

中程弹道导弹P-14У发射单元是拥有3个三角形分布、相距70～80米的发射井，发射井深度30米，钢衬套直径4～4.5米，可抗冲击波前缘压力2千克力/平方厘米。

1960年3月，P-16У洲际弹道导弹开始进行研制，1962年6月13日进行了第一次井下发射试验，导弹顺利从井中飞出，不过飞行过程中舵机失灵，到1963年7月完成了全部试验。1963年2月5日，第一个P-16У导弹团进入战备值勤。到1965年 ，该型导弹战备值勤的地方有彼尔姆州的别尔什金、斯维尔德洛夫斯克州的下塔吉尔、加里宁州的博洛戈耶、托姆斯克州的伊塔特卡、马里自治共和国的约什卡尔奥拉、新西伯利亚、普列斯科（原“安加拉”工程）、库尔干州的沙德林斯克、基洛夫州的尤里亚和秋拉-塔姆（在第5国家中央靶场）。1978年该型导弹退役。

P-16У导弹采用3台液体火箭发动机，地面总推力227吨力，使用偏二甲肼和硝酸作为氧化剂。导弹最大射程13000千米（轻弹头）或11000千米（重弹头），最大发射质量146.6吨，弹头质量1.5吨（轻弹头）或2.2吨（重弹头），核装药威力300～600万吨TNT当量，弹长32.4米（重型战斗部）或34.3米（轻型战斗部），弹体最大直径3米，命中精度2.7千米。

洲际弹道导弹P–16У发射单元是拥有3个直线分布、相距60米的发射井，有统一的地下指挥中心、燃料和氧化剂储罐、配单独供电电源的指挥中心以及其他辅助设施，该导弹系统也是苏联第一种可以从地下井发射的洲际弹道导弹系统。在井下发射装置的建筑物上部有个洞口建筑，洞口建筑中装有电气传动的保护盖和其他专用设备。同时，洞口建筑还装有带排气装置的转动发射分离套，燃料剂燃烧的废气通过分离套和坑井之间的间隙排出。为了控制导弹在发射时的方向正确，在发射套上有导轨，在导弹上则有环箍，可以起到缓冲作用。

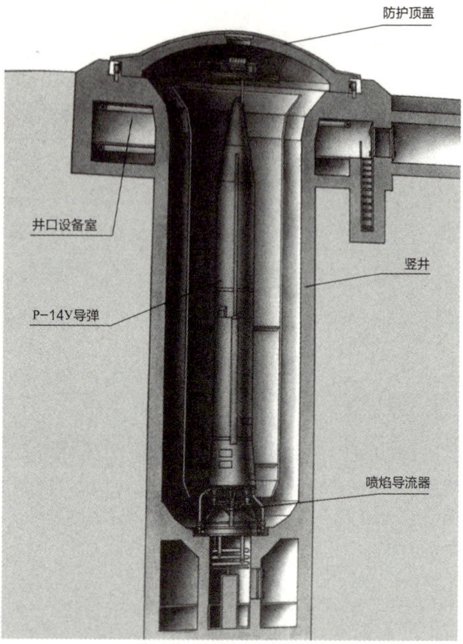

P–14У导弹地下发射井

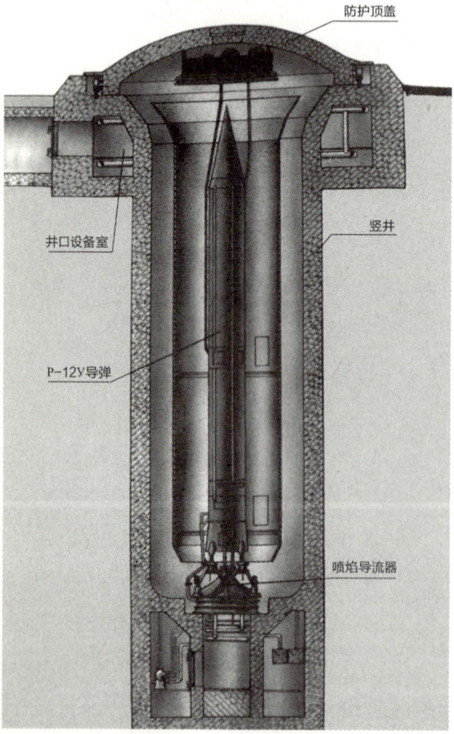

P–12У导弹地下发射井

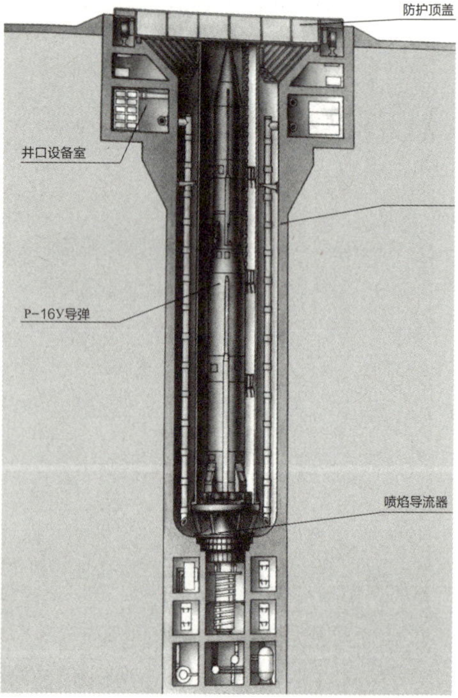

P–16У导弹地下发射井

第八章

积极的探索

第一节 P-9A的努力

当扬格利设计的导弹陆续在战略火箭军中装备后，科罗廖夫觉得有必要证明使用液氧作为推进剂的导弹不需特别操心也可使用。在副总设计师米申的大力协助下，他对液氧采取了预先过度冷却的处理方式，即将液氧温度降低到零下200度，取代接近氧气沸点的零下183度，或者最好能降低到零下210度，这样一来，首先液氧的体积将更小，其次蒸发的损失会明显降低。如果保持该温度，还可以实现快速加注，因为液氧进入相对温暖的燃料箱时，不会出现之前的猛烈沸腾现象。这个方法使得液氧在运输、保存和加注过程中的损失减少到原来的五百分之一！

此外，导弹设计队伍中还有原先在古比雪夫设计局从事超大型涡轮螺旋桨设计的库兹涅佐夫，由他牵头设计了液氧-煤油发动机。

1959年5月13日，苏联政府责成科罗廖夫的第1特殊设计局设计使用低沸点燃料的P-9洲际弹道导弹，要求可以适应部队大规模装备、战术技术性能超过P-7导弹。根据安排，导弹的1级发动机由第456特殊设计局完成，2级发动机由第154试验设计局负责研制，发动机改进与后续生产由第24航空制造厂进行。

与之前相比，P-9导弹具有如下特点：采用无舵机四箱式发动机，带摇动式燃烧室；为了快速加注和发射，液态氧被预先过度冷却，可以在15~20分钟内完成加注，并且可以保持战备状态数小时而无须加注。

P-9洲际弹道导弹使用液氧加煤油作为推进剂，由第1航空制造厂进行批量生产。1961年4月9日，P-9导弹进行了第一次发射。之后由于其1级发动机存在高频率故障，当年的试验发射失败了3次。1964年2月，导弹的飞行设计试验完成，型号也变为P-9A。1964年12月26日，第一个装备P-9A导弹的导弹团在科泽尔斯克进入战备值勤。之后，P-9A导弹被陆续部署在普列斯克、鄂木斯克、秋明以及秋拉-塔姆，1965年7月21日开始列装，1978年退役。

P-9导弹使用2台РД-111液体火箭发动机，地面总推力172吨力，使用液氧作为推进剂。导弹最大射程16000千米（带重弹头为12500千米），最大发射质量80.8吨，核装药威力165~500万吨TNT当量，弹长24.2米（带轻型战斗部的为26.5米），弹体直径2.68米，极限发射精度5千米。

P-9A导弹共设计有三种发射单元：井下发射型、固定式陆上发射架型和固定式陆上发射架半机动型。

井下发射型是3个直线分布、相距60米的发射井，有统一的地下指挥中心、燃料和氧化剂储罐、发射准备系统、燃料注入系统以及其他辅助设施。导弹位于井下发射架上并且与注料管线和电气管线相连。在得到发射指令后，自动发射准备系统会注入燃料（需要10分钟），同时雷达制导站完成工作前准备，并将天线装置从坑井中伸出。发射井深度25米，坑井直径7.8～8米，钢衬套直径5.5米，抗冲击波压力2千克力/平方厘米。1964年12月26日第一个井下发射型导弹团在科泽尔斯克进入战备值勤，1965年7月21日正式服役，1978年退役。井下发射型“捷斯娜”（Десна）发射单元于1963年9月27日进行了首次井下发射试验。10月24日，一个发射井发生了火灾，造成7人丧生，原因在于井下的氧蒸气浓度超过允许范围。

固定式陆上发射架型于1964年12月14日在科泽尔斯克进入战备值勤，1965年7月21日正式服役，1978年退役。固定式陆上发射架半机动型则没有服役，在1963年2月22日进行了第一次发射。

由于装备数量有限（各型的战备值勤数量共27枚，一共生产70枚），所以这型导弹在战略火箭军中的装备中没有起到显著作用。1978年这型导弹退役。从此以后，世界上再没有出现使用液氧和煤油作为推进剂的洲际弹道导弹。

P-9A导弹结构示意图

1 弹头；2 过渡段；3 二级燃料箱；4 二级氧化剂箱；5 二级尾段；6 气动稳定片；7 连接框架；8 一级氧化剂箱；9 仪器舱；10 一级燃料箱；11 一级尾段；12 一级液体推进剂摆动主发动机

P -9A 导弹第一级发动机

第二节 切洛梅的加入

在P-16和P-9A洲际弹道导弹研制的同时，总设计师切洛梅领导的第52特殊设计局还研制了УР-200（8К81）洲际弹道导弹，计划使用P-16У导弹的发射井。切洛梅本人从20世纪40年代就开始从事导弹技术的研究，他因发明了类似德国V-1导弹的10X导弹和潜艇使用的П-5和П-6巡航导弹而成名。УР-200导弹根据1961年3月16日苏联部长会议决议和1961年8月1日苏共中央委员会决议开始研制，在第23航空制造厂进行生产，1962年7月完成草案设计，1963年11月4日进行了第一次发射，之后到1964年10月又进行了8次发射，后来由于P-16导弹已经装备部队，在1965年根据决议停止了后续研制工作。

导弹采用2台液体火箭发动机，地面总推力200吨力，最大射程12000~14000千米，最大发射质量138吨，核装药威力500~1500万吨TNT当量，弹长34.65米，弹体最大直径3米。每个发射单元为间距60米的3个直线分布发射井，发射井深度45.6米，钢衬套直径4.64米。

1961年，由于美国洲际导弹数量飞速增长，苏联也不甘示弱，做出了增加苏联战略打击力量和提高战略导弹生产速度的计划。按照这个计划，苏联在1961年新成立了22个导弹师以及5个独立导弹军，之后在1964年又新成立3个导弹旅。

УР-200导弹

切洛梅

20世纪60年代美国洲际导弹装备中队数（括号内为导弹发射架数量）				
导弹名称	1962年底	1964年中	1966年底	1968年底
“宇宙神”	13（126）			13（132）
“大力神”－Ⅰ	6（54）			6（54）
“大力神”－Ⅱ		6（54）		6（54）
“民兵”	1（20）	3（150）	19（950）	19（950）
合计	20（200）	9（204）	19（950）	44（1190）

弗拉基米尔·尼古拉耶维奇·切洛梅

Владимир Николаевич Челомей

1914年6月17日（俄历）出生在谢德尔采（今属波兰），1984年12月8日去世。

1937年从基辅航空学院毕业并留院任教。1941年起在莫斯科巴拉诺夫中央航空发动机研究所工作，1942年制成苏联第一台脉动式喷气发动机。

1944年9月由于英国提供了1枚V-1导弹供苏方进行研究，正在独立研究巡航导弹的切洛梅受到当时的苏联航空工业部负责人马林科夫的赏识，在9月17日成为切洛梅机械设计制造局（即如今的“机械制造科研生产联合体”）的主任设计师，负责研制巡航导弹。不过其研制的10X和10XH导弹由于命中精度太差和可靠性不佳的问题，没有在部队列装。1953年2月19日该设计制造局被解散并入第155特殊设计局，他本人则被发配到莫斯科巴乌曼高等技术学校当教师。

经过个人的不断努力，以及新上台领导人马林科夫的关照，切洛梅于1954年6月9日出任010信箱专业设计组负责人，继续研究巡航导弹。

1956年成为第52特殊设计局负责人，1959年成为航空设备总设计师，先后研制出П-5等反舰导弹、УР-100系列洲际弹道导弹、“质子”号运载火箭等。

1974年成为国际星际航行研究院院士。

切洛梅先后荣获2次社会主义劳动英雄称号（1959年6月25日和1963年4月28日）、4枚列宁勋章、1枚十月革命勋章、1次列宁奖金和3次国家奖金等。

切洛梅的墓碑

第三节 固体导弹的尝试

在1955-1963年，苏联科研人员研制了大量使用不同种类推进剂、各种气动布局的导弹系列，先后设计出中程巡航导弹3KP、П-20C、ТУ-121、ТУ-123和ТУ-133、П-100，洲际巡航导弹ТУ-123、M-51和П-100，固体推进剂洲际弹道导弹PT-1（8K95），以及铁路机动弹道导弹P-12等。

这其中值得一提的是PT-1固体推进剂弹道导弹。1959年6月27日，苏联部长会议决定以总设计师格拉宾领导的第58中央研究所为基础，成立专门从事固体弹道导弹研制工作的第1特殊设计局分局。

1959年8月，科罗廖夫任命萨多夫斯基为副总设计师，并将研制固体推进剂导弹的任务托付给他，萨多夫斯基于1959年11月20日开始了导弹的研制工作。由于当时苏联没有人专门研究过固体推进剂，再加上苏联自身科学技术和生产基础的限制，使得研制工作进展不大。1962年4月28日-1963年6月，PT-1导弹在卡普斯京亚尔靶场进行了试验，共进行了10次发射，不过只有3次成功。第一次成功发射在1963年3月18日。在最后一次发射中，导弹距离目标横向偏差2.7千米，纵向飞过目标12.4千米。由于导弹外形尺寸不理想，以及导弹射程明显较小等原因，该型导弹最终没有用于装备部队。

PT-1导弹为三级固体推进剂中程弹道导弹，第一和第二级发动机一直工作到燃料完全燃尽，靠调节第三级发动机推力来控制导弹飞行距离。导弹最大射程2000千米，最大发射质量35.5吨，弹长18.3米，最大弹体直径2米，核装药威力50~100万吨TNT当量，弹头质量0.5~0.8吨，命中精度5千米。该型导弹虽然没有列装，但未研究工作者们积累了不少理论和实践的经验，尤其是在混合推进剂的制作工艺方面，为未来洲际导弹新的推进剂使用打下了基础。

为了研制苏联的国产反导防御系统和评定己方战略导弹被敌方反导导弹击毁的概率，苏联从1958年开始为弹道导弹部署远距离探测试验站。而为了保护己方弹道导弹免受敌方反导防御系统的摧毁，苏联的军事技术研究人员进行了一些研究工作，主要研制了“柳树”充气型假目标、“仙人掌”张开型假目标和“鼬鼠”随机主动干扰设备。

PT-1导弹

第四篇
进一步发展

第一章

预包装技术的采用

随着苏联第一代战略导弹的装备，苏联战略火箭军终于拥有了一支可以威慑对方的打击力量。当时，美国的洲际导弹技术和装备数量也在不断发展，促使苏联开始研制第二代战略导弹系统。它们有着具备防护能力和带有指挥中心的独立单发型发射井，以抵御核弹爆炸时冲击波产生的巨大压力。苏联第二代战略导弹的代表型号有使用液体火箭发动机的P-36、УР-100У、P-100У导弹，使用固体火箭发动机的PT-2和PT-2П导弹。这些导弹的作战单元一般由少于10个的导弹发射井和地下防护指挥中心组成。这些单元部署在固定区域内，区域内有一些相互保持几千米距离的独立单发发射井，可防止一次核弹爆炸同时摧毁几个导弹发射架。

之后，苏联大量的国防工业企业、部队和民用建筑安装机构参与到第二代导弹系统的研制、独立发射阵地的建设和其他重要工程中。在很短时间内，苏联在乌拉尔、西伯利亚、哈萨克斯坦的无人区组建了新的导弹部队，这个庞大的计划由在1963-1972年间担任战略火箭军司令的苏联元帅克雷洛夫领导实施。

1964年，根据苏联国防部长命令，导弹部队确定了统一的导弹燃料、油料（含航空油料）、锅炉燃料、给养和卫生器材的储备标准。1966年国防部长颁布命令，导弹部队确定了器材和防护服储备标准。这些标准后来又不断得到修改和完善。

1960年5月，苏联第586特殊设计局研制出采用预包装推进剂箱的P-26（8K66）洲际弹道导弹。1962年2月，该型导弹在曾发生过P-16导弹爆炸事故的41A号场区开始试验。1964年11月17日该型导弹第一次出现在红场阅兵，西方还给它取了SS-8的编号，实际上在1962年5月9日的部长会议上，终止研制该导弹的决议已经通过，但西方却长时间认为该型

1964年11月7日红场阅兵上的P-26导弹

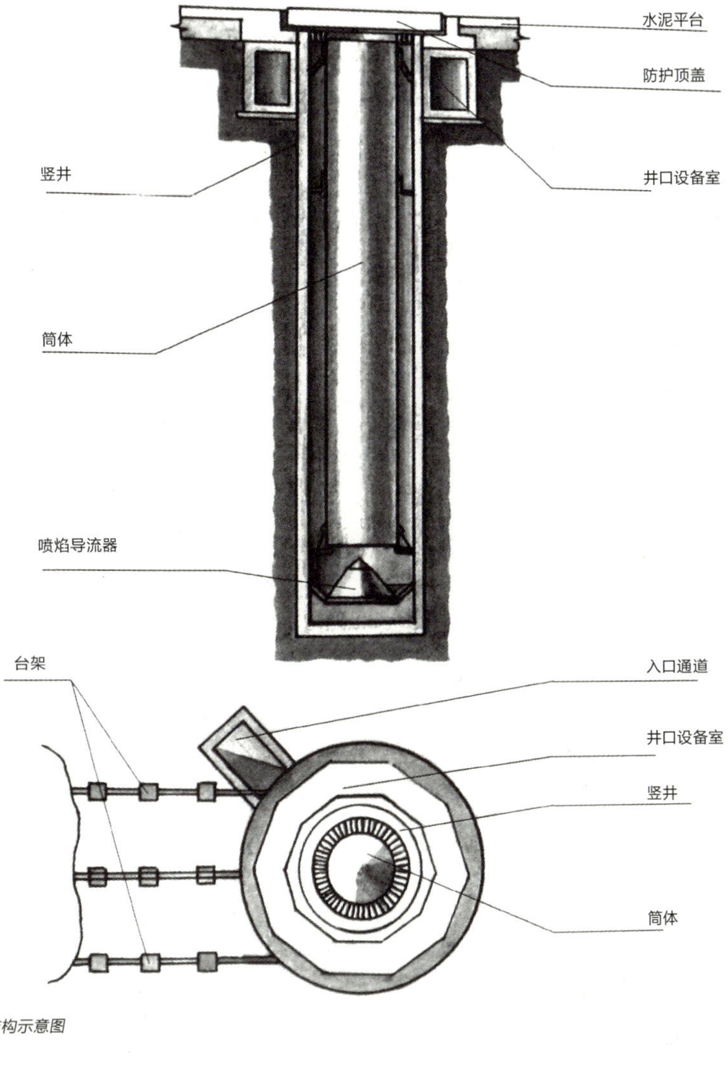

地下发射井结构示意图

导弹已经列入苏军装备，很久之后才重新将这个编号对应给苏联的P-9A洲际弹道导弹。

P-26导弹最大射程10500千米，命中精度1.5~2千米，核装药威力500万吨TNT当量，弹长24.38米，最大弹体直径2.75米。采用的地下发射井深度32~35米，坑井直径7.5米。

20世纪60年代初，美国的“民兵”导弹进入战备值勤，它的发射井可以承受4~14百万吨级洲际弹道导弹的打击。为此，苏联决定必须研制2千万吨级洲际弹道导弹，这样只需要消耗1~2枚导弹，就可以摧毁美方的导弹发射井。1962年4月16日，苏联部长会议批准进行导弹总体研制。1962年5月12日，第586特殊设计局开始研制采用偏二甲肼为推进剂的P-36（8K67）导弹并在1963年6月完成草图。该型导弹用于消灭美国“民兵”洲际弹道导弹的发射装置、工业和行政政治中心、电力系统中心、运输枢纽、洲际弹道导弹/防空/反导和海军基地、机场、航天发射场、经济和武装部队控制中心等最重要的战略目标。

P-36导弹发射阵地采用6个独立单发型发射井，发射井之间距离8~10千米。与P-16У导弹发射井不同，P-36导弹发射衬筒本身不转动，导弹依靠惯性制导系统发出的指令来实现在射击平面的转动。这型导弹的发射准备时间为5分钟，导弹的作战能力得到极大提高。

1963年9月28日，P-36进行了首次发射，不过没有成功，导弹产生爆炸，使得发射场地遭到破坏。之后在1964年又进行了16次发射，并对导弹系统进行了改进。1965年1月14日，P-36进行了第一次地下发射井发射试验。很不幸，这一次导弹又爆炸了，将重达200多吨的防护盖抛出几百米远。1965年7月，导弹开始飞行试验。这一年，导弹共进行了14次试验。从当年开始，苏联先后组建了5个导弹师来装备该型导弹。1966年11月5日，第1个P-36导弹团在克拉斯诺亚尔边区乌茹尔市进入战备值勤。1967年11月7日，P-36在红场阅兵中第一次亮相，不过拆除了游动发动机，使用了非标准弹头。1967年7月，P-36导弹开始列入装备，指定在第586工厂进行批量生产，共部署260枚，在1978年退役。

P-36导弹最大射程15000千米，命中精度1.3~1.9千米（极限偏差5千米），最大发射质量183.89吨，核装药威力500万吨TNT当量（携带重弹头达到1000~2500万吨TNT当量）。导弹弹长31.7米，最大弹体直径3.05米，采用偏二甲肼和四氧化二氮作为推进剂，导弹接到发射命令后可以在4分钟内点火升空。导弹推进剂贮存箱采用带共用底座的整体式贮箱，可以在加注状态下长期贮存，使用寿命为5~7.5年，为此使用了专用补偿装置。

P-36导弹各级采用了开路主发动机和四燃烧室游动发动机。一级主发动机包括3个由1台涡轮泵驱动的双燃烧室发动机组合，二级发动机包括1个同样的发动机组合。P-36导弹制导系统为自主式系统，采用了带滚珠轴承的陀螺仪组、陀螺积分仪以及机电计算装置的陀螺稳定平台，具有法向和侧向稳定通道、射程控制、视速度调节和导弹贮箱推进剂同步耗尽调控等功能，P-36导弹通过陀螺稳定平台和地面光学仪器完成瞄准。此外，系统还安装了专门的制动固体火箭发动机，从而减少后效冲量的影响并保证级间分离和弹头分离。

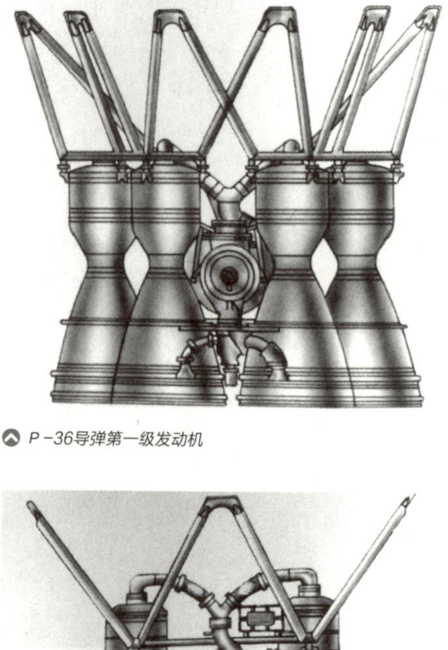

P-36导弹第一级发动机

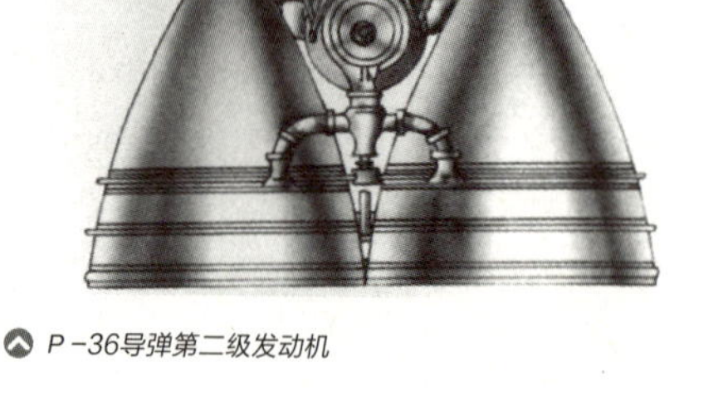

P-36导弹第二级发动机

P－36导弹发射

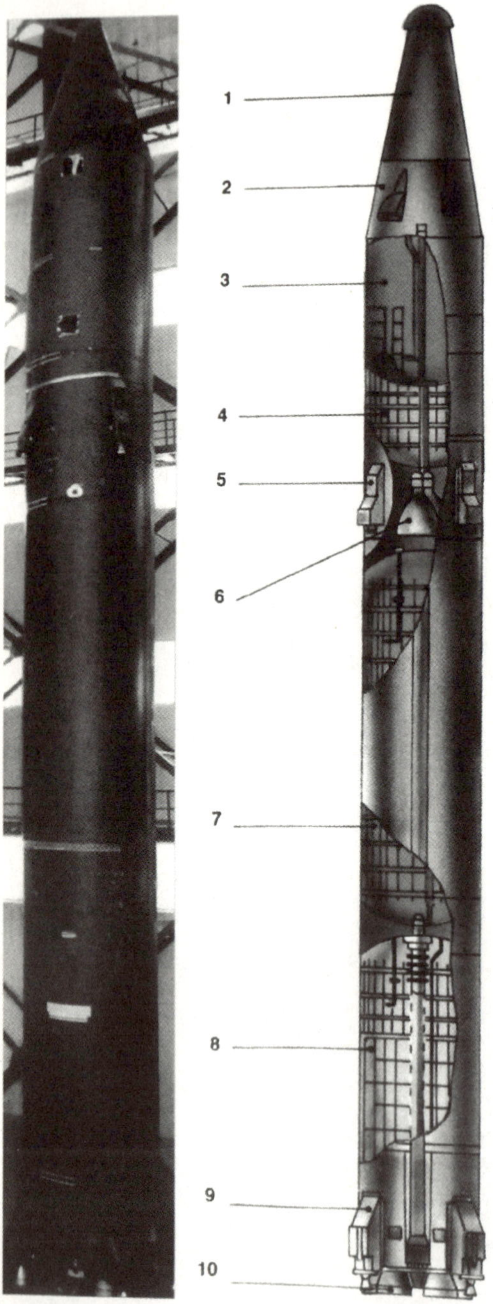

P-36导弹结构示意图
1 弹头；2 仪器舱；3 二级氧化剂箱；4 二级燃料箱；5 二级游发动机；6 二级主液体火箭发动机；7 一级氧化剂箱；8 一级燃料箱；9 一级游动发动机；10 一级主液体火箭发动机

P-36导弹的改进型P-36A导弹在1969年8月25日进入战备值勤，同年11月19日开始列装，1979年退役。发射井间距8~10千米，深度41.5米，钢衬套直径4.64米。

1963年3月30日，苏联部长会议做出第389-140号决议，要求由切洛梅领导的第52特殊设计局开始研制采用预包装技术、具有单发型发射井的轻型洲际弹道导弹УР-100（8K84）。该型导弹使用的推进剂与P-36一样——偏二甲肼与四氧化二氮，它成为后续所有使用液体推进剂的洲际弹道导弹的标准推进剂。该型导弹第一次使用了铝镁合金做成的运输发射筒，极大简化了带专用减震系统的发射井结构。1965年4月-1966年10月27日，导弹进行了飞行试验，期间1965年4月19日第一次从地面发射架发射导弹，1965年7月17日第一次从井下发射导弹。

УР-100导弹在出厂前已经加注了燃料，注满液体燃料的导弹被装进带减震系统的运输发射筒。在运输发射筒内，空气湿度、压力、温度和其他参数都保持不变。在地下井中，运输发射筒被悬挂在缓冲器上，从而对导弹进行补充防护，使其免遭敌方核突击。钢筋水泥地下井本身和运输发射筒可承受地震冲击，甚至在很近的地方发生核爆炸后，导弹仍能保持战斗力。

运输发射筒采用密封的金属圆筒结构，圆筒各段相互焊接成一体。用于导弹维护的带舱口的圆筒

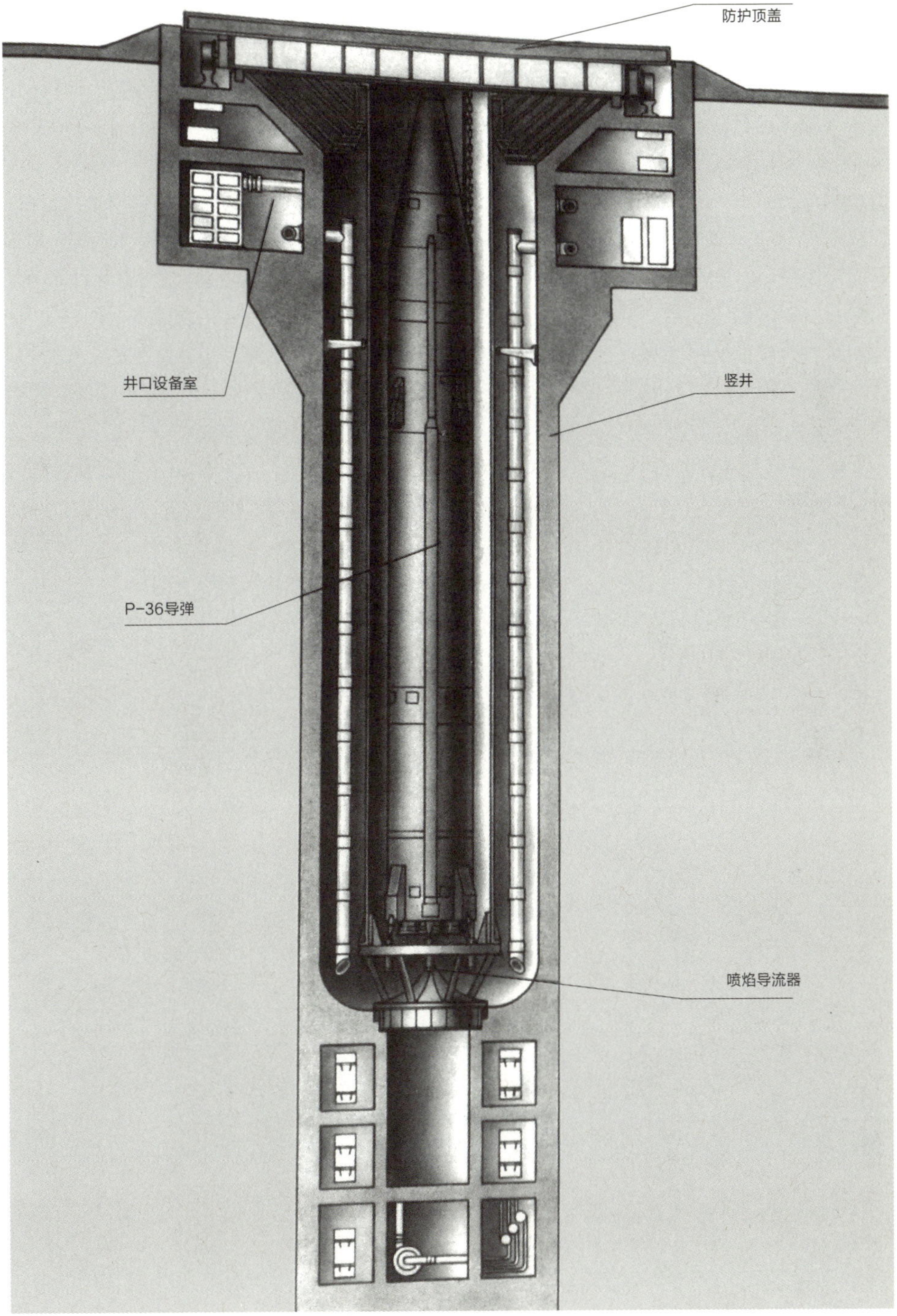
防护顶盖
井口设备室
竖井
P-36导弹
喷焰导流器

P－36导弹地下发射井

段用隔框和桁条加固。为了保护运输发射筒不致受到导弹发射时喷出的高温燃气的影响，在筒体内外表面都涂有防热层。

运输发射筒的上部有4个支承件，它通过这4个支承件悬挂在地下发射井的竖井支架上。运输发射筒的下部有4个水平支柱和弹簧加载的支杆，可以在导弹发射时防止发射筒产生水平位移，还可在发射筒和导弹装入地下发射井时承受侧向载荷。运输发射筒的整体结构布局特点是采用了减震系统，系统包括上下两个带弹簧减震器的减震带，上减震带用于减缓作用在导弹上的水平载荷，下减震带用于减缓作用在导弹上的水平和垂直载荷。发射筒内部沿长度方向装有2个与直径对应的导向件，可以使导弹的凸环沿导向件滑动，保证导弹不致受碰撞后从筒中飞出。

УР-100导弹的发射单元包括具有地下指挥中心的10个分散单发型发射井。由于发射井的结构大大简化，导弹发射装置得以大量部署，导弹各型号共部署了970个发射装置。1966年11月24日，第一批装备该型导弹的部队在德罗维扬纳亚、克拉斯诺亚尔斯克和别尔什金进入战备值勤。该型导弹于1967年7月21日开始服役，至1988年退役，共生产了990枚。

УР-100导弹采用2台液体火箭发动机，地面总推力80吨力，最大射程10600千米，命中精度1.4千米（极限偏差5千米），核装药威力50~100万吨TNT当量，最大发射质量42.3吨，弹长16.8米，弹体最大直径2米，采用偏二甲肼和四氧化二氮作为推进剂。发射井深度26米，井盖宽度10~11米，钢衬套直径4.2米。

УР-100导弹制导系统为自主式系统，基础是带悬浮式陀螺和机电计算装置的陀螺稳定平台。瞄准靠陀螺稳定平台完成，无须转动导弹。在一级飞行期间靠主发动机燃烧室摆动来控制导弹，在二级飞行中则靠游动发动机的燃烧室摆动。一级弹头和二级的分离依靠专门的固体火箭发动机来实现。

之后，改型УР-100УТТХ（8К84УТТХ）洲际弹道导弹出现，与原型相比，战斗部体积更小且飞行技术性能有所改善，并采用了新的制导系统。（注：УТТХ是“技术性能改进”的俄文“Улучшение Тактико-Технических Характеристик”的缩写）。该型导弹在1969

导弹发射筒运输转载车

导弹发射筒联合运输转载车

导弹发射筒运输车

年7月23日开始进行试验，1971年3月15日完成试验。

УР-100УТТХ导弹采用2台液体火箭发动机，最大射程13000千米，命中精度1.1千米（极限偏差5千米），核装药威力120万吨TNT当量，最大发射质量50.1吨，弹头质量1.2吨，弹长19米，弹体最大直径2米，采用偏二甲肼和四氧化二氮作为推进剂。发射井深度26米，钢衬套直径4.2米，井盖宽度10~11米。

УР-100УТТХ于1970年3月1日服役，这一天装备该型导弹的导弹团在赫梅利尼茨基进入战备值勤，1988年退役。

UP-100导弹外形

UP-100导弹减震系统

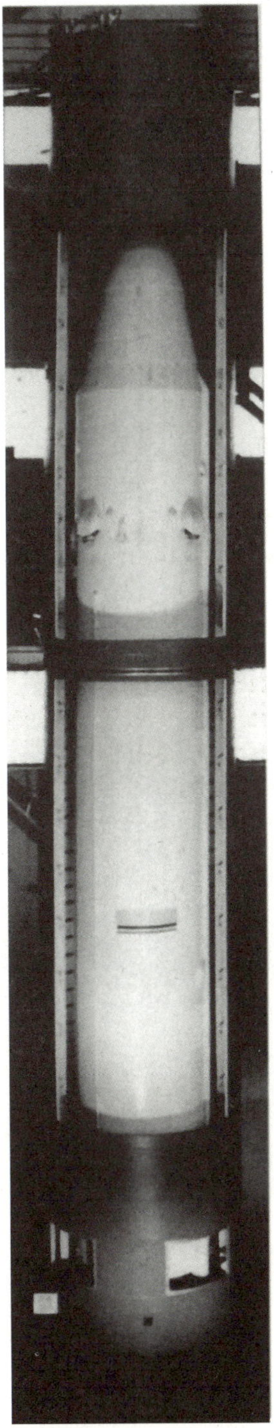

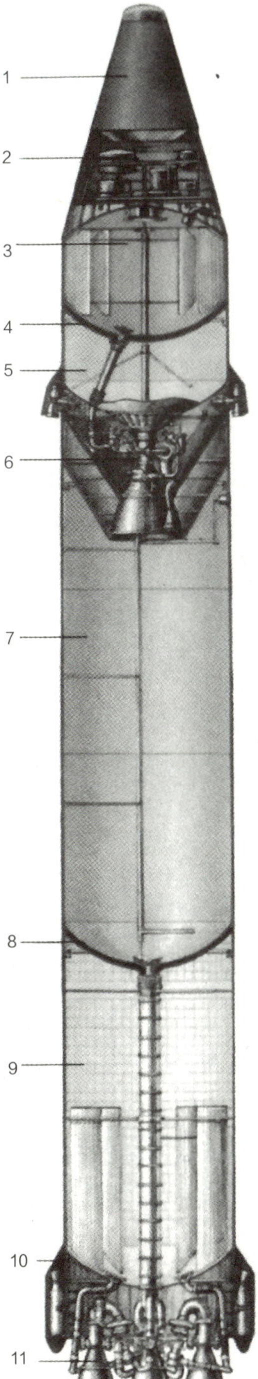

УР-100导弹结构示意图
1 弹头；2 仪器舱；3 二级氧化剂箱；4 二级贮箱共底；5 二级燃料箱；6 二级主发动机；7 一级氧化剂箱；8 一级贮箱共底；9 一级燃料箱；10 一级尾段；11 一级主发动机

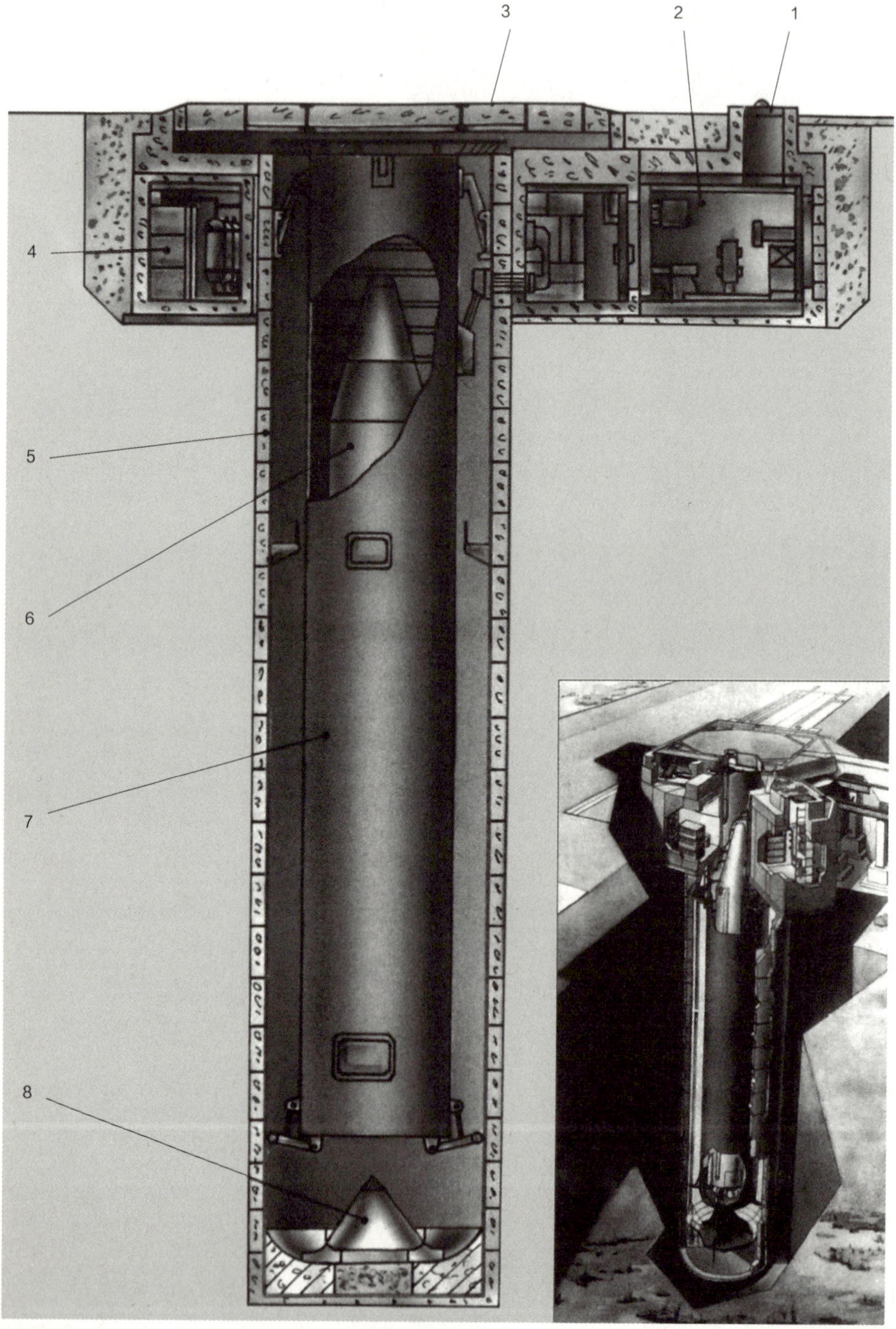

УР-100导弹地下发射井布局示意图
1 地下井入口；2 防护通道；3 防护顶盖；4 井口设备室；5 竖井；6 УР 100导弹；7 运输发射筒；8 喷焰导流器

第二章

固体推进剂与多弹头

根据苏联部长会议1959年11月20日第1291-570号决议，苏联于1961年开始研制采用固体推进剂的洲际弹道导弹PT-2（8K98），由总设计师科罗廖夫负责。导弹的作战单元包括10个单发型发射井。1965年2月25日，该导弹试验部队组建成立。该型导弹于1965年9月开始进行飞行试验，1966年3月18日进行了控制试验，1966年2月26日在卡普斯京亚尔成功进行了第一次井下发射，同年11月4日在普列谢茨克成功进行了第一次全程发射，1968年10月3日完成试验发射。在此期间，PT-2共发射25次，成功16次。这型导弹拥有高等级的防御能力，不过有效载荷却不如УР-100导弹，再加上建造发射井工程量较大，所以只装备了6个导弹团共60枚导弹。导弹于1968年12月18日开始服役，1976年退役。

PT-2导弹采用混合固体推进剂，最大射程12000千米，命中精度1.8~2千米（极限偏差8~10千米），核装药威力60万吨TNT当量，弹长21.27米，弹体最大直径1.84米，发射质量51吨，弹头质量0.5~1.4吨。作战单元的发射井间距10~12千米，井深29.95米，井口内径8.7米，井口高度6.2米，钢衬套直径3.6米。

在此之后，弹头以及第二和第三级发动机得到了改进，新型号被命名为PT-2П（8K98П）（注：П是“突破”的俄文单词“Прорыв”的缩写）。1968年12月18日，苏

PT-2导弹

联部长会议和苏共中央做出第1004-365号决议，导弹的总体研制工作由此展开。导弹于1969年12月开始试验，到1972年1月14日完成，共发射15次，仅有2次未成功。1971年12月8日，第一个装备该型导弹的导弹团在约什卡尔奥拉进入战备值勤。1974-1982年间导弹进行了批量生产，共生产60套导弹系统，1994年退役。

PT-2П导弹采用混合固体推进剂，最大射程10200千米，命中精度1.5千米（极限偏差4~5千米），核装药威力75万吨TNT当量，弹长21.26米，弹体最大直径1.84米，起飞质量51吨，投掷质量0.6吨。作战单元的发射井间距10~12千米，井深29.95米，井口内径8.7米，井口高度6.2米，钢衬套直径3.6米。导弹制导系统采用带悬浮陀螺组和摆式加速度表的陀螺稳定平台，应用了自动控制射程的机电计算装置，以及柔性弹道控制方法，即俯仰角程序不由时间函数给出，而由视速度函数给出。导弹通过主发动机柔性摆动喷管的摆动来控制导弹飞行。

在研制PT-2П导弹的同时，萨多夫斯基领导的第1特殊设计局还研制了PT-2导弹的另一种改进型——PT-2M导弹，不过研究工作仅仅停留在设计阶段，既没有试验也没有列装。导弹设计射程10000千米，命中精度1500~1800米，核装药威力50~100万吨TNT当量，弹头质量0.8~1.2吨，导弹

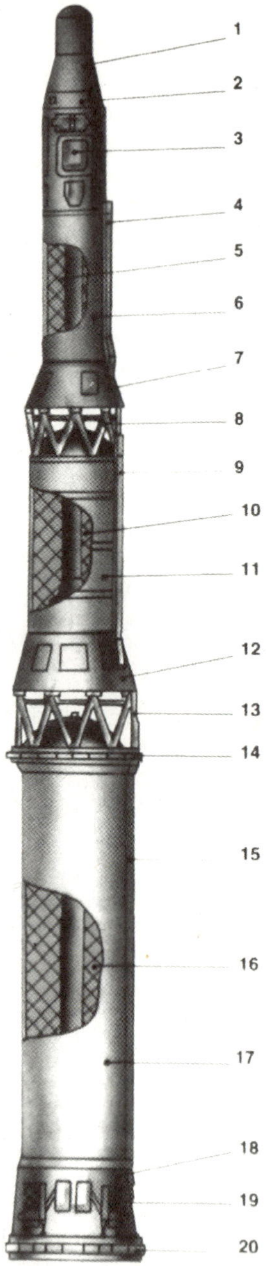

PT-2П导弹结构示意图
1 弹头；2 过渡段；3 仪器舱；4,9,15 电缆槽；5 三级固体主发动机；6 第三级；7 三机尾段；8,13 过渡框架；10 二级固体主发动机；11 第二级；12 二级尾段；14 支承导向环；16 一级固体主发动机；17 第一级；18 一级尾段；19 气动稳定翼；20 带支承导向环的底盘

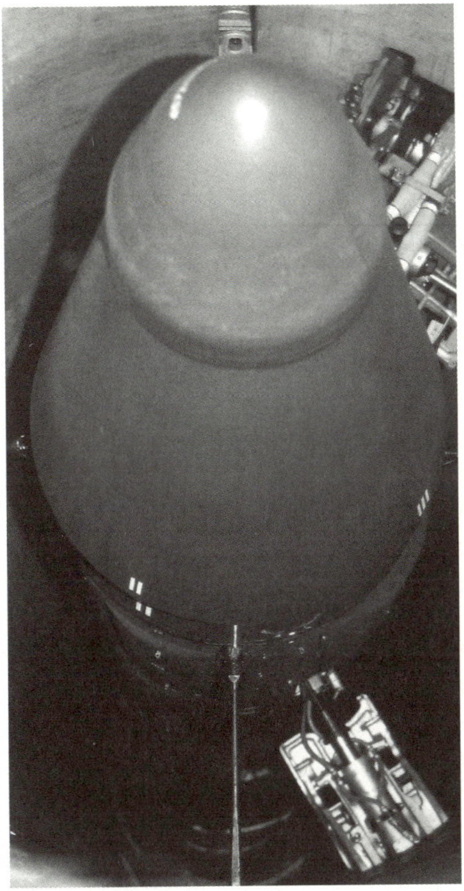

РТ-2П导弹弹头

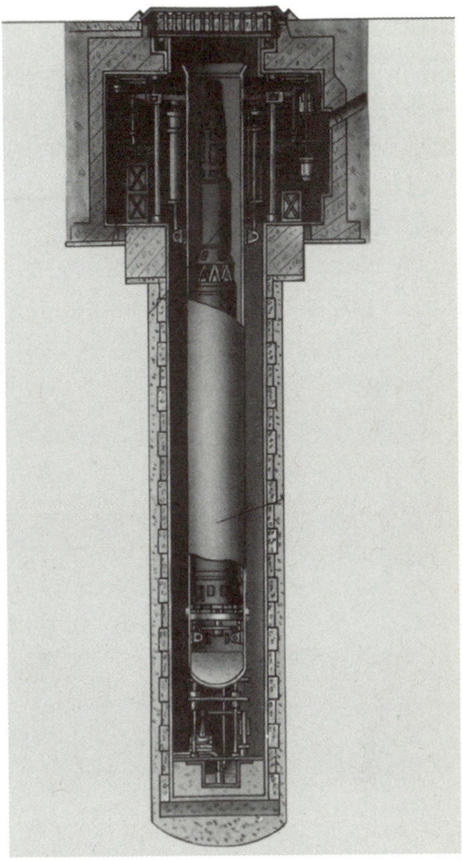

РТ-2П导弹地下发射井

长21.13米，弹体最大直径2米。

在随后的20世纪70年代初，带多弹头的УР-100К（15А20）、УР-100У、Р-36П（8К67П）列入装备。

УР-100К洲际弹道导弹由切洛梅机械设计制造局自1960年底开始研制，1971年11月结束试验。该型导弹除了使用单弹头外，还可以装携带3个分弹头的集束弹头，它成为苏联用于杀伤平面目标的第一个带集束式弹头的洲际弹道导弹，于1972年12月28日开始服役，1993年退役。

УР-100К导弹采用2台液体火箭发动机，通过加长第一级增大了推进剂容量，因而最大射程达到10600千米（单弹头为12000千米），命中精度0.9～1.35千米（极限偏差5千米），核装药威力130万吨TNT当量，或者3枚35万吨TNT当量（分弹头），最大发射质量50.1吨，弹长18.95米，弹体最大直径2米，采用偏二甲肼和四氧化二氮作为推进剂。发射井深度26米，钢衬套直径4.2米，井盖宽度10～11米，井盖厚度0.5～0.7米。

而之后的УР-100У导弹的性能与之前的

УР-100К大致相同，主要改进了地下发射井和运输发射筒的减震系统，弹体与内筒之间有支衬垫隔震，发射筒与井体之间通过垂直减震装置和水平液力悬挂系统，达到了多层次缓冲减震效果，这样进一步提高了导弹的防护能力。该型导弹于1974年9月26日开始服役，1993年退役。

Р-36П（8К67П）洲际弹道导弹于1968年8月开始进行飞行试验，1970年10月26日开始服役，1971年开始部署，1973-1977年部署了100枚，1979年退役。

该型导弹最大射程12000千米，命中精度1.34～1.97千米（极限偏差5千米），携带3个分弹头，核装药威力200～500万吨TNT当量，弹长32.2米，最大弹体直径3.05米，发射质量183吨，发射准备时间5分钟。发射井深度41.5米，钢衬套直径8.3米，发射筒直径4.64米，井间距8～10千米。

固体推进剂

固体推进剂是一种具有特定性能的含能复合材料，是导弹、空间飞行器等各类使用固体燃料发动机的装置的动力源。其组成物质在燃烧室内燃烧，由化学能转换为热能，生成高温高压燃气，燃气通过喷管膨胀加速，将热能转换为动能。高速向后喷出的燃气给发动机一个反作用力，为发动机提供推力。它的性能优劣直接影响到战略和战术导弹的生存能力和作战效能。

固体推进剂的发展始于20世纪初的双基推进剂和20世纪中叶的复合固体推进剂。从20世纪60年代和70年代以来，国外先后研制出端羧基聚丁二烯（CTPB）固体推进剂、端羟基聚丁二烯（HTPB）固体推进剂、交联双基（XLDB）和复合双基（CDB）固体推进剂。

自20世纪70年代末、80年代初以来，国外使用奥克托今（HMX）部分取代高氯酸铵（HTPB）推进剂。同时，交联双基和复合双基进一步结合产生了硝酸酯增塑的聚醚（NEPE）高性能推进剂。苏联则在同一时期成功研制出含三氢化铝（AlH_3）和二硝酰胺铵（ADN）的高能推进剂。

在20世纪80年代末和90年代以后，一系列高能物质被开发出来，包括氧化剂、粘合剂、增塑剂和添加剂等。目前国外正在向以下方面进行研究：新型高能量密度物质（HEDM）、新型高能推进剂配方、高能固体推进剂新型成型工艺和革新技术等。

目前全世界在研究战略导弹固体推进剂方面，无论从能量水平上看，还是从品种数量、生产规模上看，美国都具有领先优势，俄罗斯与其差距不大。在战术导弹方面，美、俄、法、英等各具特色，近年来日本、印度和巴基斯坦也在不断缩小差距。

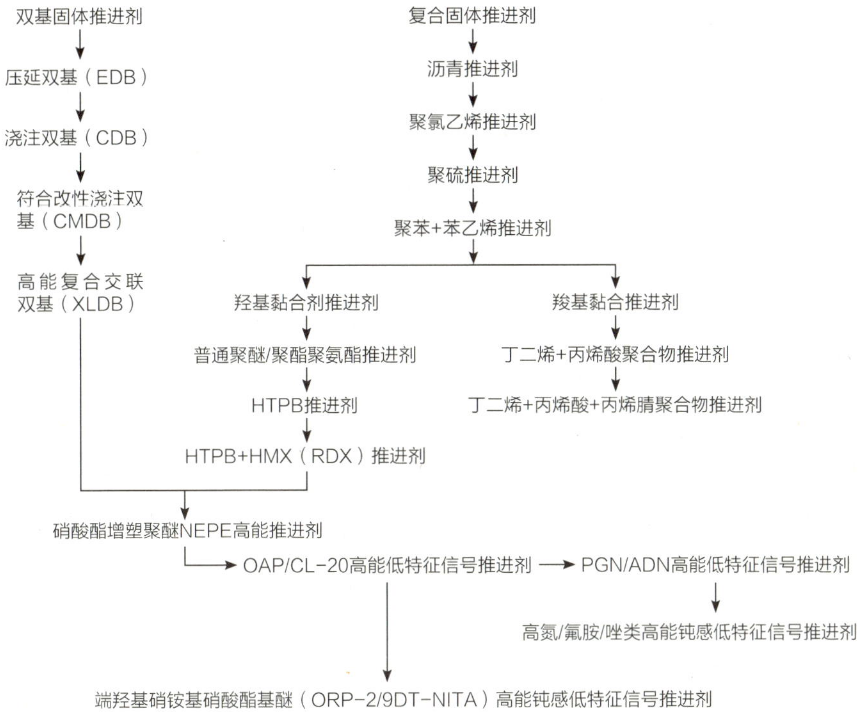

固体推进剂发展历程

УР-100К导弹地下发射井

Р-36导弹的核弹头

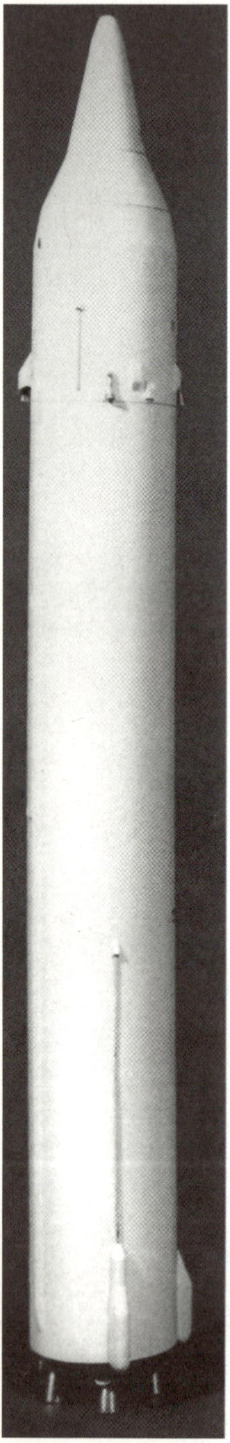

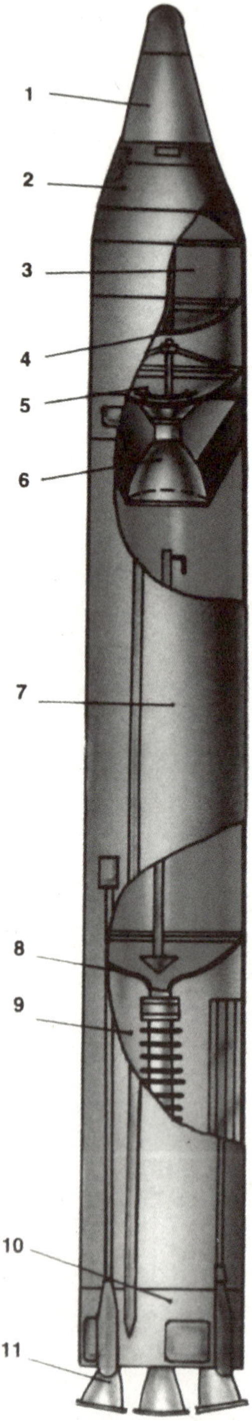

УР-100K结构示意图
1 弹头；2 仪器舱；3 二级氧化剂箱；4 二级贮箱共底；5 二级燃烧箱；6 二级主发动机；7 一级氧化剂箱；8 一级贮箱共底；9 一级燃料箱；10 一级尾段；11 一级主发动机

УР-100У导弹一级发动机

第三章

提高机动性

当时，为了提高战略火箭军战略导弹部署的机动性，米里特殊设计局按照部长会议决议研制了重型直升机В-12，设计可以运载重达20吨的战斗装备，其中包括Р-36、Р-9和УР-500等洲际弹道导弹，不过这项研制工作仅仅停留在试验阶段。

УР-500洲际弹道导弹是1961年在切洛梅的提议下开始研制的，以该导弹为基础的航天运载火箭“质子”-К的设计工作也同时展开。1962年4月24日，苏联政府正式批准研制УР-500导弹。1964年秋天在秋拉-塔姆靶场，时任苏联领导人赫鲁晓夫参观了坐落在发射台上的全尺寸导弹模型和井下发射架模型，决定建设2个发射井。1965年3月16日，УР-500导弹进行了第一次发射，利用有效载荷发射了“质子”-1号科学实验人造地球卫星，后来又连续进行了3次发射。但随着国家领导人的更换，苏联对导弹的兴趣逐渐弱化了。1965年底有关УР-500导弹的研制工作中止。之后苏联以该型导弹为基础设计出了以下航天运载火箭：两级的УР-500（8К82）“质子”号、三级的УР-500К（8К82К）“质子”-К号，以及载人宇宙飞船УР-500К-Л1。

УР-500导弹最大射程12000千米，核装药威力1000万吨TNT当量，导弹长46.28米，弹体最大直径7.4米，发射质量620吨。

1965年，苏联新成立了1个导弹旅和2个导弹军；之后的1968年又新成立了1个导弹旅。同时，美国在1963年7月部署了小巧轻便的固体推进剂导弹“民兵”-IB（1965年6月完成部署，共650枚，1974年退役），在1963年12月部

“质子”系列运载火箭

"质子"-K运载火箭准备发射

P-11M导弹

署了重型洲际弹道导弹"大力神"-Ⅱ(54枚,1987年全部退役),这两款导弹在理论上可以消灭所有隐蔽在地下发射井中的苏联洲际弹道导弹。为了提高导弹机动作战能力,苏联进行了在机动履带发射车上发射试验型中程弹道导弹PT-15、PT-25和洲际弹道导弹PT-20П的研制工作。

在以9П19自行履带发射车("803"工程)和P-11M(8K11)导弹的机动式战役-战术导弹系统装备部队后,苏联自20世纪50年代末开始了有关机动式战略导弹系统的研制工作。当时设计的方案之一就是拥有P-12中程弹道导弹的铁路机动导弹发射系统。整个系统的铁路部分由20节车厢组成,其中6节车厢用于安装发射装置。不过由于技术方面原因,这个工作没有继续下去。几乎同时,美国也在研究可在履带发射车上发射的MMR BM机动中程弹道导弹,并研究了在军舰上发射该导弹的可能性。

1963-1964年间,苏联也在研究如何从军舰上发射战略导弹,计划使用УР-100M导弹的Д-8导弹系统和P-29导弹的Д-9导弹系统。苏联在研究如何从防护型发射井中发射第二代导弹系统的同时,也已经开始研究分别带有履带式自行发射车、轮式自行发射车,以及铁路发射装置的机动导弹系统。开始时,地面和铁路发射系统计划使用PT-2洲际弹道导弹,但由于该导弹发射质量约50吨,这样的方案无法实现。经过1965-1967年的试验,苏联研制出使用PT-12固体中程弹道导弹和PT-20洲际弹道导弹的机动式地面发射系统。列宁格勒基洛夫工厂的第3设计局和第34中央设计局以T-10重型坦克底盘和组件为基础,研制出了两个系统的发射装置,对应编号分别为"815"工程和"821"工程。此后,两款导弹系统在1965年莫斯科红场阅兵式上第一次亮相。

在这一时期,苏联还研制了其他型号导弹。

PT-15导弹

彼尔姆机械设计局以PT-2洲际弹道导弹第二和第三级为基础研制出PT-15(8K96)两级固体导弹。1961年4月4日,苏联部长会议做出第316-317号决议,开始了相关研制工作。导弹最初为井下发射型,在1965-1966年开始进行发射试验,并在1967年莫斯科的阅兵式上第一次展示,但其后续研制工作最终在1968

年被取消。1965年9月24日，导弹装备总局发布第00991号命令，决定提高机动式导弹的战术技术性能。PT-15中程弹道导弹也计划采用机动的地面发射装置。每个导弹团包括6辆导弹发射车、2个柴油发电机组、1辆战斗指挥车、1辆阵地准备车、3辆通讯车以及1辆休息车。最终苏联在1969年生产了15具机动导弹发射装置，其中一些部署在白俄罗斯。PT-15导弹采用两级固体火箭发动机，发射质量16吨，全长11.74米，弹体最大直径1.9米，射程2500千米，核装药威力100万吨TNT当量。

PT-25导弹

彼尔姆机械设计局以PT-2洲际弹道导弹第一和第三级为基础研制了PT-25（8K97）两级固体导弹。相关研制工作自1961年4月4日苏联部长会议做出第316-317号决议后开始，1966年被取消。导弹采用两级固体火箭发动机，混合固体推进剂，发射质量16吨，全长16米，弹体最大直径1.84米，发射质量42吨，射程5000千米，核装药威力100万吨TNT当量。

PT-20洲际弹道导弹

PT-20洲际弹道导弹拥有3级固体火箭，后来由于外形尺寸的限制和战斗性能的要求，改为两级火箭方案的PT-20П（8K99）洲际弹道导弹。它的一级是固体火箭发动机，二级是单室液体火箭发动机。导弹先后设计了履带式机动型和井下发射型两种发射方式。1965年8月24日，苏联部长会议批准了该型导弹的研制计划，1966年完成了草图设计，1967年10月-1969年10月在普列谢茨克靶场进行了12次发射，之后终止了研制工作。为了运输该导弹，基洛夫工厂专门研制了62.2吨重履带运输发射车（“820”工程，采用T-10坦克基座）和78.9吨的导弹自行恒温发射装置（“821”工程，采用T-10坦克基座）。

该型导弹射程7000~11000千米，命中精度2~4千米（极限偏差5千米），核装药威力55万~150万吨TNT当量，弹长17.8米，发射质量30.2吨，最大弹体直径1.6米。

小结

与之前的液体推进导弹相比，固体推进导弹有着自身独到的优势：一是省去了与液体导弹配套的加注设备和车辆，缩小了阵地规模，简化了工程设施，使得维护费用大为降低，发射部队编制也相应缩小；二是发射前不必临时加注推进剂补充气压和撤收管路设备，有利于实现快速发射和待机发射，提高了反应能力和战备值勤率；三是导弹在贮存时没有因液体推进剂蒸气冒出而产生的污染与爆炸危险，有良好的可贮存性；四是由于发动机点火启动简便，加速性好，以及不存在液体导弹在失重状态下空中点火的困难，因此适合多阵地部署和发射；五是便于实现多发导弹的“齐射”和“群射”，尤其是小型战术导弹。

不过没有事物是完美的，固体导弹的出现也产生了新的问题：首先是运输重量增大，液体导弹通常在空弹状态下运输，而运载能力相同的固体导弹其运输量为液体导弹的5~10倍。这样就需使用重型运输车辆与高等级公路，从而使得机动地区的范围受到一定限制，因此要实现高机动化，前提条件是轻小型化；其次是对结构提出新要求，由于追求高装药密度和高质量比，由轻质复合材料制造的发动机壳体的单位负荷高达几十千克，比液体高出一个数量级，因此对支承托座结构形式提出了特殊要求；最后是对运输过程也有新的要求，必须考虑降低和减少冲击震动载荷，并对推进剂采取保温措施，同时还要防止电磁感应，因而一般采取运输筒包装。

РТ-15导弹采用履带式发射车

РТ-2导弹的检查

РТ-25导弹

РТ-20П洲际导弹

РТ-20П导弹发动机

第四章

主导的作用

20世纪60年代中期，随着苏联新领导人勃列日涅夫的上台，苏联整体军事思想和对于战略火箭军的作用的认识也发生了改变，认为未来战争未必是美苏的全面核大战。

在1939年苏军野战条令中就最明显体现了苏军进攻理论的实质。条令指出：“苏维埃社会主义共和国联盟将以其武装力量的全部威力实施毁灭性突击来回击敌人的任何进犯……如果敌人把战争强加于我们，那么工农红军将成为一支比以往任何实施过进攻的军队更富有进攻精神的军队。我们将采取进攻的方法来进行战争，并把它推移到敌国的领土。红军将采取歼灭性的战斗行动，目的在于彻底歼灭敌人……”

自从苏联在1949年8月成为新的核成员国之后，也开始考虑自身的核战略。在20世纪50年代，由于与美国相比，苏联在战略及战术核武器方面总体处于弱势，因而苏联在这一时期认为未来战争将会大规模使用核武器，并需要各军种共同配合。1956年2月18日时任国防部长朱可夫在苏共二十大上强调：“在苏联武装部队的建设方面，我们的出发点是，未来的战争方法和形式都会大大不同于过去的一切战争……它的特点就是大规模使用空军、各种火箭武器和各种大规模杀伤性的武器。”之后1957年2月5日，朱可夫在访问印度时，又在军事参谋学院的演讲中提到：“万一在不同的大国同盟之间爆发战争，会不会使用核武器呢？会的，这一点毫无疑问，因为人类在把这些武器引入武装力量方面已经走得太远，它们对组织、战术和军事战略思想都已产生了明显的影响……我们认为，只要在各国的武库中拥有原子武器和热核武器，他们对地面、海上和空中力量的重要性就不容小觑。在我们战后的对武装力量的建设中，我们的出发点是：要想在未来的战争中取得胜利，只能依靠由所有武器和兵种组成的联合力量，以及在战争中对它们的协同使用。”

按照当时苏军的军事理论，认为未来在方面军主要突击方向进攻的集团军，在进攻作战期间需要消耗核武器11～13枚，其作用大致分配为：突破敌人主要防御地带5枚（小型和中型各2～3枚）、突破军预备地带2枚、突破集团军防御地带或袭击集团军预备队2枚、突破集团军集群地带或袭击集团军集群2枚，机动准备1～2枚。而在方面军主要方向上进行防御的集团军地带内，可能使用8~14枚核武器，其中小型核武器占一半，核武器反准备6~10枚，核武器突击2~4枚，。若在2个集团军结合部遭到主要突击，则每个集团军可配备4~7枚核武器。

从20世纪60年代开始，随着战略火箭军的正式成立，苏联的核武库也逐渐变得庞大。这一时期，由于苏联高度优先发展战略核力量，尤其是其核心的战略火箭军，使得信息和指挥系统有了飞跃性的发展，军事建设也发生了全面改观。在战略理论上，苏联形成了新的全球性军事战略——“无限制火箭核战争战略”（Стратегия неограниченной ракетноядерной войны）。它彻底改变了对武装斗争的条件、性质、进程和结局的看法，制定了涉及全部大陆、海洋、近地大气层空间和太空的大规模战略性战役理论。在索科洛夫斯基主编的《军事战略》（Военная стратегия）一书中有具体的表述：“现代战争条件下的战略是深远的火箭核突击与各军种的行动相结合的战略，其目的在于同时摧毁和消灭敌国全境内的经济潜力和军队，以便在短时间内达成战争目的。一旦战争爆发，苏军和其他社会主义国家军队不得不准备使用战略武器对帝国主义集团的军事经济基地、国家机关、军事指挥机关、战略核武器和军队实施密集的核回击。苏联战略学把这一战略行动类型看成是主要的类型，认为它在帝国主义侵略者可能发动的未来战争中，对于达成战争目的将起决定性作用。”

苏军实施导弹核突击的标的是：帝国主义联盟赖以进行战争的经济基地、进行核突击的战略基地（战略空军基地、洲际弹道导弹和中程弹道导弹基地、战术轰炸空军基地、海军基地）、储备有大量核武器和战争物资的地区、编练兵团和军团的地区、军队主要集团和战略预备队配置地区、国家机关和军事指挥机关所在的中心。

苏军认为，在新的军种——战略火箭军出现后，“如果侵略者胆敢破坏苏联的共产主义和平建设的话，战略火箭军将完成现代战争的主要任务。为回击发动核战争的帝国主义侵略者而实施的首次密集火箭核突击将是最强大的突击，将对选定的目标实施火箭核突击和飞机核突击。采取军事行动的主要目的在于消灭敌人核武器和军队集团，以摧毁敌人的军事实力，破坏敌人赖以进行战争的经济基地，以摧毁其军事经济潜力；破坏敌人的国家机关和军事指挥机关。达到这些目的主要手段是装备有大威力热核弹头和原子弹头的洲际弹道导弹和中程弹道导弹的战略火箭军，以及装备有核弹头的导弹、氢弹、原子弹的远程航空兵和导弹核潜艇。现代战争的攻击目标将包括敌人的战略核武器、经济设施、国家机关和军事指挥机关，当然也包括战场上的军队。主要攻击目标位于战场之外，配置在敌国的内地。消灭敌人的战略核武器、破坏其后方，粉碎陆战场的敌军主要集团的任务，由威力巨大的战略兵力——战略火箭军、远程航空兵和导弹潜艇担负。它们将按照最高统帅部战胜敌人的计划，为了整个武装斗争的需要，为了迅速粉碎所有敌对国家，而以实施火箭核突击的方法完成自己的任务”。之后陆军方面军应当在前线航空兵的支援下（如在滨海方向，则还需在海军的支援下），利用战略火箭军、远程航空兵和导弹潜艇对战场上各种目标实施突击，以此消灭残存的敌军，占领敌国领土以及保卫本国的领土。

1962年苏联国防部长马利诺夫斯基发表《警惕地保卫和平》一文，文中充分反映了这个时期苏联的军事学说和核战争战略。他的基本观点是：火箭和武器的出现和发展根本改变了现代战争的性质，未来战争将主要是核战争；战争并非不可避免，但战争危险始终存在；战争一旦爆发，将是两大社会制度之间的决战，结局必然是社会主义战胜资本主义；未来的战争将是火箭核战争，空间规模广大，破坏力和人员伤亡巨大；未来作战方法应以火箭核突击为主，先发制人在战争初期具有重要意义，同时应密切协调运用火箭核突击、陆战场军事行动、海战场军事行动、保卫后方和军队免遭敌人核突击四种军事行动类型；应将战略火箭军和战略核武器作为军队建设和武器装备发展的主要方向，夺取对敌人的战略核优势。

当然，从勃列日涅夫上台后，苏联对于核战略的态度还是有了一些变化。1965年7月1日，勃列日涅夫在接见军事学院毕业生时的讲话中指出：“我们对火箭武器给予特别注意的同时，也没忘记常规军备仍然起着重大的作用……”

1966年9月，时任国防部长格列奇科在全军会议上指出：“战争必须在苏联武装力量拥有强大的战略火箭军与优势的常规武器下才可以最终取得胜利。”1971年，格列奇科在《保卫和平与建设共产主义》一文中指出了战略火箭军的作用：“战略火箭军是苏联武装力量的主干，目的是消灭敌方核武器运载工具、核力量和相关基地，摧毁敌方重要的军事工业基地、政治和经济中心以及主要交通枢纽等。”

朱可夫

索科洛夫斯基

马利诺夫斯基

勃列日涅夫

格列奇科

第五章

达到平衡

这一时期，战略火箭军自动化控制系统主要由无线电工业部的自动化设备研究所研制。为了设计导弹师级和团级指挥中心的自动化单元，1962年，按照苏联政府命令，列宁格勒理工学院特设设计局以列宁格勒理工学院的计算和解算器教研室的两个实验室为基础成立，索科洛夫被任命为负责人和总设计师。1965年，该特殊设计局在与扎波罗热电器开关设计局的竞争中，研制出了作为战略火箭军自动化控制系统组成部分的遥控系统。由于该特殊设计局在自动化控制系统的设计和研制方面比其他单位更为成功，因此1967年苏联政府决定，今后有关自动化控制系统的研制工作全部在该特殊设计局进行。1967年底，苏联进行了战略火箭军中央指挥中心自动化设备单元和自动化控制系统的国家试验。随后的1969年，第一个导弹部队自动化控制系统开始装备部队，并逐步得到广泛使用。

为加强管理，1965年3月2日，苏联将国防技术国家委员会的第7管理局升级为通用机械部，负责导弹相关太空项目的管理工作。该部下设导弹管理局、空间管理局、液体火箭发动机管理局、制导和发射管理局，分别负责管辖各个设计局和试验部门的工作。该部上级主管单位则是苏联军事工业委员会。随着新装备的列装以及控制系统的装备，1970年，苏联将原先的4个导弹军改编为导弹集团军。

随着苏联第二代洲际弹道导弹部署数量急剧增加，到1970年，苏联达到了与美国军事战略对等的水平。1960年时，美国具有5倍于苏联的弹头数量优势，分别为1050枚和225枚。至1972年，苏联已部署有1398个洲际弹道导弹发射井，而美国为1054个。此时苏联战略火箭军人数达到了27万人，装备的导弹中23%是Р-36重型洲际弹道导弹、62%是УР-100、УР-100К和РТ-2П轻型洲际弹道导弹，还有15%是第一代洲际弹道导弹。

由于美苏双方在20世纪70年代初所拥有的战略进攻武器数量处于对等状态，而且在考虑到部署了反导弹防御系统的情况下，任何一方在战略核力量上都没有绝对的优势，因此美苏双方开始了限制彼此战略武器的谈判。

1972年5月22日，美国总统尼克松访问苏联，这是赴苏访问的第一位美国总统。经过几天的交流，双方发表了《苏美联合公报》、《苏美相互关系原则》等9个文件。作为这次双方会谈的一个重要成果，1972年5月26日，美苏双方领导人签署了《限制反弹道导弹系统条约》（简称《反导条约》）和《关于限制进攻性战略武器的某些措施的临时协定》。这个成果是双方从1969年11月开始，经过30个月的讨价还价才取得的。

按照《反导条约》规定，双方不得部署大规模反导弹防御系统。每方只允许在两个单独的区域部署反导弹防御系统：第一个部署区域是在半径150千米内的国家首都区域，可以部署不超过100枚反弹道导弹和6部反导弹雷达；另一个则是半径150千米内的洲际战略导弹井下发射基地区域，可以部署不超过100枚反弹道导弹、2部大型相控阵反导弹雷达和18部小型反导弹雷达。

之后，1974年6月27日–7月3日，苏美领导人在克里米亚签署了补充协定，双方只可以选择上述两个区域中的一个区域部署反导弹防御系统。苏联选择了首都莫斯科，美国则选择了格兰特–福克斯的“民兵”–3洲际弹道导弹发射基地。

根据协定，双方保证从1972年7月1日起不再建设新的地面洲际弹道导弹发射装置，不将轻型洲际弹道导弹和1964年之前部署的旧型洲际弹道导弹的发射井改造为重型洲际弹道导弹发射井，潜射弹道导弹和现代化潜射弹道导弹潜艇数量限制在截至协定签字之日正在使用和建造的数字。双方战略导弹总限额中美国拥有1764枚，其中陆基洲际导弹1054枚，另有重型导弹54枚，潜射导弹656枚和弹道导弹潜艇41艘；苏联则为2671枚，其中陆基洲际导弹1618枚，另有重型导弹313枚，潜射导弹740枚和弹道导弹潜艇62艘。

战略火箭军博物馆中展出的指挥所控制台

1972年5月26日，美苏双方签署条约

350米反弹道导弹导弹参加阅兵式

第五篇

进入巅峰

第一章

第三代导弹

第一节 迎击还是还击

从20世纪60年代末开始，苏联战略导弹的发展进入了第三阶段。美国在此期间研制了拥有3枚分导式弹头的“民兵”-3洲际弹道导弹和“三叉戟”C3潜射弹道导弹，苏联当然也不甘落入人后。

1970年8月28日，苏联召开国防委员会会议，专门讨论战略力量建设的问题。会议上出现了两个完全对立的观点。中央设计局总设计师切洛梅提出了“还击-迎击”观点，即核打击应在来袭导弹离开敌人发射装置但还未到达苏联领土之时进行。观点认为苏联应该拥有数量巨大的、操作简便的、从简易低成本的发射井中发射的低成本导弹，以及5000具发射装置。洲际弹道导弹采用气动发射方式，并装备低成本的模拟控制系统。装备导弹数量巨大，可以避免敌方的全方位打击，因为全部摧毁这么多数量的发射井是不可能的；同时，敌方任何一个导弹防御系统都承受不起如此多的导弹饱和反应攻击。

而南方设计局总设计师扬格利则提出了一个完全相反的观点，即“确保还击”，认为即使在最不利的条件下都必须要确保对侵略者实施核报复的能力。他建议研制新型多弹头、采用预包装技术、威力更大、准确性更高的液体导弹，其发射装置应具有可抵御敌方反应打击的防护能力，控制系统使用电子计算机。他还提出了两种液体导弹——带同样战斗部的P-36M（PC-20A/15A14）巨型导弹和MP-УP-100（PC-16/15A15）轻型导弹，两者区别在于战斗部组成不同。他的观点得到中央机械制造和金属加工科学研究所所长莫兹若林的大力支持，科学院院士克尔德什、亚历山德罗夫和国防部长乌斯季诺夫也表示赞同。经过讨论，国防委员会最终采纳了他的观点。

会议认为第三代导弹的研究方向是开发坐落在井下的发射筒型独立指挥中心、提高发射井的防护能力、研制可更有效突破洲际弹道导弹防御系统的分导式多弹头、减少发射前的准备时间、实现发射前导弹重新瞄准的可能性、研制战斗控制的自动化系统等。

1972年4月，战略火箭军第四任司令——炮兵主帅托卢布科上任，开始领导第三代导弹系统在战略火箭军中的部署。

从20世纪70年代开始，苏联的核战略发生了变化。一方面基于战略核武器自身提高了摧毁点目标、高防护目标的能力，另一方面基于常规武器的发展也出现了重大突破，苏军确立了“分阶段进行战争的战略”（Стратегия поэтапного ведения войны），为此制定了开展各种军事行动的方案，可根据所受威胁程度逐步过渡到使用更具破坏力和杀伤力的武器。

针对美国提出的有限核战争理论，苏联强调战争的全球性，否定有限核战争的可能性。1981年11月2日，勃列日涅夫回答《明镜》周刊记者问时说道：“从实质上来说，任何有限的核战争都是根本不可能的。无论在欧洲还是在其他地方爆发核战争，它都不可避免地具有全球性。”苏联元帅奥尔加科夫也在1984年5月回答《红星报》记者问时说道：“大洋彼岸的战略家们对进行有限核战争的可能性存在幻想，如今也毫无根据。无论怎样有限使用核武器，都势必导致双方动用全部核武库。这便是战争的残酷逻辑。”

乌斯季诺夫

年轻时的扬格利

奥加尔科夫

托卢布科向勃列日涅夫介绍战略火箭军情况

1980年6月25日，美国总统卡特签署了第59号总统令，认为在一定条件下美国可以取得核战争胜利。1983年3月23日，美国总统里根发表讲话："我们正在制定一项计划，用防御性的手段对抗令人生畏的苏联军事威胁……能够在战略导弹飞抵我们自己的国土和盟国的国土之前将它们拦截和摧毁。"1984年1月，他签署了《战略防御倡议》(Strategic Defense Initiative)第119号总统令。

1982年6月18日，苏联进行了战略核力量演习，在7个小时内发射了2枚УР-100洲际弹道导弹，同时核潜艇发射了1枚РСМ-50潜射弹道导弹，此外在卡普斯京亚尔还发射了1枚РСД-10中程弹道导弹。演习中发射的2枚УР-100洲际弹道导弹被A-350反弹道导弹拦截。演习同时，苏联还发射了3颗卫星。

第二节 群星荟萃

1975-1980年，苏联陆续开始装备第三代导弹。属于单发型井下发射方式的导弹有：南方设计局研制的Р-36М洲际弹道导弹和МР-УР-100导弹，中央机械设计局研制的УР-100Н(РС-18)导弹。

Р-36М洲际弹道导弹是在之前Р-36导弹的基础上研制而成的一次全新改型。1969年9月，苏联部长会议通过决议，批准了Р-36М导弹的总体设计。研发过程中，总设计师扬格利去世，因此领导研发新导弹的工作由"苏联导弹设计教父"——乌特金接过。1973年2月21日，Р-36М导弹进行了第一次飞行试验。到1974年，该型导弹共进行了35次试验发射。1974年12月25日，第一个Р-36М导弹团在多姆巴罗夫斯基进入战备值勤。Р-36М导弹于1975年12月30日开始服役，1983年退役，共部署190枚。

该型导弹结构更加紧凑，总长度比前一型缩短了0.4米，但推进剂贮量却增加了约11%，有效载荷增加约40%。导弹最大射程11200~16000千米，单枚1800~2500万吨TNT当量弹头或者8枚50~130万吨TNT当量弹头，发射质量210吨，投掷质量7.2吨，弹长33.6米，弹体最大直径3.05米，命中精度1.6千米，导弹保存期限10年。

Р-36М导弹是采用串联配置的二级导弹，两级的直径相同。主发动机采用液体推进剂(偏二甲肼和四氧化二氮)，一级动力装置包括1台闭路单燃烧室主发动机和1台开路四燃烧室游动发动机。导弹制导系统采用数字计算机，可以在导弹战备值勤的情况下遥控导弹系统的参数，自动进行射前准备、射前遥控更换攻击目标，实施导弹发射，以及按照预先选定的飞行参数控制导弹的飞行。导弹实际飞行控制时程序输入的俯仰角采用实际飞行参数而不是运动参数。

P-36M导弹借助固体推进剂燃气发生器将导弹从地下发射井内的运输发射筒中发射出去。导弹在一级飞行期间靠摆动主发动机燃烧室，在二级飞行期间靠摆动游动发动机的燃烧室来实现导弹控制；利用气体动力方法来完成级间分离和弹头分离，即打开专用窗口，使燃料箱内增压气体从窗口排出。导弹的战斗部加装有突防装置。导弹存放在运输发射筒内，实施冷发射。导弹在高度戒备状态下的反应时间从之前的4分钟缩短到62秒，使用期限也从7年延长到10年。

P-36M УТТХ（РС-20Б/15А18）导弹在1977年8月16日根据苏联部长会议决议开始研制，1979年11月27日结束试验，1980年12月17日开始服役，共部署308枚。P-36M УТТХ导弹在结构上与P-36M一样，没有进行改进，但在制导系统上改进了指挥仪表系统和弹载计算机软件，从而减少了工具误差和方位误差。

P-36M УТТХ导弹携带10枚50万吨TNT当量分弹头，最大射程11000千米，起飞质量211.1吨，投掷质量8.8吨。导弹长34.3米，弹体最大直径3米，命中精度达到惊人的650米，发射井深度39米，钢衬套直径5.9米。

苏联自1964年开始研制МР-УР-100洲

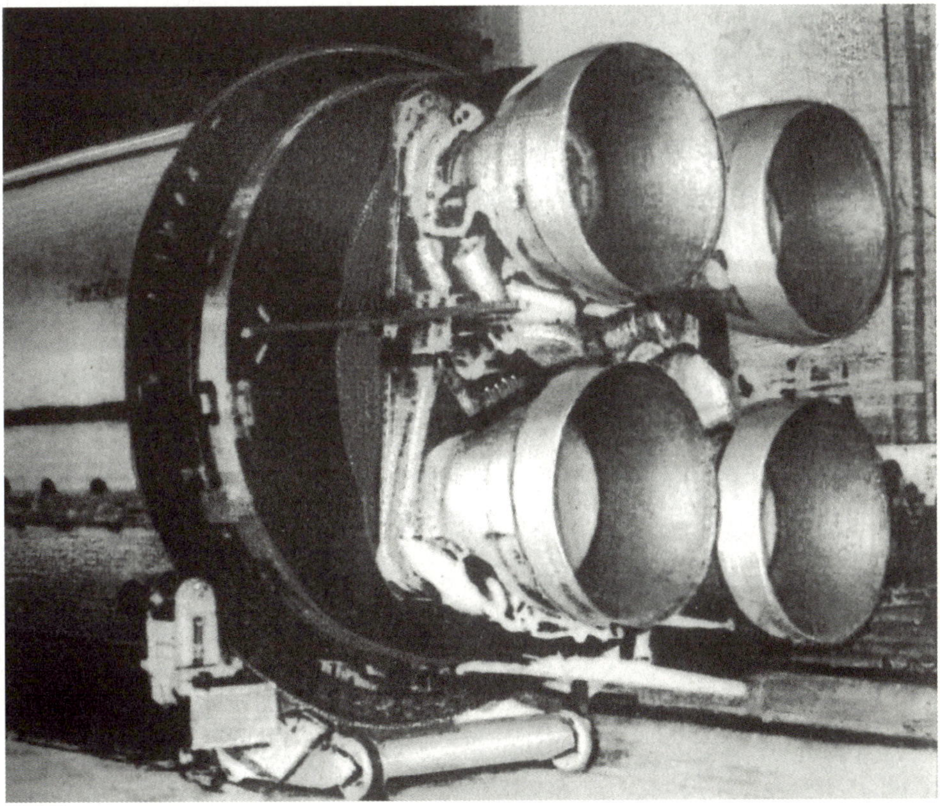

P-36M导弹第一级发动机

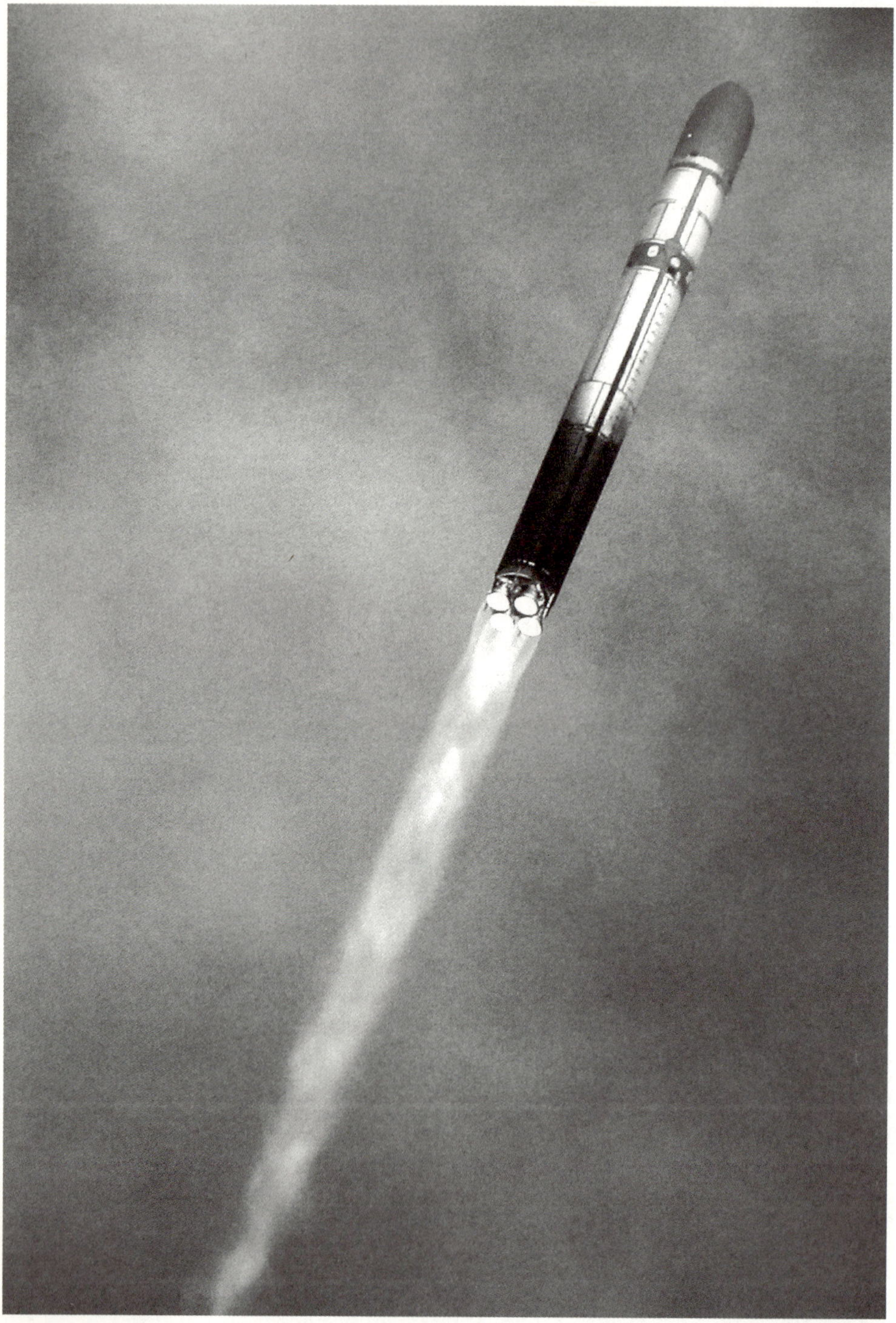

P-36M导弹发射

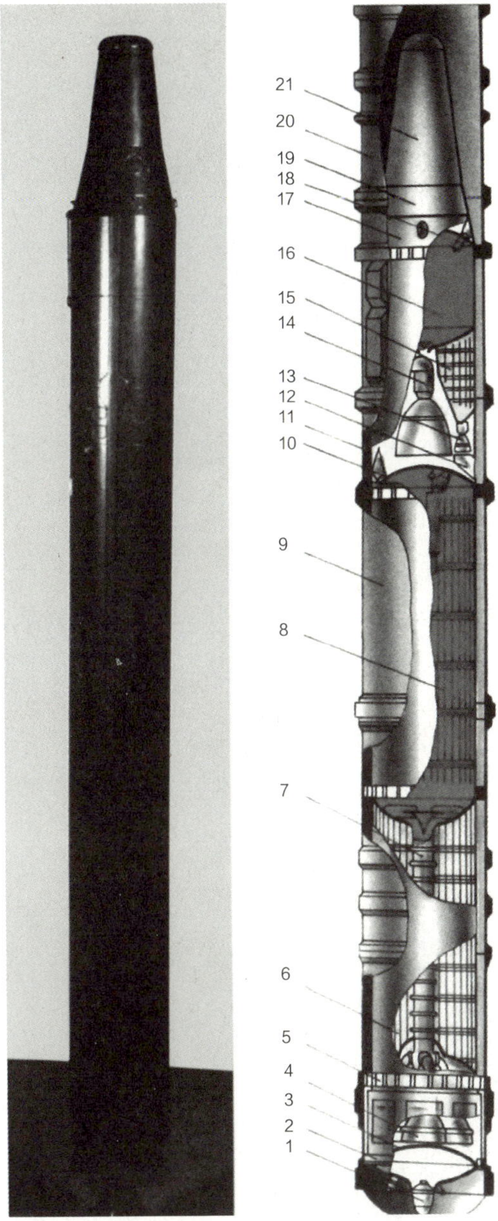

P-36M导弹（在运输发射筒内）结构示意图
1 固体燃气发生器；2 底盘；3 底盘上座；4 一级发动机；5 横向支承（环）；6 一级燃料箱；7 氧化剂输送导管；8 一级氧化剂箱；9 运输发射筒外壳；10 一级反推喷管；11 过渡段；12 二级游动发动机排气管；13 二级游动发动机燃烧室；14 二级液体主发动机；15 二级燃料箱；16 二级氧化剂箱；17 过渡段；18 二级反推喷管；19 仪器舱；20 运输发射筒的适配器；21 导弹弹头

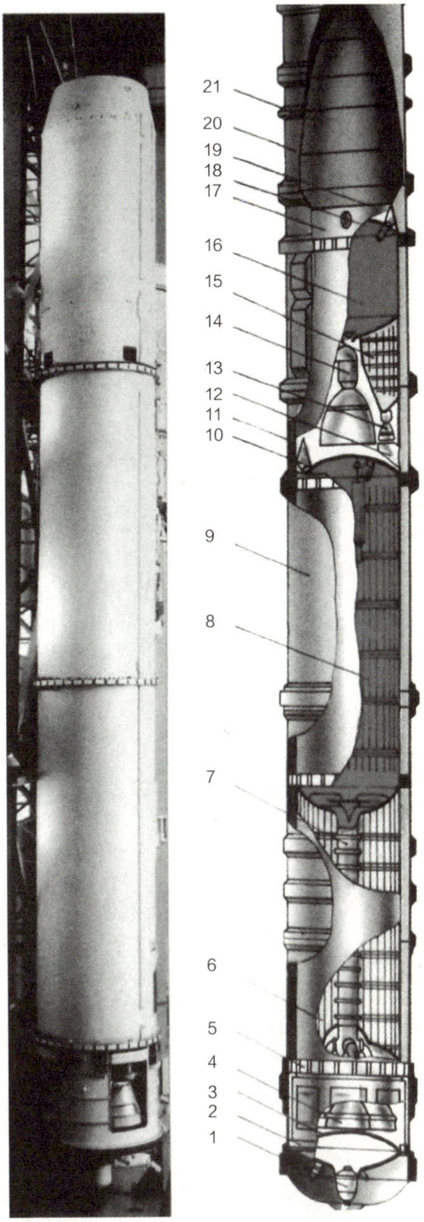

P-36M УТТХ导弹（在运输发射筒内）结构示意图
1 固体燃气发生器；2 底盘；3 底盘上座；4 一级发动机；5 横向支承（环）；6 一级燃料箱；7 氧化剂输送导管；8 一级氧化剂箱；9 运输发射筒外壳；10 一级反推喷管；11 过渡段；12 二级游动发动机排气管；13 二级游动发动机燃烧室；14 二级液体主发动机；15 二级燃料箱；16 二级氧化剂箱；17 过渡段；18 二级反推喷管；19 仪器舱；20 运输发射筒的适配器；21 导弹弹头

P-36M УТТХ导弹发射组图

P-36M УТТХ地下发射井

弗拉基米尔·费多洛维奇·乌特金

Владимир Фёдорович Уткин

1923年10月17日出生，2000年2月15日去世。

1941年夏中学毕业后应征入伍。卫国战争中先在独立通信第21团服役，后在航空兵第278师独立通信第49连服役。1946年进入列宁格勒军事技术学院学习，1952年分配到位于第聂伯罗彼得罗夫斯克的南方设计局工作，历任工程师、结构设计工程师、主任工程师、股长、科长、副处长、副总设计师，1967年被任命为第一副总设计师兼副局长，1971年任总设计师兼局长，1979年任总设计师兼所长。1986年任南方机械制造生产联合体总经理。1990年11月直到去世一直担任俄罗斯太空研究院中央机械制造研究所所长。先后2次获得社会主义劳动英雄称号（1969年8月29日和1976年8月12日）、三级和二级“在苏联武装力量中为祖国服务”勋章各1枚、6枚列宁勋章、1枚劳动红旗勋章、一级和二级卫国战争勋章各1枚、2枚红星勋章等，此外获得过列宁奖金和苏联国家奖金各1次。

（以上两幅）乌特金（右）与他人的合影

乌特金

乌特金墓碑

际弹道导弹，1969年完成总体设计工作，1972年12月26日-1974年12月17日在第5仪器研究所靶场进行了30次发射。1975年5月6日，第一个MP-УP-100导弹团在波罗果耶进入战备值勤，同年12月30日开始服役，1984年退出现役，该型导弹共部署了发射装置153具，弹头585枚。

MP-УP-100导弹最大射程10320千米，核装药威力300~600万吨TNT当量，或4个30~75万吨TNT当量（分弹头），弹长23.9米，最大弹体直径2.25米，采用四氧化二氮和偏二甲肼液体火箭发动机，发射质量 71.1吨，弹头质量2.55吨。每个作战单元含10个单发型发射井，井深24.5米，钢衬套直径4.5米，井盖直径6.3米。导弹共部署150枚。

MP-УP-100导弹是采用串联配置的二级导弹，两级直径不同，上面是战斗部，贮箱是带共用底部的整体承力结构。主发动机采用液体推进剂（偏二甲肼和四氧化二氮），战斗级采用固体推进剂。一级动力装置包括1台闭路单燃烧室主发动机和1台四燃烧室游动发动机。二级动力装置是1台闭路单燃烧室发动机，配置在二级燃料箱下半部分内部。

MP-УP-100导弹的制导系统使用了数字计算机，可以在战备值勤的情况下遥控导弹系统的参数，自动进行射前准备、射前遥控更换攻击目标，实施导弹发射，并通过柔性俯仰角程序控制弹道飞行。导弹借助固体推进剂燃

MP-УP-100导弹地下发射井面貌

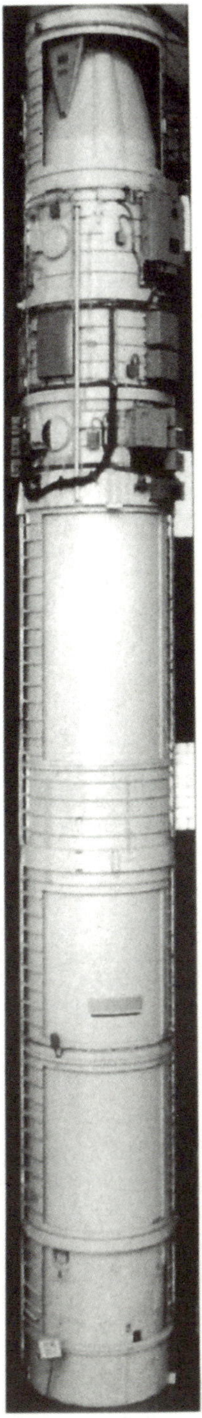

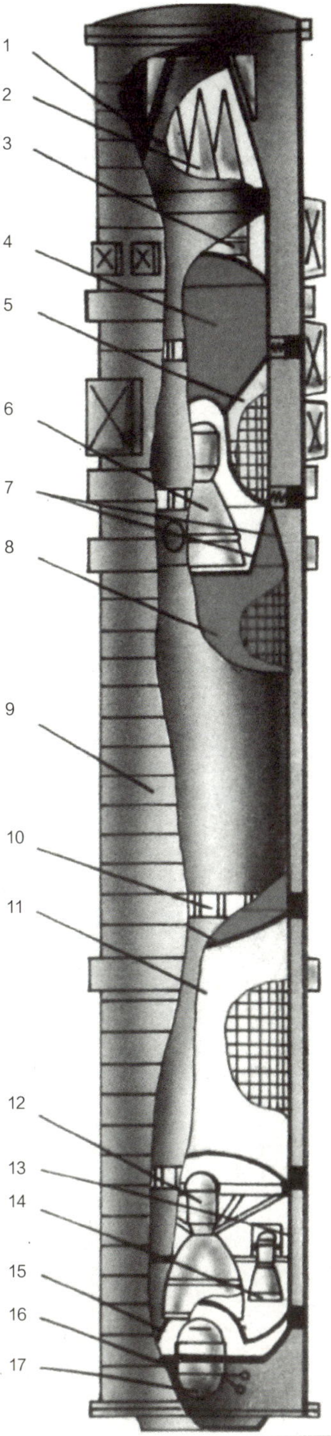

MP-УP-100导弹（在运输发射筒内）结构示意图

1 弹头整流罩；2 弹头；3 仪器舱；4 二级氧化剂箱；5 二级燃料箱；6 二级主发动机；7 过渡段；8 一级氧化剂箱；9 运输发射筒；10 支承密闭环带；11 一级燃料箱；12 一级主发动机；13 尾段；14 一游动发动机燃烧室；15 底盘上座；16 底盘下座；17 固体燃气发生器

气发生器将导弹从地下发射井内的运输发射筒中发射出去。导弹在一级飞行期间依靠摆动游动发动机燃烧室，在二级飞行期间依靠燃气发生器气体喷管来实现导弹控制；依靠专用喷管排放燃气发生器的气体来实现滚动控制；依靠专用固体火箭发动机来完成级间分离。

УР-100Н洲际弹道导弹总体设计于1967年开始，并在1970年8月19日在苏联部长会议上通过批准，1973年4月9日-1975年10月共进行67次发射试验。该型导弹于1975年4月26日进入战备值勤，同年12月30日开始服役，共部署240枚，1982年退出战备值勤，1988年退出现役。

УР-100Н导弹是采用串联配置的二级导弹，两级直径不同。第一级包括整体燃烧箱、过渡段和尾段。带共用底部的受力式贮箱采用焊接结构，能在质量最轻的条件下保证必要的强度。第二级与第一级类似，采用贮箱增压系统结构，可以不必在导弹上配置专用气体气瓶。主发动机采用液体推进剂（偏二甲肼和四氧化二氮）；一级发动机包括4台闭路单燃烧室主发动机，二级发动机包括1台闭路单燃烧室发动机与1台四燃烧室游动发动机。

УР-100Н导弹的制导系统使用了弹载数字计算机，可以在导弹战备值勤的情况下遥控导弹系统的参数，自动进行射前准备、射前遥控更换攻击目标，实施导弹发射，并通过柔性俯仰角程序控制弹道飞行。导弹利用一级主发动机动力将导弹从地下发射

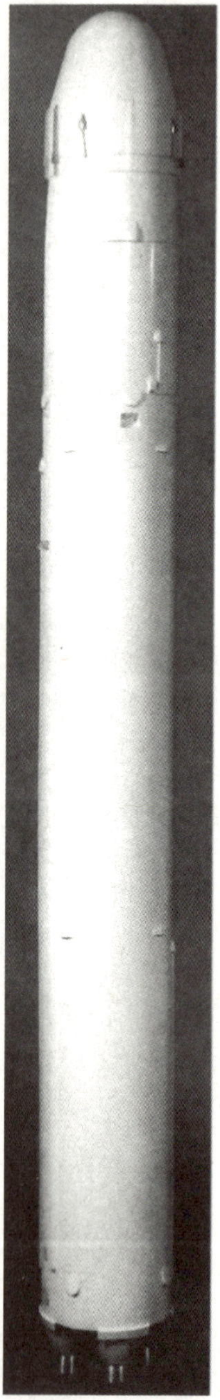

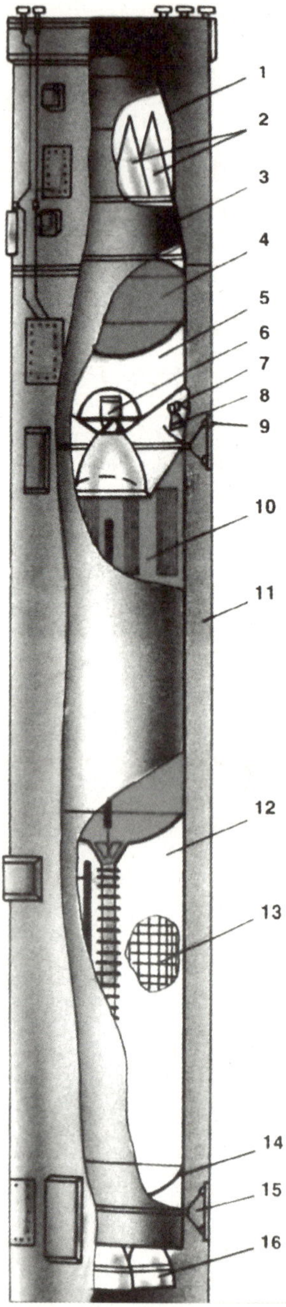

УР-100Н（РС-18）导弹（在运输发射筒内）结构示意图
1 弹头整流罩；2 弹头；3 附件与仪器舱；4 二级氧化剂箱；5 二级燃料箱；6 二级主发动机；7 二级尾段；8 二级游动发动机燃烧室；9 过渡段；10 一级氧化剂箱；11 运输发射筒；12 一级燃料箱；13 燃料箱方格壁板；14 一级尾段；15 下凸耳；16 一级主发动机

井内的运输发射筒中发射出去。导弹在一级飞行期间靠摆动主发动机燃烧室，在二级飞行期间靠摆动游动发动机的燃烧室来实现导弹控制；通过爆炸螺旋和固体反推火箭来完成级间分离与战斗部分离。

УР-100Н导弹的最大射程9650千米，采用1枚核装药威力250～500万吨TNT当量核弹头或6枚50～55万吨TNT当量分弹头，弹长24米，弹体最大直径2.5米，发射质量103～105.6吨，投掷质量4.35吨。

УР-100Н导弹第一级发动机

从这一代导弹开始，苏联洲际弹道导弹在地下发射井的发射方式由热发射进步到冷发射。热发射即直接从地下井发射，不过缺点也显而易见：高温高压燃气流对发射井造成一定程度损坏，如果需要再次发射，则需重新修复发射井后才可，不利于发射井的重复利用；导弹从在井底发射台直接点火起飞到飞离井口，有一定的漂移量，为了不使导弹与井壁及井内工作台等相碰，需要加大发射井直径，这样不但增加了工程造价，还降低了发射井的实际利用率。

采用冷发射的导弹，平时储存在特制的保温导弹发射筒内，发射前竖起保温发射筒，借助高压燃气将导弹从筒内弹至20~40米高空，导弹在空中点燃第一级发动机起飞。在这方面，美国明显落后，直到1986年年底部署首批10枚MX导弹时才开始应用冷发射技术。

УР-100Н УТТХ导弹发射井

由于Р-36М和МР-УР-100导弹系统发射井防护能力的逐渐提高，还促成了在谢米巴拉金斯克靶场进行的导弹系统强度实物试验。试验在国防部第4研究所和中央机械制造研究所的领导下进行。试验测算出了改型系统发射井衬套强度的实际寿命，并且按照试验结果，科研人员提出了全面提高发射装置防护性能的建议。由此，第三代导弹发射井单元分成了三个阶段进入战备值勤。

第一批进入战备值勤的是没有提高工程防护能力的发射单元：1974年12月25日，第一个Р-36М导弹团在多姆巴罗夫斯基郊区进入战备值勤；1975年4月26日，第一个УР-100Н导弹团在别勒沃马伊斯克郊区进入战备值勤；1975年5月6日，第一个МР-УР-100导弹团在波罗果耶郊区进入战备值勤。

第二阶段进入战备值勤的是提高了防护能力的发射单元：1975年11月30日第一个Р-36М导弹团在多姆巴罗夫斯基郊区进入战备值勤；1976年11月11日第一个МР-УР-100导弹团在波罗果耶郊区进入战备值勤；1976年12月18日，第一个УР-100Н导弹团在塔吉什科郊区进入战备值勤。

第三阶段进入战备值勤的是高防护能力的发射单元：1978年10月17日,第一个МР-УР-100УТТХ导弹团在波罗果耶郊区进入战备值勤；1979年9月18日,第一个Р-36М УТТХ导弹团在让吉斯-托波、多姆巴罗夫斯基和乌如尔郊区进入战备值勤；1979年11月6日，第一个УР-100Н УТТХ导弹团在赫梅里尼茨克郊区进入战备值勤。

应该说，这一时期苏联战略火箭军以固体洲际弹道导弹和中程弹道导弹为基础，实现了从第二代导弹逐渐过渡到第三代导弹的计划，这一切与时任国防部长乌斯季诺夫的努力密不可分。

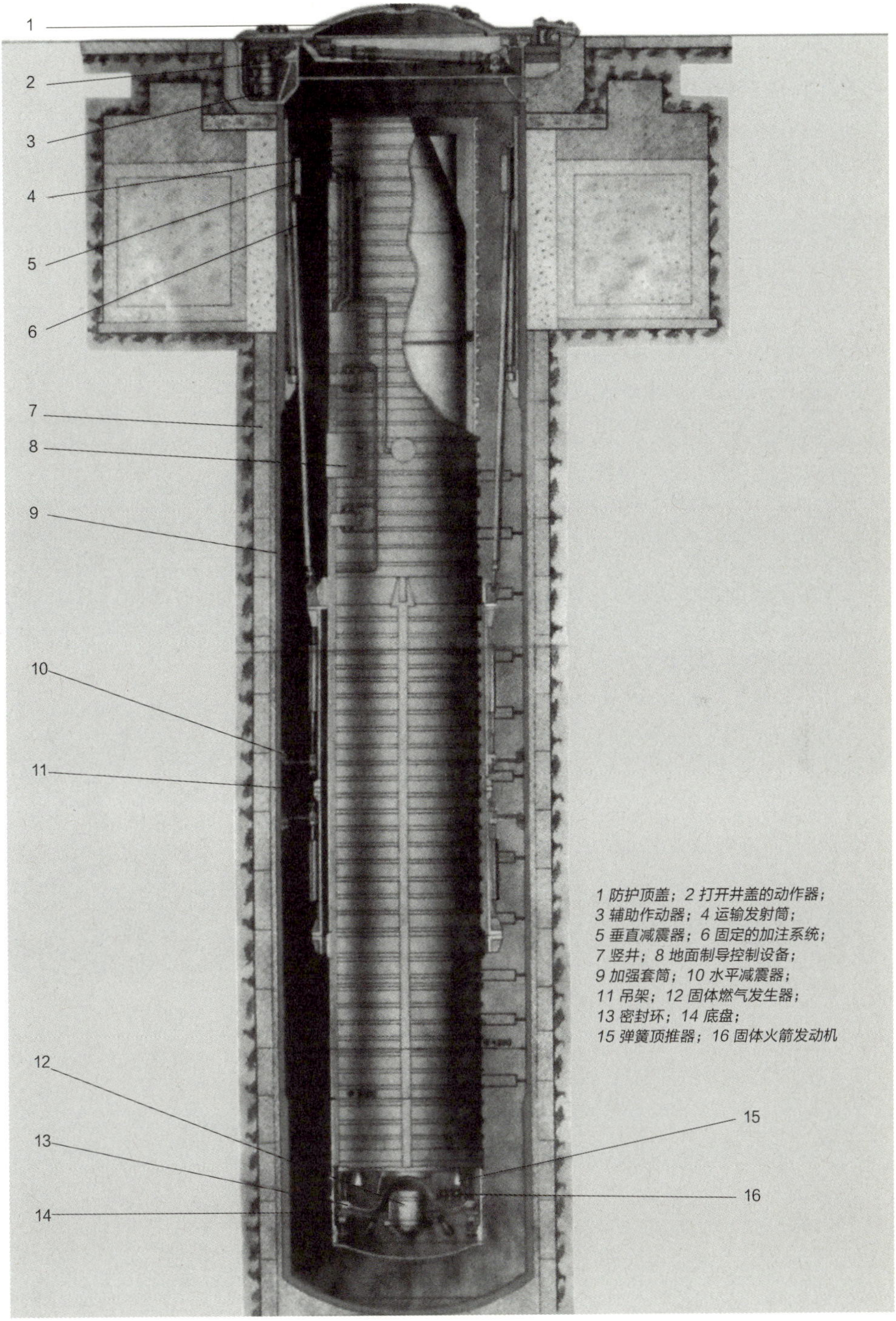

1 防护顶盖；2 打开井盖的动作器；
3 辅助作动器；4 运输发射筒；
5 垂直减震器；6 固定的加注系统；
7 竖井；8 地面制导控制设备；
9 加强套筒；10 水平减震器；
11 吊架；12 固体燃气发生器；
13 密封环；14 底盘；
15 弹簧顶推器；16 固体火箭发动机

MP-УP-100导弹地下发射井

MP-УР-100УТТХ导弹根据1976年8月16日苏联部长会议决议开始研制，同年12月完成草图设计，1977年10月25日-1979年12月25日间进行了飞行试验，共部署了150枚。导弹最大射程11000千米，携带4个55~75万吨TNT当量弹头，导弹长23.9米，弹体最大直径2.25米，发射质量72吨。发射井深度24.5米，钢衬套直径4.5米，发射筒直径4米，井盖直径6.3米，防护盖质量60吨。

УР-100Н УТТХ导弹根据1976年8月16日苏联部长会议决议开始研制，1977年9月28日-1979年6月26日间进行了飞行试验，1979年11月6日第一个导弹团在赫梅利尼茨基进入战备值勤，共部署了360枚。导弹最大射程10000千米，携带6个50~75万吨TNT当量弹头，导弹长24.3米，弹体最大直径2.5米，发射质量103.4~105.6吨。发射井深度29.8米，钢衬套直径4.6米。导弹保存期限10年。

20世纪70年代末，美国“战斧”巡航导弹出现，对战略火箭军固定式洲际弹道导弹发射装置构成了新的威胁。“战斧”巡航导弹采用精确制导技术，误差仅3~5米，可飞行3200千米。苏联防空军随即对战略核力量的防空网进行了调整，完善了作战性能，并特别增加了针对低空和超低空攻击的防御力量。但由于导弹数量有限和技术水平不足，防空军无法在导弹发射阵地各个方向布置防空导弹，只是在敌方巡航导弹可能来袭的方向上进行了布置。

例如，为了保护赫梅利尼茨基导弹师，防空军在乌曼部署了防空导弹第392团、在卡缅涅茨-波多利斯基部署了防空导弹第521团一部、在基辅部署了防空导弹第96旅。

军部设在利沃夫的防空第28军（隶属集团军司令部在基辅的防空第8集团军）则部署了5支防空导弹部队负责乌克兰边境防空网。

旅部在布列斯特的防空导弹第115旅（2个C-200防空导弹营、2个C-75防空导弹营、6个C-125防空导弹营）、团部在斯特雷伊的防空导弹第270团、团部在利沃夫的防空导弹第540团、团部在穆卡契沃的防空导弹第254团和团部在卡缅涅茨-波多利斯基的防空导弹第521团一部，共有10个C-200防空导弹营、14个C-75防空导弹营和6个C-125防空导弹营。

如今的C-75防空导弹

4联装C-125防空导弹

C-200防空导弹

第三节 末日的反击

在确定了“确保还击”核战略后，为了保证即便在最紧急情况下，最高作战指挥部的命令也能传达到处于战备值勤状态的各导弹发射阵地，苏联科研人员提出了以战略核导弹为核心的“战略核力量自动指挥控制系统”设计方案。这个方案将作为苏联战略指挥系统的备案，担负应急情况下大规模核反击指令的自动下达。

战略核力量自动指挥控制系统设计方案的研制工作开始于1974年8月，代号“圆周”，由“确保还击”战略的始创者扬格利所在的南方设计局负责，它的设计要求相当严苛，不仅要能够协助最高统帅机关在遭到全面核袭击时判断形势，还要在最极端情况下依然能够正常运转。即纵使苏联已经遭到核打击面临毁灭，核反击依然要按照原定计划进行。

1975年12月，战略核力量自动指挥控制系统完成设计草图，战略指挥部分由MP-УP-100导弹所改装的15B99指挥控制火箭来担负，在预设方案中，15B99指挥控制火箭通过飞越特定的导弹发射井来启动P-36与MP-УP-100导弹的发射。该指挥控制火箭从1979年开始试验，并为其在靶场建设了2套地下井发射装置和1套装有远程监控和发射控制装置的指挥所。1979年12月26日，苏联成功试射了装有传感器的试验模拟弹，验证了技术设计的正确性。之后指挥控制火箭又陆续进行了7次试验，全部获得成功（1次为部分成功）。1982年3月，指挥控制火箭完成飞行试验。

在1984年的一次核战演习中，苏联从卡普斯京亚尔靶场发射了一枚指挥控制火箭，同时通过这枚火箭启动了在哈萨克斯坦的1枚P-36导弹，这项发射活动被安排在演习的结尾，充分展示了苏联战略核反击力量的作用。在演习结束后，1985年1月，“圆周”系统进入战备值勤。当冷战结束后，该系统在2001-2003年逐步恢复战备值勤。近年来随着俄罗斯第四代战略导弹指挥系统的应用，原先的自动遥控发射全境内导弹功能被取消，不过没有消息证实指挥控制火箭是否会被放弃。

整套战略核力量自动指挥控制系统由指挥控制站、指挥控制火箭、自动指挥控制系统和接收装置组成。

指挥控制站包括维护系统的控制装置和通信系统，既可以与指挥控制火箭合为一体，也可以部署在较远距离上，以提高其生存能力。

指挥控制火箭编号15A11，由MP-УP-100导弹改造而成，主要是将弹头改为含无线电指挥控制系统的特殊弹头。弹长23.9米，弹体最大直径2.35米，射程10000千米。

自动指挥控制系统是全系统最复杂也是分布最广的部分，由大量通信系统和传感器

MP-УP-100导弹弹头

组成。它可以通过监控军用频率段通信使用、重要岗位值勤情况的遥控信号、分布在苏联境内城市与导弹阵地表面和周边的辐射水平，通过收集核爆炸可能产生的短暂地壳运动及电磁脉冲情况等数据，自动判断苏联是否遭到核打击以及造成破坏的情况。一旦从上述综合信息得出结论，认为苏联现有的战略指挥系统已经遭到破坏，就将立即启动预先设计好的核反击程序。

接收装置主要确保分布在各基地的反击导弹能在指令下达后适时接收到命令，它与反击导弹指挥控制系统为一体，可以接收指挥控制火箭发出的指令和密码。当时苏联三位一体的核打击力量都装有这种接收装置，一旦启动就可自动执行发射程序。

该自动指挥控制系统的出现，真正使相互确保摧毁成为可能，即便苏联遭到美国先发制人的打击，被列为首批摧毁目标的指挥系统被破坏，但“圆周”系统依然可以保证发起二次反击，确保达成摧毁敌军的目的。正是这套系统的应用，使得美国决策者意识到即使发动先发制人的突袭，仍然无法避免两败俱伤的局面，因此使核军备竞赛一直维持在“恐怖的平衡”中。

第二章

不幸的机动战略导弹

1966年3月6日，苏联部长会议通过决议，由纳季拉泽设计局负责开发使用“速度”-2C（PC-14/15Ж42）固体导弹的地面机动式战略导弹系统。纳季拉泽早在20世纪60年代初期就领导研制了苏联第一种固体推进中程弹道导弹“速度”-C。1970年1月7日，第一个进行机动导弹系统试验的工程试验部队在普列谢茨克靶场成立。“速度”-2C导弹于1972-1975年在靶场经过试验发射后，苏联开始以MA3-574A六轴重型汽车为基础，开发使用该型导弹的自行发射装置系统。1976年2月21日，两个该型导弹团在普列谢茨克郊区进入战备值勤。按照1979年6月美苏《第二阶段削减战略武器条约》的规定，苏联承担了不生产、不试验、不部署“速度”-2C导弹系统的义务。条约还禁止将非洲际弹道导弹的陆基弹道导弹发射装置改造为洲际弹道导弹发射装置，并不得进行可达成该目的试验。同时条约的补充协定还禁止部署机动式洲际弹道导弹发射装置，并禁止进行该类型装置的试验，协议有效期限为1981年12月31日。为此，苏联遵照条约规定将“速度”-2C导弹系统退出战备值勤并将其销毁。

“速度”-2C导弹最大射程10500千米，命中精度0.45~1.64千米，核装药威力65~150万吨TNT当量，弹长18.5米，弹体最大直径1.79米，发射质量41.5~44.2吨。

在这型导弹被迫销毁同时，纳季拉泽设

“速度”-2C导弹核弹头

"速度"-2C导弹系统示意图

计局又以"速度"-2C导弹的头两级为基础，研制了携带РСД-10中程弹道导弹的"先锋"（Пионер）机动导弹系统。导弹于1971年开始总体设计，在1973年4月28日苏联部长会议上决定全面展开研制工作，1976年列入装备后，马上开始快速部署。1976年8月30日，第一个"先锋"导弹团在白俄罗斯戈梅尔州彼特里科夫市进入战备值勤。到1983年5月，苏联共部署了315具导弹发射架；到1986年，苏联共部署了441具导弹发射装置。不过在几年之后的《中导条约》中，这型导弹也与它的前辈一样被列入销毁名单。

"先锋"导弹的主发动机圆筒壳体由复合材料制成，固体推进剂药柱牢固地与发动机壳体连接。制导系统使用了数字计算机和带悬浮陀螺组的陀螺稳定平台，可以保证在战备值勤时导弹处于水平状态，无须转动发射装置就可达到在整个射击方位角范围内的命中精度，同时还可以实现射击前准备的完全自动化，实施导弹发射，自动完成例行检查。"先锋"导弹在一级飞行期间依靠气动舵与燃气舵来实现导弹控制，燃气舵安装在主发动机喷管处；二级飞行期间，则通过向主发动机喷管扩散段喷射低温气体来控制导弹。

9K76"速度"-C中程导弹

"先锋"导弹的最大射程为5000千米，命中精度0.55千米（极限偏差1.3千米），最大飞行速度3～5.5千米/秒，核装药威力0.15～1百万吨TNT当量。导弹全长16.49米，最大弹体直径1.79米，发射质量37吨，投掷质量1.8吨。

当时，每个"先锋"机动式导弹营都配备数辆由明斯克轮式牵引车厂生产的导弹发射车。正是从这型导弹开始，苏联采用了"运输——起竖——发射"一体的三用车，而之前的P-12等中程导弹在进行公路机动时需要3辆车分别完成不同功能。整个发射车系统包括汽车底盘、发射筒和弹射动力装置、液压和控制系统、电源系统、定位定向系统、测试发射控制系统、温湿度保障系统以及伪装系统。

除了发射车之外，导弹团还装备有战斗警戒车、汽车医院、汽车食堂、汽车发电站、汽车指挥所和汽车无线电定向电台等车辆。为此，苏联还专门研制了带封盖的金属车库。发射导弹时，封盖可以在工事内直接打开，这种车库当时被命名为"树冠"。

苏联导弹部队的基本作战单位是团，每团3个营9个连，每连1具导弹发射架。根据战备值勤计划表，每个导弹团都有一个营位于某一秘密阵地，另一个营处于行军之中，而第三个营待在固定工事内，这样就做到了每个营都可以随时做好导弹发射准备。

由于射程大幅提高，苏联导弹的部署也开始转入纵深地区，其中2/3在西部，1/3在东部，主要部署在加里宁格勒、耶德沃罗、尤里亚、上萨尔达、巴塞、鄂木斯克、新西伯利亚、德罗维亚纳亚和奥罗维扬纳亚。这些导弹系统基本上都部署在已经撤出战备值勤的P-12和P-14原有的发射阵地上。另外，导弹团也在开阔地和树林中同时为每个导弹营选择导弹秘密发射阵地，同时对通往阵地的道路和桥梁也经常进行检查，必要时还要修建可承载重量达90吨以上的钢筋混凝土桥，那时苏联总共铺设数百千米新道路，架桥数十座。

1977年7月19日，苏联部长会议决定开始“先锋”УТТХ（15Ж53）地面机动式导弹的总体设计，该型导弹于1979年8月10日-1981年4月23日在卡普斯京亚尔靶场进行了10次成功试验，1980年8月14日开始服役。导弹最大射程5000千米，命中精度0.55千米（极限偏差1.3千米），最大飞行速度3~5.5千米/秒，核装药威力0.15~1百万吨TNT当量。导弹全长16.5米，最大弹体直径1.8米，发射质量37吨。

1985年开始，苏联还进行了改进型“先锋”-3的试验，“先锋”-3导弹的最大射程可以达到7500千米，最大飞行速度3~5.5千米/秒，可以携带3个分弹头，弹长17米，最大弹体直径1.79米，发射质量37吨。1986年导弹进行了第一次试射，不过1988年根据《中导条约》停止了总体研制工作。

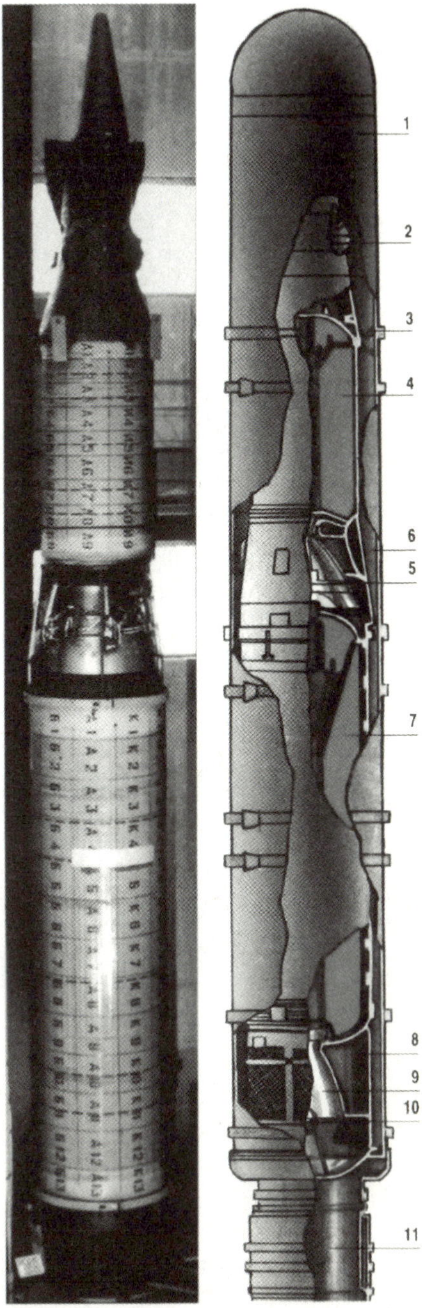

РСД-10导弹（在运输发射筒内）结构示意图
1 运输发射筒；2 战斗级发动机；3 支承导向带；4 二级发动机；5 二级发动机喷管；6 级间段；7 一级发动机；8 一级尾段；9 一级发动机喷管；10 固体燃气发生器；11 运输发射容器的活动底

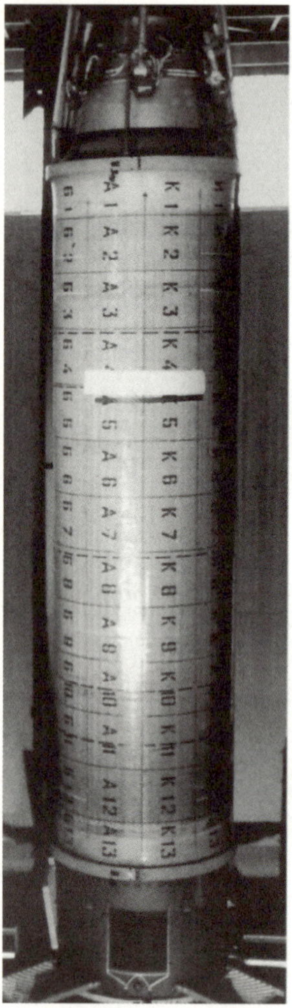

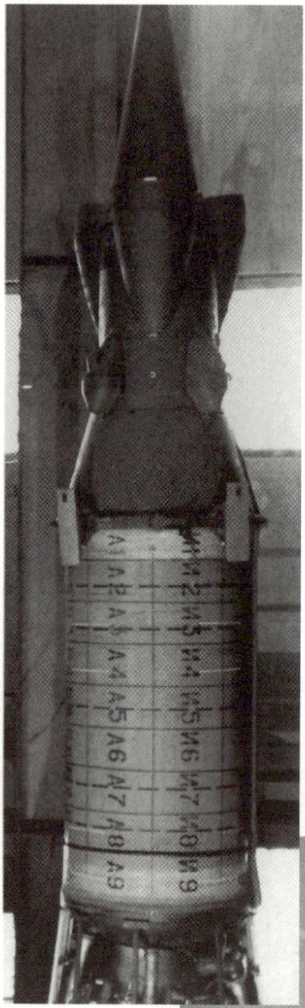

РСД-10导弹第一级和第二级发动机

РСД-10导弹发射升空

РСД-10导弹部队

纳季拉泽

纳季拉泽的墓碑

亚历山大·达维多维奇·纳季拉泽

Александр Давидович Надирадзе

1914年8月20日（俄历）在格鲁吉亚出生，1987年9月3日在莫斯科去世。

先后就读于外高加索工学院和莫斯科奥尔忠尼启则航空学院。1938年在中央茹科夫斯基流体动力研究所任工程师，研制飞机的起落架。战争期间和战后初期从事小型火箭和可控炸弹研制。1958年来到科学研究设计局（后改为莫斯科热工技术研究所）任主任。从1961年起开始担任莫斯科热工技术研究所所长兼总设计师。1965年研制成功“速度”-C（西方代号SS-12）中程弹道导弹，1972年和1975年又在此基础上发展成为“速度”-2C战略导弹（西方代号SS-16）和“先锋”中程战略导弹（西方代号SS-20）。1985年又成功研制“白杨”战略弹道导弹（西方代号SS-25）。

1981年成为苏联科学院院士，先后获得2次社会主义劳动英雄称号（1976年9月9日和1982年1月5日）、4枚列宁勋章、1枚十月革命勋章、1枚劳动红旗勋章等。此外，还获得过列宁奖金和苏联国家奖金各1次。

第三章

轨道弹道导弹

随着第三代洲际导弹导弹的研制和部署，苏联核武库从1980年拥有5500枚核弹头，上升到1985年拥有9300枚核弹头；而美国同一时期拥有约7850枚核弹头。

由于1972年美苏两国签订的《关于限制进攻性战略武器的某些措施的临时决定》不再适合现代条件下的两国之间军事战略平衡，尤其没有涉及全方位限制部署进攻性战略核武器。因此1972年11月21日-1979年6月14日，美苏双方举行了300多次会谈，最终于1979年6月15日-6月18日，美苏双方在维也纳签订了新的《关于限制战略性进攻武器条约》，新条约在数量和质量上限制了进攻性战略核武器，有效期到1985年12月31日。所有射程超过5500千米的弹道导弹均属于条约确定的进攻性战略武器范畴，洲际弹道导弹、潜射弹道导弹和重型轰炸机也都属于进攻性战略武器范围。

按条约规定，美苏双方拥有进攻性战略武器运载工具的限额为各2500件，在条约生效后6个月内减少到各2400件，其中洲际弹道导弹不得超过820枚，携带巡航导弹的重型轰炸机不得超过120架。在条约有效期内，各方只能制造、部署1个新品种的洲际弹道导弹，发展中的陆基洲际导弹和空地导弹分弹头数量不得超过10枚，潜射导弹分弹头数量不得超过14枚，每架重型轰炸机携带的远程巡航导弹数量平均不得超过28枚。到1981年1月1日，各方进攻性战略武器数量将进一步减少

1967年，战略火箭军新兵进行射击训练

1984年，战略火箭军士兵在训练场上

到2250件。新条约规定，截至1981年12月31日，禁止部署机动式洲际弹道导弹发射装置、空射弹道导弹、海基和陆基远程巡航导弹，禁止进行携带分导多弹头的远程巡航导弹试验。

苏联的P–36орб（8K69）轨道飞行洲际弹道导弹也在条约的禁令清单之中。

1962年4月16日，苏联部长会议通过决议，决定以P–36导弹为基础展开轨道飞行导弹的研制。1965年12月16日，P–36орб在秋拉–塔姆靶场进行了地面发射试验，之后1966–1967年间又发射了14次。而美国直到1967年11月3日才发表声明，宣称苏联正在进行“局部轨道飞行轰炸武器”系统的试验。

所谓“轨道飞行轰炸武器”（简称“轨道武器”），是指弹头能进入卫星轨道运行一圈以上，可在预定点制动，再入大气层攻击目标的导弹武器。运行不到一圈的，称“局部轨道飞行轰炸武器”。

这种“轨道弹道导弹”可以被认为是具有卫星与弹道导弹两者主要特点的一种复合式导弹，即“能进入卫星轨道运行的弹道导弹”。轨道弹道导弹属于弹道导弹的范畴，它以火箭发动机为动力，由控制系统控制，配有核弹头或常规弹头。在轨道弹道导弹的火箭发动机工作结束停止运转时，导弹飞行速度必须大于或等于能克服地球引力的第一宇宙速度，轨道弹道导弹的弹头上除了战斗部，还配有控制系统，以确保弹头在卫星轨道上稳定运行，并能在需要时再入大气层，向目标发动打击。

轨道弹道导弹之所以具有较强的突防能力，原因有两点：一是其可以在同一发射场，从相反的方向突击同一个目标。“这种弹道导弹能够绕过美国反导防御系统基地，通过南极到达美国本土。”从美国南部“后门”实施攻击，可以避开美国主要用于对由北方、东方向美国本土和加拿大南部实施攻击的洲际弹道导弹提供早期预警的北方导弹预警系统，实现有效突防；二是轨道弹道导弹的轨道与低轨道卫星相似，其作为武器使用的征候不是特别明显。退一步讲，即便发现轨道弹道导弹发射升空，也难以根据其弹道预测可能打击的目标。而待到弹头制动再入大气层时，留给导弹防御系统做出反应的时间已经极其有限，从而增加了被防御的复杂性与不确定性。

该型导弹能将弹头送入人造地球卫星轨道（入轨弹头），并使其离轨下降以攻击洲际弹道导弹射程达不到的目标。入轨弹头由壳体、装有制导系统的仪器舱、制动发动机和装备核装药的弹头组成。制动火箭发动机是1台单燃烧室液体火箭发动机，用于在弹道的制动段制动与控制入轨弹头。其推进剂与导弹用的推进剂相同。导弹通过专用喷嘴从推进剂贮箱卸压以保证弹头与制动发动机分离。

1969年8月25日，第一个也是唯一一个P–36орб导弹团在第5仪器研究所靶场进入战备值勤，共部署了18个井下发射装置。由于《关于限制战略性进攻武器条约》明确禁止部署局部轨道飞行导弹，P–36орб于1983年1月退役，18个发射井被销毁了12个，剩余的6个经过改造后被用于新型洲际弹道导弹的试验。

P–36орб导弹射程40000千米，轨道高度达150～180千米，命中精度1.1千米，核装药威力500万吨TNT当量，弹长32.6～34.5米，最大弹体直径3.05米，发射质量180吨，投掷质量1.7吨。每个作战单元拥有6个地下发射井，彼此间距8～10千米，发射井深度41.5米，钢衬套直径8.3米，发射筒直径4.64米。

苏联还曾经研制过ГР–1轨道洲际弹道导弹，该导弹于1962年开始研制，1964年完成设计，但在当年年底就终止了研制工作。不过出于政治需要，苏联在1965年5月9日的阅兵式中展出了2枚准备用于飞行试验的ГР–1导弹。

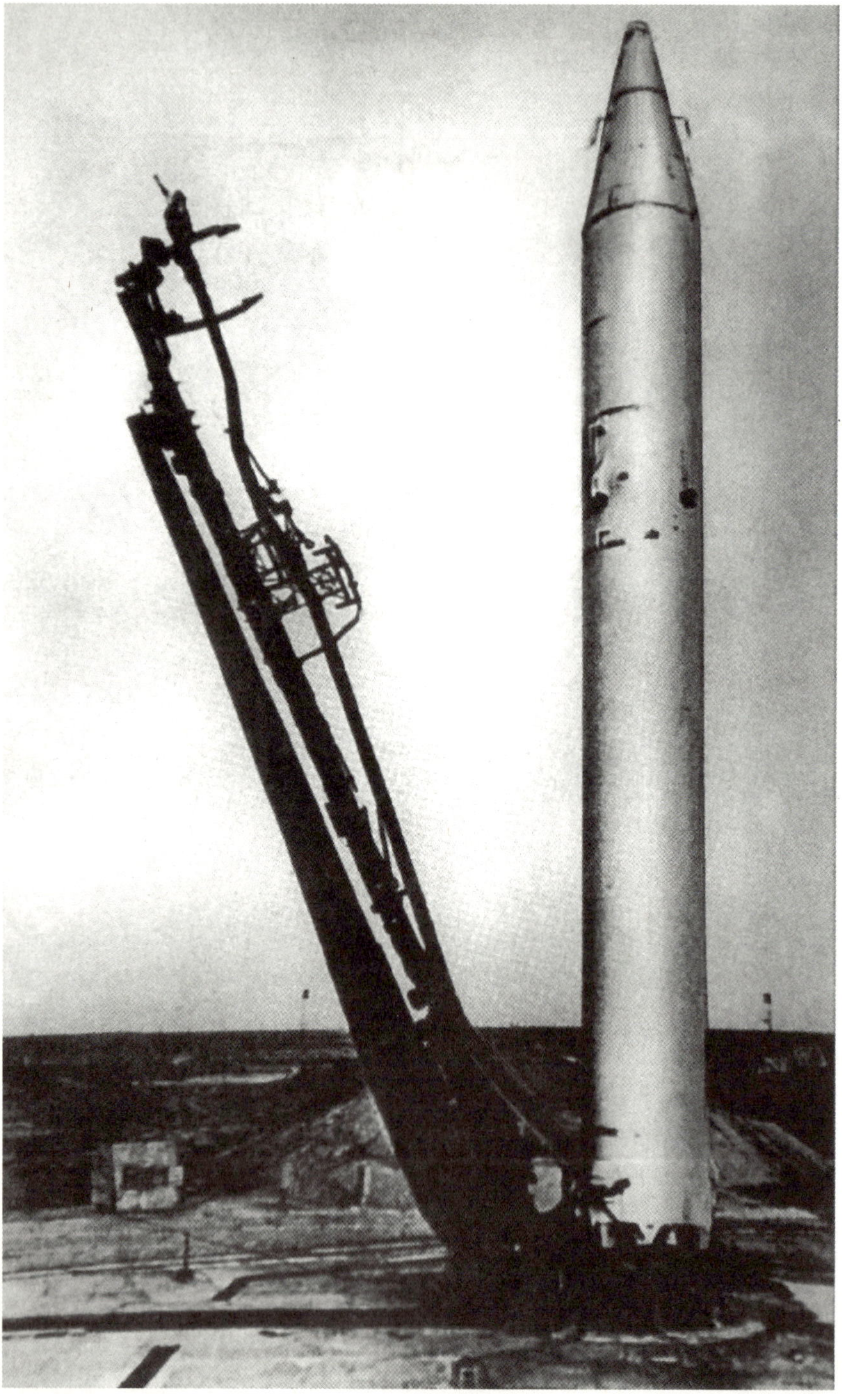

P-36opб导弹

P-36обр导弹内部

УР-100К和УР-100У部署在斯沃博德内、奥洛维扬纳亚、德罗维扬纳亚、格拉德卡亚、别尔姆、捷伊科沃、科斯特罗马、杰拉日涅亚、佩尔沃迈斯克和科捷尔斯克；PT-2П部署在约什卡尔奥拉；MP-УР-100 УТТХ部署在科斯特罗马和耶德洛瓦；P-36M УТТХ部署在阿列伊斯克、乌茹尔、然吉兹托别、卡尔塔雷、伊迈尼加斯特洛、多姆巴罗夫斯基；УР-100Н УТТХ部署在杰拉日涅亚、佩尔沃迈斯克、塔季谢沃和科捷尔斯克。

ГР-1导弹携带11A513弹头时射程40000千米，命中精度纵向偏差5千米，横向偏差3千米，核装药威力220万吨TNT当量。导弹长36.5米，弹体最大直径2.85米，起飞质量117吨。

按照条约的备忘录，苏联在1978年11月1日确定有1398枚洲际弹道导弹，其中576枚携带分导多弹头（1979年6月18日变为608枚）；950枚潜射弹道导弹，其中128枚携带分导多弹头（1979年6月18日为144枚）；156架重型轰炸机。而美国拥有1054枚洲际弹道导弹，其中550枚携带分导多弹头；656枚潜射弹道导弹，其中496枚携带分导多弹头；574架重型轰炸机。截至此时，苏联战略火箭军人数达到37.5万人，另外还拥有690枚中程弹道导弹。

根据当时的情况，一些战略家们进行了测算美苏双方还不能以较高概率摧毁对方全部发射井。不过如果一旦真的爆发核战争，迎接人们的将是毁灭人类的核冬天！

1978-1982年，苏联共生产975枚洲际弹道导弹，到1984年战略火箭军共有1398具导弹发射装置，其中550具УР-100К和УР-100У、60具PT-2П、150具MP-УР-100 УТТХ、308具P-36M УТТХ和330具УР-100Н УТТХ。

对于此时战略火箭军的迅猛发展，苏联著名诗人兼歌手维索茨基在一首歌中唱到：

“……我们制造导弹，为叶尼塞河撑起一道屏障；如我们的芭蕾，独领风骚，所向无敌……”

ГР-1导弹在1967年阅兵式中展示

核冬天理论

自20世纪70年代开始，一些科学家和有识之士以未来核战争对地球大气的影响为课题，进行了深入的研究。1983年10月31日，一场重要的国际会议在美国华盛顿举行，会议名称是“核战争以后的世界——关于核战争带来的长期的全球性生物学后果讨论会”。在会议上，美国以卡尔·萨根为首的5名科学家在大会上宣读了“核冬天——大量核爆炸造成的严重后果”的论文，引起了与会者的强烈反响。

在论文中，科学家们设想了不同的核战争模式，基准模式是目前美苏各投入约40%的核力量，即约50亿吨TNT当量。战争的结果将没有胜方与负方，核爆炸掀起的微尘和大火产生的浓烟将长时间挡住阳光，使地球处于黑暗和严寒之中，造成全球性气候变化，动植物濒临灭绝，人类生存受到严重威胁。

如果有50亿吨TNT当量的核弹爆炸，预计将会有2.25亿吨烟尘和6500万吨尘埃升入地球大气层。届时，日光只有正常光照的3%可以到达地面。战争爆发后的第二天将没有黎明，即便到了中午时分，天空也依然一片漆黑，地球上的广大地区将被比乌云更黑的烟尘所笼罩，这种黑暗将持续几个星期，使得气温持续下降，个别地区三个月内气温可以下降40摄氏度。由于阳光有限，植物生长所需的光合作用将被终止，大多数动植物难逃厄运，造成世界范围内的普遍饥荒。根据预测，这场核战争将会造成全球至少20亿人伤亡。

1979年6月18日卡特与勃列日涅夫在维也纳签署《关于限制战略性进攻武器条约》

1966年出现的PT-15导弹

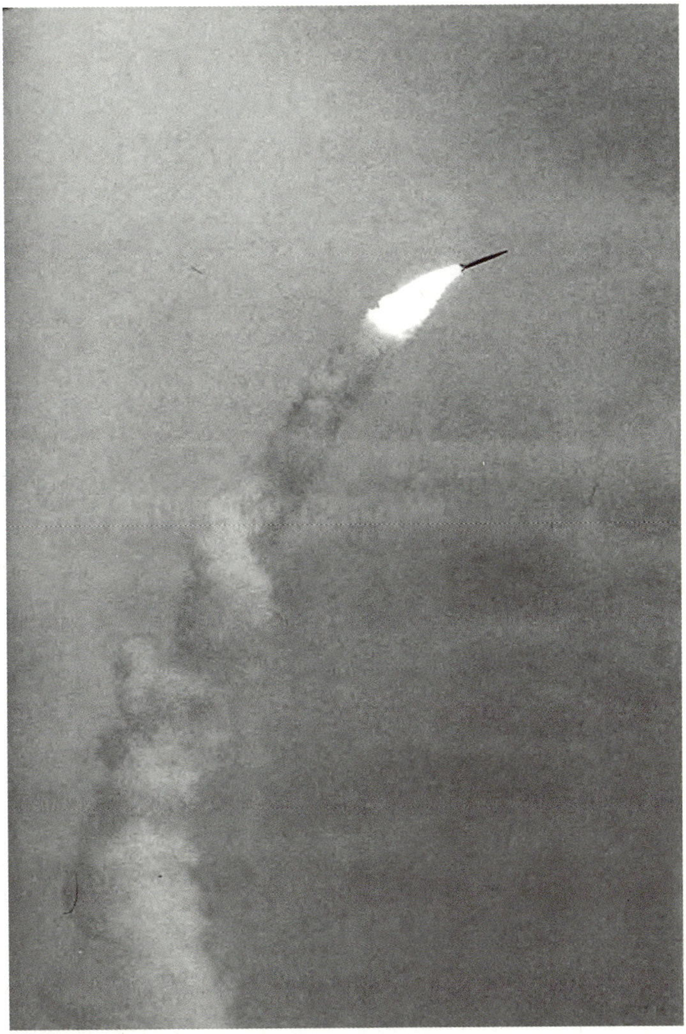

导弹飞向预定目标

第六篇

谁与争锋

第一章

“白杨”亮相

20世纪80年代初期，美国为了保证自己的核力量处于优势，开始部署具有更大威力的新型MX陆基洲际弹道导弹（Peacekeeper，又称“和平保卫者”，1986年12月服役，共有50枚，2003年退役）和海基洲际弹道导弹组成的战略导弹系统，与美国之前装备的“民兵”-3和“大力神”导弹相比，新战略导弹系统的作战效果增大了6~15倍。除此以外，美国在新的物理原理基础上研制了新型太空武器系统，它可以在苏联的洲际弹道导弹全部飞行轨道上摧毁其弹头，这样美国掌握的战略防御主动权成为严重破坏进攻性战略武器平衡的因素。当然，这也促使苏联必须采取相应措施，其中一条就是将作战效果并不逊色于美国导弹的第四代机动式和固定式导弹系统列入战略火箭军的装备。

在新形势下，战略火箭军也迎来了第五任司令——马克西莫夫将军，他一直任职到1992年。这一时期，苏联政府领导人更替频繁，最终戈尔巴乔夫于1985年3月上任，他担任苏联政府领导人直至苏联解体。在任期内，戈尔巴乔夫提出了“防御性军事战略”（Оборонительная военная стратегия），即“在同等程度上既准备打核战争，也准备打新型常规战争，并准备以回击性，主要是对应性的行动抗击侵略的战略”。

固体洲际弹道导弹“白杨”（Тополь）和PT–23УТТХ（PC-22）移动式战略导弹系统在这一时期被研制出来，并列入装备。在进行设计时，军方制定了三种发射方案：单发井下型、地面型和铁路机动型。经过国防部机构和

戈尔巴乔夫

美国MX导弹发射

在固定的部署地点，每个发射装置拥有1个长宽高分别是30.4米、8.1米和7.2米的钢筋混凝土建筑物。整个导弹系统分成四个阶段进入战备值勤：固定式团指挥中心（1985年7月23日在约什卡尔奥拉）、机动式团指挥中心（1987年4月28日在下塔吉尔）、改善型机动式团指挥中心（1988年5月27日在伊尔库茨克）和新一代自动化作战控制系统（1988年12月30日在捷伊科沃）。

使用PT–2ПМ（PC–12M）三级固体洲际导弹的“白杨”–M导弹系统在1985年列入装备。PT–2ПМ导弹于1980年开始研制，是PT–2П导弹的改型，由沃特金斯克工厂（Воткинский завод）生产。根据《第一阶段削减战略武器条约》的备忘录，截至1990年11月11日，苏联部署了“白杨”–M导弹系统发射装置208具；至苏联解体前部署了228具，装备各工业企业的科研和试验设计工作，最终地面机动式“白杨”导弹系统、PT–23УTTX铁路型导弹系统和PT–23УTTX强化防护井下单发型导弹系统列入装备。

“白杨”导弹系统由莫斯科热工技术研究所（Московский институт теплотехники）于1975年开始研制。1982年10月27日，试制的“白杨”导弹系统进行首次飞行试验，但没有成功，1983年2月8日，导弹首次试飞成功，又经过70余次飞行试验后，“白杨”导弹系统在1985年7月23日进入战备值勤。此后导弹的改进依然在进行，1987年12月23日，“白杨”导弹系统完成了最后一次试验飞行，但苏联国防委员会直到1988年12月1日才正式批准该型导弹在战略火箭军服役。

在“白杨”导弹系统中，每个导弹团拥有9辆自行发射车，3~5个导弹团编成1个导弹师。

PT–2ПМ“白杨”–M导弹部队在公路机动

了32个导弹团；到1993年，部署数量上升为340具。

PT-2ПМ导弹采用固体推进剂，三级火箭发动机推进，弹长21.5米，最大弹体直径1.8米，发射质量45.1吨，投掷质量1吨，携带1枚55万吨TNT当量核弹头，最大射程10000千米，服役期10年，圆概率偏差400米。

PT-2ПМ导弹尾段外部装有气动舵和格栅稳定翼，发动机壳体是全纤维缠绕复合材料结构，中央固定喷管部分潜入燃烧室。制导系统使用了弹载数字计算机、大规模集成微型电路以及一套新的采用悬浮敏感元件的指挥仪表系统。制导系统可以保证导弹在发射装置巡逻路线上任何地形有利地点进行射前准备和导弹发射，控制导弹的飞行。PT-2ПМ导弹依靠固体燃气发生器从运输发射筒内发射，在一级飞行期间依靠气动舵和主发动机喷管处燃气舵控制导弹飞行，在二级和三级飞行期间借助喷管扩散段喷注气体和滚控喷管进行控制。

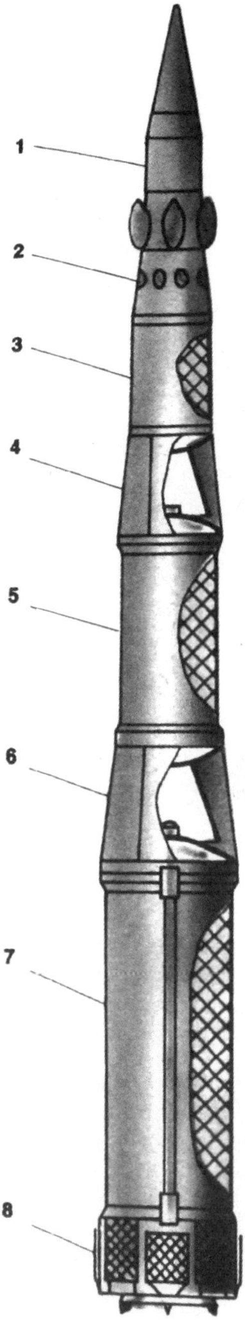

PT-2ПМ导弹结构示意图

1 弹头；2 过渡段；3 三级固体火箭主发动机；4 二级过渡段；5 二级固体火箭主发动机；6 一级过渡段；7 一级固体火箭主发动机；8 一级尾段

PT-2ПM“白杨”-M导弹尾段

PT-2ПM“白杨”-M公路机动型导弹

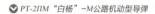

第二章

恐怖的核导弹列车

南方设计局早在1969年就开始着手以之前的PT–21和PT–22洲际弹道导弹为基础，研制分别从发射井中发射、从地面移动式发射装置发射和从移动式铁路发射装置发射的PT–23导弹系统。1976年6月，苏联政府通过决议，由南方设计局研制新型固体燃料洲际导弹系统，代号PT–23。1979年6月，苏联政府再次通过决议，要求导弹带有分导多弹头，可以采用井下型和铁路机动型发射方式。由于导弹系统部分部件可靠性较差，以及铁路机动部署作战系统难以达到试验要求，导弹虽然进行了多次试验发射，但并未最终装备部队。PT–23导弹设计射程8000~10000千米，可携带1枚单弹头或10枚分弹头，弹长18.9米，弹体最大直径2.4米，发射质量80吨。

1983年8月，苏联政府通过决议，命令南方设计局研制代号PT–23УTTX的导弹系统，并明确要求其性能不能比美国正在研制的"和平卫士"差。经过近20年的工作，拥有10个分导弹头的三级固体推进剂洲际弹道导弹PT–23УTTX研制成功并列入装备。其细分类型有：

1. 铁路机动发射型：1980年6月完成草图设计，1985年2月27日–1987年12月22日进行了飞行试验。共发射32次，进行了寿命试验和运输试验18次，总机动里程40万千米。1987年10月20日，第一个导弹团进入战备值勤，1989年列入装备。

2. 单发井下发射型：1990年列入装备，共部署56枚。1988年8月19日，第一个导弹团在别勒沃马伊斯克郊区进入战备值勤。

PT–23УTTX导弹在乌克兰的巴夫罗斯克机械厂（即南方机械制造生产联合体）生产，共生产了200枚。该导弹的地面机动发射型"处女地"–2没有列入装备，但为此研制了质量140吨的发射装置：功率1200马力的MA3–7906发射车和功率1500马力的MA3–7907发射车。

PT–23УTTX导弹各级结构布局基本一致。发动机壳体采用全纤维缠绕的复合材料结构，发动机中央固定喷管局部潜入燃烧室。一级主发动机使用转动控制喷管，显著提高了导弹在飞行中的控制效能。铁路机动型的一级和二级表面没有多功能涂层，气动整流罩也稍有不同。

该导弹的制导系统采用高效计算机，有

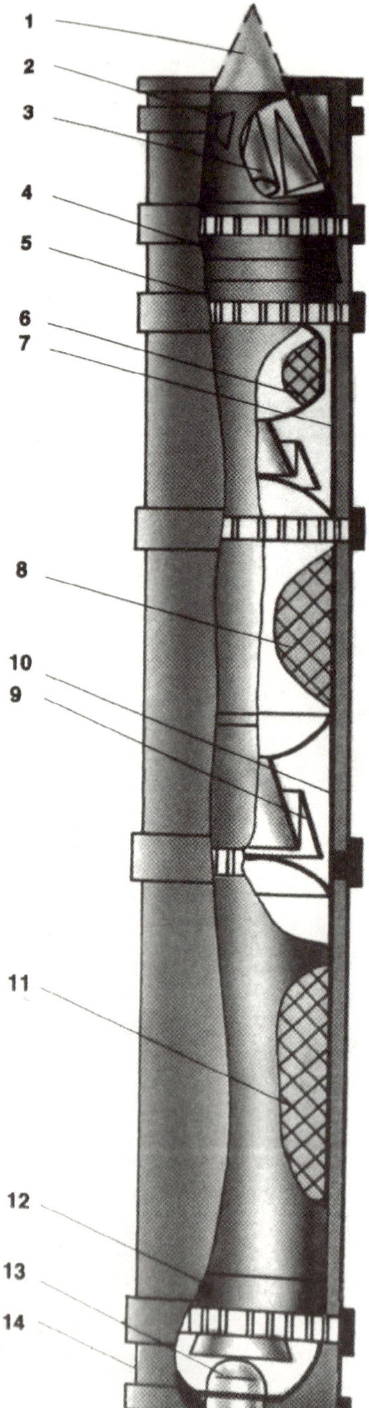

PT-23УТТХ导弹（在运输发射筒内）结构示意图
1 整流罩前锥壳；2 头部整流罩；3 弹头；4 分导级；5 三级过渡段；6 三级固体火箭主发动机；7 二级过渡段；8 二级固体火箭主发动机；9 二级主发动机的延伸喷管；10 一级过渡段；11 一级固体火箭主发动机；12 一级尾段；13 固体燃气发生器；14 运输发射筒

两套(弹上和地面)抗辐射电子元件的指挥仪表系统(铁路机动型只有一套，没有地面陀螺仪)，此外还采取了防止遭到核效应破坏的结构与防护措施。制导系统可以保证导弹自动进行射前准备和发射，实现射前有效更换攻击目标，控制导弹飞行，保证高命中精度和进行地面检测。地面陀螺仪可与弹载陀螺稳定平台仪器用于导弹的瞄准。

PT-23УTTX导弹的最大射程是1～1.1万千米，可携带10枚33～55万吨TNT当量核弹头，弹长23.3米，最大弹体直径2.4米，发射质量104.5吨，投掷质量4.05吨，命中精度500～700米。

虽说该型导弹有两种类型，但最负盛名的还是铁路机动型，“恐怖的核导弹列车”几乎成了这型导弹的代名词。美国最初在50年代末期曾提出过把“民兵”-I型导弹部署在火车上的方案，不过随着战略思想的变化以及海基核力量优势的显现，该方案最终没有付诸实现。1985年，美国有计划为MX洲际导弹实施铁路机动发射并在1989年7月进行了试验，之后由于苏联解体，试验也在1991年停止。而苏联最早的尝试是研制P-12中程导弹的铁路机动型，计划由20节车厢组成，其中6节车厢既是导弹运输工具又是导弹发射架。不过由于系统过于复杂、导弹发射准备时间过长等原因，该计划于1962年终止。因此，PT-23УTTX这型导弹成了世界上唯一一种可从火车上发射的洲际弹道导弹。

根据《第一阶段削减战略武器条约》的备忘录，到1990年9月1日，苏联部署了PT-23УTTX导弹的铁路机动发射装置33具，1997

PT-23УTTX导弹第一级

PT-23 УТТХ铁路机动型导弹系统

年俄罗斯部署了36具。此外有10具并未部署，其中9具在普列谢茨克靶场用于试验。所有这些发射装置属于3个导弹师（每个师由3～4个导弹团组成）。每个导弹团的1个标准配置铁路列车带有3个发射装置。每个导弹师拥有1~2个起防护作用的固定式钢筋混凝土建筑，长46.2米、宽9.2米和高10.4米。导弹师分别被部署在下列区域：科斯特罗马（近卫导弹第10师，4个导弹团组成，每个导弹团均有可携带3具发射架的铁路列车，拥有2个固定建筑物）、别尔什金（导弹第52师，由3个导弹团组成，每个导弹团均有可携带3具发射架的铁路列车，拥有1个固定建筑物）、克拉斯诺亚尔斯克边疆区格拉德卡亚村（近卫导弹第36师，4个导弹团组成，每个导弹团均有可携带3具发射架的铁路列车，拥有1个固定建筑物）。

导弹列车载重120吨，车厢长23.8米、高5米、宽3米，列车最大运行速度120千米/小时。整个列车共有20节车厢，由牵引单元、指挥通信单元、生活单元、保障单元和3组相互独立的发射单元组成。牵引单元包括3台内燃机车；指挥通信单元由指挥车、通信车和电源车组成；生活单元由餐车、储藏车和2辆生活车组成；保障单元为1辆能源车；每个发射单元包括1辆发射车、1辆控制车和1辆辅助车。导弹位于发射车车厢尾部。

与之前的导弹机动方式相比，铁路机动方式有着自己的特点：一是机动能力强，一般运行速度可以达到100千米/小时，满载状态的

PT-23 УТТХ铁路机动型导弹系统在待命

PT-23УТТХ铁路机动导弹

发射列车一昼夜可以机动上千千米，机动范围较大；二是隐蔽性强，生存能力高，导弹发射列车采用与普通列车相似的外观，与民用列车很难区分，这是最有效的伪装。加之铁路发射车载重量大，便于进行伪装、加固及抗电磁干扰设计；三是反应速度快，由于发射列车高度集成，各作战要素有机融为一体，作战部队战备转换速度快；四是可全天候作战值勤，一般可以携带4～6枚导弹。必要时还可以加长使之携弹量相当于1艘核潜艇。

当然由于铁路、桥梁和隧道在战时是敌方的破坏重点，铁路机动发射装置有可能难以实现大范围机动；另外该系统的研制、维护和更新费用也比较高。

除了这些导弹系统外，苏联还研制了改型的重型液体洲际弹道导弹P–36M2（PC–20B），它是第三代导弹P–36M和P–36MＹＴＴＸ的发展型号。1983年8月9日，苏共中央和部长会议通过决议，要求南方设计局研制该型导弹，希望新型导弹具备即使在多次遭受核袭击的恶劣条件下仍然能够摧毁敌方防护严密的各种类型目标的能力。经过5年26次飞行试验后，第一个P–36M2导弹团于1988年7月30日在多姆巴罗夫斯基郊区进入战备值勤，到1988年共部署58枚。1990年8月23日，它的改进型P–36M2мод进入战备值勤。

P–36M2导弹射程8800千米，可携带1枚2000万吨TNT当量核弹头或10枚55～75万吨TNT当量核弹头，弹长34.3米，弹体最大直径3米，发射质量211.1吨，投掷质量8.8吨。

P–36M2导弹是采用串联配置的二级导弹，结构布局与之前的P–36M导弹基本类似，一级动力装置采用1台单燃烧室主发动机，二级动力装置包括1台单燃烧室主发动机和1台四燃烧室游动发动机。制导系统以高速数字计算机和高精度指挥仪表系统为基础，可以在末段直接导引弹头，自主进行自动瞄准和发射导弹。P–36M2导弹的发射、飞行控制、级间分离等工作均和P–36M УТТХ一致。

同时，为了提高抗打击能力，加固后的P–36M2导弹发射井可抗压力达到370千克力/平方厘米。在结构设计上，导弹壳体采用了新的焊接方式，更加牢固。弹体喷覆有特质多功能材料，增强了抗辐射能力。弹头采用卵形整流罩，既减小了核爆炸的影响，又提高了弹头的气动性能。

P–36M2导弹弹头

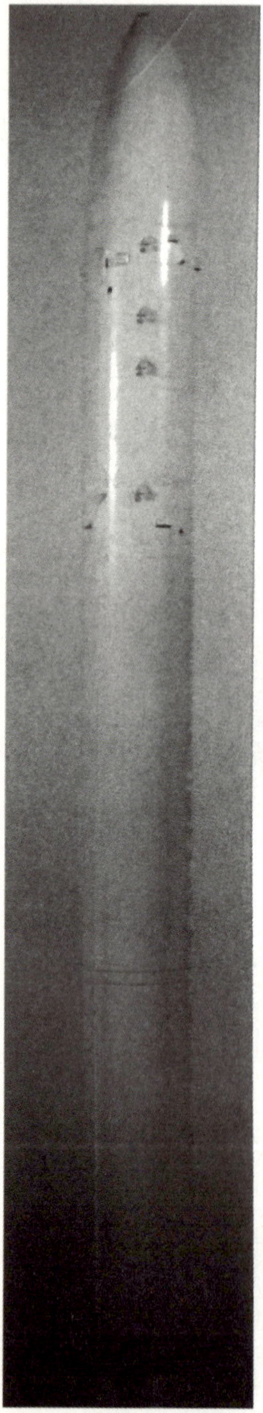

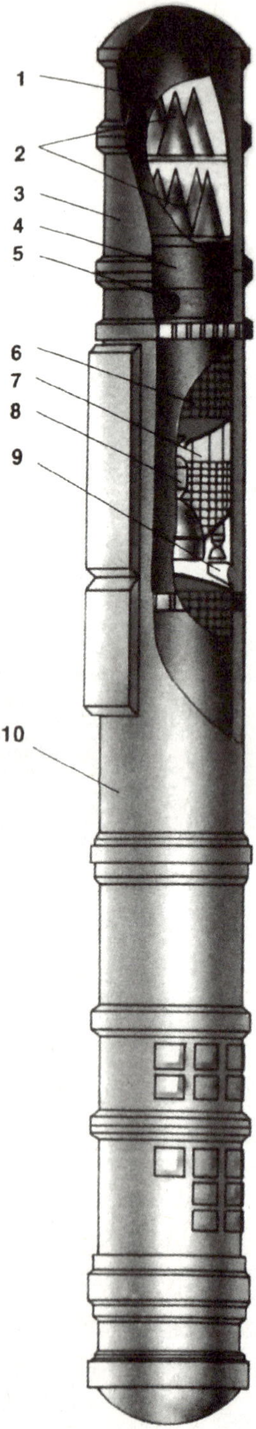

P-36M2导弹（在运输发射筒内）结构示意图
1 头部整流罩；2 弹头；3 运输发射筒适配器；4 头部附件与仪器舱；5过渡段；6 二级氧化剂箱；7 二级燃料箱；8 二级液体火箭主发动机；9 二级游动发动机排气管；10 运输发射筒外壳

第三章

逝去的“流星”

根据部长会议1976年12月9日决议，苏联开始研制PK–55隐形中程战略巡航导弹，经过几年研究，苏联在1983年装备了C–10 “石榴”（Гранат）海基型战略巡航导弹［北约代号SS–N–21“桑普森”（Sampson）］，之后又以此为基础开始为这些巡航导弹研制移动式地面发射装置［（北约代号SSC–X–4“弹弓”（Slingshot）］。1984年，仅仅在美国将“潘兴”–Ⅱ导弹部署在西欧之后1年，苏联也进行了陆基巡航导弹的试验，到1986年共发射了4枚，计划在1987–1990年全面部署。最终，陆基中程巡航导弹的试验和部署根据《中导条约》相关规定而中止。随后，上述导弹及其发射装置随同P–12、P–14中程导弹和“先锋”中程导弹系统一起被销毁。

“石榴”导弹全长8.09米，翼展3.3米，弹体最大直径0.51米，飞行速度M0.7，飞行高度200米，射程2500千米，发射质量1.7吨，核弹头威力20万吨TNT当量，制导方式为惯性加地形跟踪，命中精度150米。

在研制“石榴”的同时，苏联也开始研制威力更大的3M25“流星”（Метеорит）战略巡航导弹。该导弹分有三种型号：舰载型“流星”–M，导弹型号П–750［北约代号SS–NX–24“蝎子”（Scorpion）］1980年试验装备在1艘改装过的667A型潜艇K–420号上，1989年停止研制；机载型“流星”–A［北约代号AS–X–19“考拉”（Koala），1984年停止研制］准备装备在图–95和图–160战略轰炸机上；陆基型“流星”–H（北约代号SSC–5“蝎子”）。

陆基型“流星”–H战略巡航导弹采用三角后掠翼和垂直尾翼的鸭式布局。1980年5月20日，导弹从地面发射平台进行了第一次发射，不过没有成功，随后的3次发射也没有成功。1981年12月16日，“流星”–H第一次发射成功。而“流星”–M导弹于1983年12月26日从在白令海靶场的667M型潜艇上发射成功。根据统计，苏联在1982–1987年间共试验发射了35枚“流星”，并计划在20世纪90年代初期开始装备。但由于《中导条约》的签订，“流星”战略巡航导弹相关研制工作中止。

“流星”导弹采用2台液体火箭发动机，全长12.8米，弹体直径0.9米，发射质量6.38吨，最大射程5500千米，速度M3，战斗部质量1吨，可使用核弹头。

PK-55导弹发射车

“流星”空基巡航导弹

PK-55导弹的发动机

“流星”巡航导弹模型

第四章

《中导条约》

第一节 中短程导弹的较量

除了在战略导弹武器上，美苏双方在中短程导弹上的较量也是分毫不让。

1953年，美国陆军开始装备MGR-1“诚实约翰”战术导弹，不久该导弹又在美军驻欧洲部队中开始装备使用。当时美军驻扎在欧洲的机械化步兵师和装甲师都各编有1个导弹连和4具导弹发射架。1956年，美国在联邦德国部署了25枚TM-61C“斗牛士”（Matador）地地战术巡航导弹，装备了1个营，直到1959年退役。随后，美军部署了46枚TM-76“马斯”（Mace）地地战术巡航导弹，该导弹在20世纪60年代末退役。1957年9月，美国开始装备PGM-11“红石”（Redstone）短程弹道导弹，共装备4个营（每营9枚导弹），其中2个营分别在1958年6月和1959年春被部署到联邦德国。

苏联最初在1955年7月和1958年4月分别装备了P-11和P-11M战术导弹，之后在1962年3月装备了在P-11导弹基础上改进而成的P-17战术导弹，紧接着又在1965年装备了P-17M战术导弹，这两型导弹也就是西方所称的“飞毛腿”B与“飞毛腿”C导弹，西方代号分别为SS-1C和SS-1D。这两型导弹弹长11.17米，弹径0.88米，翼展1.81米，发射质量5.86吨，采用常规装药弹头，战斗部质量770千克，采用核战斗部时，弹头威力为10万吨TNT当量，导弹最大速度1500米/秒，射程50~300千米，命中精度300米。

此外，苏军还在1957年装备了2K6“月亮”和9K52“月亮女神”-M战术导弹（西方称蛙-3/5和蛙-7），它们分别是之前2K1“火星”（Марс）战术导弹（西方称“蛙”-2）和2K4“菲林”战术导弹（西方称“蛙”-1）的改进型号。前者于1958年3月20日装备部队，1970年退役；后者于1957年装备部队。“月亮”系列导弹采用单级固体燃料发动机，弹体直径609毫米，长9.1~10.17米，翼展1.53米，射程15~70千米，全质量3.175吨，采用常规弹头时装药320千克，采用核弹头时威力为0.5~1.5万吨TNT当量，命中精度1.2~2千米。

为了克服“月亮”导弹命中精度低、机动性差等缺点，苏联发展了第二代9K79“圆点”（Точка）战术导弹。该型导弹于1975年少量试装，1981年正式装备在民主德国的精锐部队，1989年又推出了改进型9K79-1“圆点”-1。“圆点”战术导弹射程15~70千米（改进型20~185千米），命中精度150米（改进型为15米）。弹长6.4米，弹径0.615米，翼展1.448米，全质量2吨，战斗部质量480千克（装药120千克），使用核弹头时威力为1~20万吨TNT当量。

当“雷神”和“丘比特”中程弹道导弹于1963年退役之后，美军又在1964年为驻联邦德国部队中装备了“潘兴”-I中程导弹，第二年联邦德国空军也装备了该型导弹。到1967年，美军在联邦德国部队共装备108具导弹发射架，此外联邦德国空军还有72具导弹发射架，到了1971年这些发射装置所使用的导弹又被替换成“潘兴”-1A。

苏联方面当然也不甘示弱。纳季拉泽设计局很快就研制出使用РСД-10中程弹道导弹的“先锋”（15Ж45）机动导弹系统，并从20世纪70年代末开始部署在苏联东欧一带，取得了对西方的中程导弹优势。

“诚实约翰”导弹

“斗牛士”导弹

“马斯”导弹

“红石”导弹

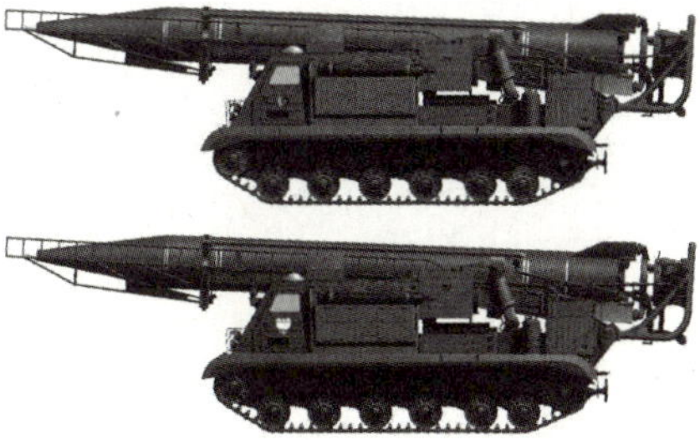

P-11导弹发射车

P-17导弹

2K6“月亮”战术导弹

9K714“奥卡”战术导弹特写

2K4“猫头鹰”（Филин）战术导弹

2K1“火星”战术导弹

9K79“圆点”战术导弹发射

9K52“月亮女神”-M战术导弹

第二节 中导问题由来与条约的签署

在冷战时期，西欧一直是美苏争霸的前沿阵地。20世纪50年代，美国率先在西欧部署中短程导弹。20世纪60年代开始，美国为了增加自身核力量的机动性，从欧洲撤出了一些已经陈旧了的中短程导弹，但凭借其保留的前沿基地系统（即驻扎在英国的F-111战斗轰炸机、驻扎在中欧和意大利的F-4战斗机，以及第2与第6舰队的舰载A-6和A-7攻击机，均能携带核武器）与其他部署的战略武器，依旧保持其在欧洲对苏联的核优势。苏联自然不甘落于人后，当“先锋”导弹系统问世后，便从1977年开始，陆续将原先部署在欧洲地区的500枚P-12与100枚P-14中程导弹逐步撤换成新型中程导弹，这引起了美国和西欧各国的关注，更直接导致了欧洲中导问题的出现。

1979年12月12日，北约理事会做出双重决定，准备在西欧部署108枚“潘兴”-Ⅱ导弹（在联邦德国）和464枚巡航导弹（联邦德国220枚、英国172枚、比利时与荷兰各50枚）来抗衡苏联，同时建议美国尽快同苏联举行有关限制欧洲中程核武器的谈判。北约表示，如果美苏达不成协议，就将从1983年底起部署导弹。

1980年10月，苏美双方在日内瓦进行了限制中程核武器谈判的预备会谈。1981年10月30日，双方正式在日内瓦举行谈判，期间共进行了6轮会谈，111次全体会议。美国在谈判中提出了各种方案，但核心都是以“零点方案”（zero option）作为解决中导问题的基础。美方

1982年“潘兴”-Ⅱ 导弹的试射

提出的方案是：如果苏联拆除已经部署在欧洲的P-12、P-14和“先锋”导弹系统，美国也将放弃在西欧部署“潘兴”-Ⅱ导弹和“战斧”巡航导弹。由于美苏双方立场对立，此次谈判没有取得进展。

在谈判过程中，苏联多次表示愿意削减部分部署在欧洲的中程导弹来换取美国取消在西欧部署新的导弹。1982年2月，勃列日涅夫表示，苏联将单方面暂时中止在欧洲部署“先锋”中程导弹。同年12月，新的苏联领导人安德罗波夫建议，如果美国放弃部署新导弹的计划，苏联将把目前部署在乌拉尔山以西的P-12、P-14与“先锋”导弹数量减少到与英法导弹相等（162枚），但地理范围局限于欧洲。1983年，苏联领导人又多次提出，可以将一部分“先锋”中程导弹转移到远东地区，以此来换取和美国达成协议。

1983年11月22日，苏联谈判代表在日内瓦退出谈判，导致谈判中断。1983年12月，美国随即开始在联邦德国部署了108枚“潘兴”-II导弹，同时在英国格林汉康芒皇家空军基地部署BGM-109G“战斧”巡航导弹。至1988年底，美国共在北约5国部署了446枚导弹，其中英国116枚、意大利104枚、联邦德国96枚、比利时和荷兰各12枚。

1985年3月，苏联新领导人戈尔巴乔夫上台，依据其“新的政治思维”，提出了一系列裁军建议和主张。1985年1月7日，美国国务卿舒尔茨和苏联外交部部长葛罗米柯在日内瓦会晤，商定了一揽子谈判，统称“美苏日内瓦军备控制会谈”，其中就包括限制中程核武器。

1985年11月19日-21日，戈尔巴乔夫和里根在日内瓦举行第一次会晤，两国在原则上达成了削减50%战略核武器的意向。1986年10月11日-12日，两国首脑在冰岛雷克雅未克举行会晤，经过激烈的讨价还价，双方在削减中程导弹数量方面取得一定进展，同意在3~5年时间内逐步裁减，直至全部销毁各自部署在欧洲的中程导弹。当然，《中导条约》的签订也使法国政府在1991年7月终止了S4中程弹道导弹的研制计划。

在谈判过程中，双方互不相让。苏联领导人戈尔巴乔夫意在尽快与美国达成协议，但

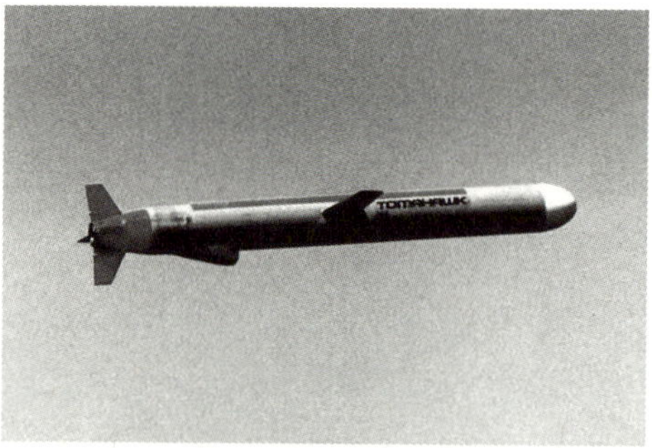
TOMAHAWK
“战斧”巡航导弹

ДОГОВОР О ЛИКВИДАЦИИ
СОВЕТСКИХ И АМЕРИКАНСКИХ РАКЕТ
СРЕДНЕЙ И МЕНЬШЕЙ ДАЛЬНОСТИ-
ПЕРВЫЙ ШАГ НА ПУТИ
К БЕЗЪЯДЕРНОМУ
МИРУ
ДЕКАБРЬ
1987
ПОЧТА 10К СССР
为纪念1987年12月《中导条约》签订而发行的邮票

鲁斯特（摄于2012年）

根据协议，苏联战略火箭军需要裁减14个导弹师，于是遭到了军方保守势力的阻挠。恰在此时，1987年5月28日莫斯科时间13时，18岁的联邦德国青年鲁斯特驾驶1架塞斯纳172轻型飞机从芬兰赫尔辛基机场起飞，尽管他的飞机多次被发现，但在苏军各部的互相推诿下，他竟于当晚19时安然降落到莫斯科红场。这件事对苏联防空部队的声誉造成极大打击。1987年5月30日，即事件两天后，苏共中央政治局召开会议，决定解除国防部部长索科洛夫元帅、国防部副部长兼防空军总司令科尔杜诺夫空军主帅以及国防部副部长卢舍夫大将的职务，之后一批原先军中保守人物纷纷下马，代之以新人。

1987年12月8日，苏美双方领导人在华盛顿签署了《消除两国中程和中短程导弹条约》（简称《中导条约》）。1988年5月29日–6月2日，里根访问苏联，与戈尔巴乔夫互换了《中导条约》批准书，条约正式生效。按照条约规定，美苏两国在三年时间内应当销毁所有射程在500~5500千米间的陆基导弹。按照条约备忘录记载，苏联已经部署了79具P–12У（65枚导弹）和405具РСД–10“先锋”（405枚导弹）中程导弹发射架、115具 OTP–22“速度”–C（导弹220枚）和82具 OTP–23“奥卡”（Ока）（167枚导弹）近程导弹发射架；尚未部署117具“先锋”（245枚导弹）和6具P–12У（105枚导弹）中程导弹发射架、6枚P–14中程弹道导弹以及6具PK–55（84枚导弹）陆基巡航导弹发射架，还有201具 OTP–22“速度”–C（506枚导弹）和20具OTP–23“奥卡”（导弹33枚）近程导弹发射架。美国则部署了115具“潘兴”–II（120枚导弹）和99具BGM–109G“战斧”（309枚导弹）中程导弹发射装置；尚未部署51具“潘兴”–II（127枚

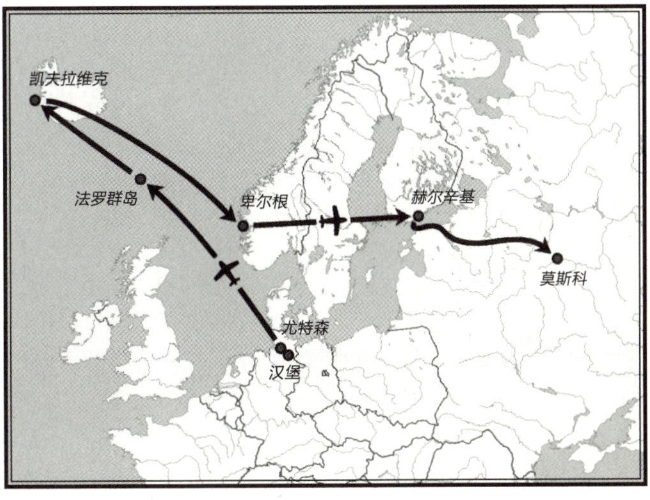

鲁斯特的飞行路线

1987年12月8日里根和戈尔巴乔夫在美国白宫签署《中导条约》

导弹）和17具BGM–109G“战斧”（133枚导弹）中程导弹发射装置以及1具“潘兴”–IA（170枚导弹）中短程导弹。

按照条约规定，苏联共需销毁841具导弹发射装置和1752枚导弹，其中包括608具中程导弹发射架和826枚中程导弹；美国共需销毁283具导弹发射架和859枚导弹，其中包括282具中程导弹发射架和689枚中程导弹。这是人类历史上第一次真正的核武器削减条约，两国都为世界和平做出了努力，而世界末日钟也为此拨后了3分钟，指针定在11时54分。

对于销毁导弹的方法，可以采用破坏、炸毁或拆毁方式，在《中导条约》签署半年后还可以采用发射方式，但使用发射方式进行销毁的导弹数量不得超过100枚。销毁导弹时，无论采取什么方式，都不可以安装测量仪器。

世界末日钟

世界末日钟（Doomsday Clock）由芝加哥大学的《原子能科学家公报》杂志于1947年设立，标示出世界受核武器威胁的程度：12时整象征核战爆发。杂志社根据世界局势将分针拨前或拨后，以此提醒各界正视问题。

到了1949年，真正的核时钟诞生了。圆形表盘，直径45.72厘米，外表用青铜制作，表盘上刻有世界地图，标出印巴、朝鲜等核热点地区。末日钟模型一直保存在美国芝加哥大学校园内，由杂志委员会负责维护。核时钟何时以及如何调整，是由董事会成员共同决定的。现在，拥有19位诺贝尔奖得主的董事会每年开会两次，若世界发生了足以影响时钟指针的事件，便召开新闻发布会宣布调整。

世界末日钟最近一次调整是在2015年1月22日，距离“象征世界灾难末日的”午夜时分仅剩3分钟，这也意味着人类面临的生存威胁上升到冷战结束后的最高水平。但时钟有时未能及时反映实况，如1962年古巴导弹危机时濒临爆发核战，当时委员会却没有拨动时钟。

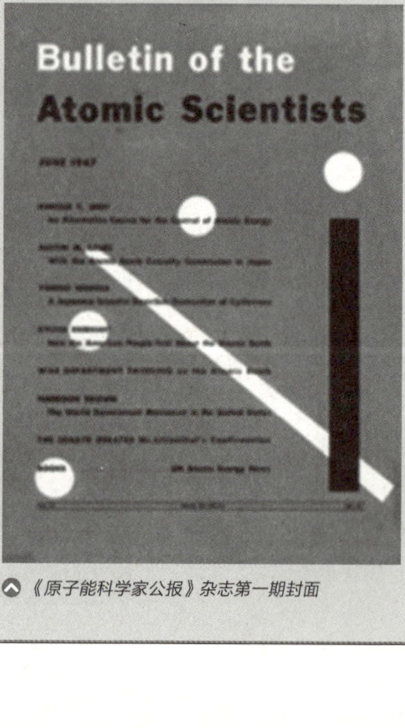

《原子能科学家公报》杂志第一期封面

世界末日钟共进行的20次调整			
调整年份	原因	剩余时间	调整时间量
1947年	设立末日钟	7分钟	-
1949年	苏联成功爆炸第一颗原子弹，开启核军备竞赛	3分钟	拨前4分钟
1953年	美国和苏联在9个月内反复进行氢弹试验	2分钟	拨前1分钟，迄今距离子夜最近的一次
1960年	美苏两国加强合作，避免地区武装冲突和直接对抗（例如苏伊士运河战争）。不同国家的科学家倡导成立了国际地球物理年，美苏科学家也开始了交流，公众对核武器认识加深	7分钟	拨后5分钟
1963年	美国及苏联签署《部分禁止核试验条约》，限制在大气层进行核试验	12分钟	拨后5分钟
1968年	越南战争加剧，1965年印巴战争爆发，1967年第三次中东战争爆发。法国和中国分别在1960年和1964年拥有了核武器，但都没有签署《部分禁止核试验条约》	7分钟	拨前5分钟
1969年	世界上主要国家除了印度、巴基斯坦和以色列都签署了《不扩散核武器条约》	10分钟	拨后3分钟
1972年	美苏签署《反导条约》和《关于限制进攻性战略武器的某些措施的临时协定》	12分钟	拨后2分钟
1974年	印度开始进行核试验，《限制战略性进攻武器条约》谈判陷入僵局，美苏两国都在发展多弹头导弹	9分钟	拨前3分钟
1980年	由于苏联入侵阿富汗，美国抵制在莫斯科举办的1980年夏季奥运会，美国参议院也拒绝批准《限制战略性进攻武器条约》	7分钟	拨前2分钟
1981年	阿富汗战争的继续使得美国愈发强硬，美国新总统里根认为没必要进行相关裁军谈判，认为唯一方法就是赢得冷战的胜利。	4分钟	拨前3分钟
1984年	美苏关系进一步恶化，美国在西欧部署“潘兴”-Ⅱ导弹和“战斧”巡航导弹加剧了彼此的军备竞赛	3分钟	拨前1分钟
1988年	1987年12月，美苏签署《中导条约》，双方关系得以改善	6分钟	拨后3分钟
1990年	柏林围墙倒下，东欧剧变，冷战接近尾声	10分钟	拨后4分钟
1991年	美苏签署《第一阶段削减战略武器条约》	17分钟	拨后7分钟，迄今距离子夜最远的一次
1995年	全球军费开支依然维持冷战水平，苏联遗留核武器的处理和扩散问题	14分钟	拨前3分钟
1998年	印度及巴基斯坦争相进行核试验，美俄就进一步削减核武器产生分歧	9分钟	拨前5分钟
2002年	全球核裁军进展甚微，美国宣布拒绝一系列军控条约并有意退出《反导条约》，核扩散可能使恐怖分子有机会获得核武器	7分钟	拨前2分钟
2007年	2006年10月，朝鲜试验核武器；而同期伊朗也表示准备拥有核武器；此时，美俄共有26000枚核弹头。人类文明的最大威胁依然是核武器	5分钟	拨前2分钟
2010年	美俄关系缓和，使得核武器裁减谈判出现进展；2009年哥本哈根的全球气候变化会议上，工业化国家和发展中国家同意减少碳排放，并共同努力不再使全球平均温度上升2摄氏度	6分钟	拨后1分钟
2012年	日本3·11地震造成的核泄漏和全球变暖	5分钟	拨前1分钟
2015年	美俄没有尽力减少核武库，而一些没有签署《不扩散核武器条约》的国家正在发展他们的核武库；全球气候还在进一步变暖	3分钟	拨前2分钟

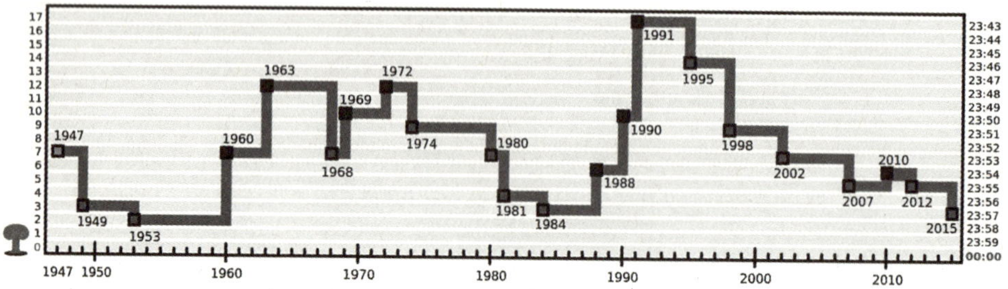

世界末日钟的调整变化图

此外，用发射方式销毁的导弹还不得用于弹道导弹的试验用途。进行销毁作业时，允许美苏双方进入现场进行检查监督，以便核实导弹的销毁情况。在销毁作业前，允许取出导弹的制导系统和裂变材料。

对于导弹发射装置，由于其体积和质量都很大，一般采用压平、粉碎、燃烧、切割等方法进行销毁。如果是起竖发射装置，则必须从发射装置底盘拆除，然后再进行切割。辅助设施则一般直接就地销毁。

冷战结束后，特别是自2014年乌克兰危机以来，美国多次指责俄罗斯违反条约。2014年7月28日，美国总统奥巴马致信俄罗斯总统普京，表达了这一看法。截至本书发稿时，两国就是否需要修改条约内容和彼此是否存在违约问题仍还在争论与谈判之中。

而另一型受到《中导条约》限制的“奥卡”导弹，它的设计来源于苏联20世纪70年代军事战略思想的演变。当时的苏联军方认为苏联除了应具备大规模核打击和确保相互摧毁能力外，还需要强悍的常规战争能力，尤其指出战术导弹和远程火炮在常规战争中应该担负攻击大纵深目标的重要任务。1973年，苏联国防委员会下达计划，要求科洛姆纳设计局研制一种用于取代“飞毛腿”导弹的，能够精确灵活使用，能够使用核弹头和常规弹头的战役战术导弹，代号9K714，绰号“奥卡”（注：奥卡河是伏尔加河最大的一条支流）。

谢尔盖·巴甫洛维奇·涅波别季梅

Сергей Павлович Непобедимый

1921年9月13日出生于梁赞州，2014年4月11日去世。

1938年考入莫斯科国立鲍曼技术大学，1945年毕业后进入莫斯科特殊设计局工作。之后在波别多斯采夫的建议下在科洛姆纳设计局工作，历任设计工程师、第一副总设计师、首席设计师和总设计师。先后研制了28个型号的导弹系统，主要涉及反坦克导弹、单兵防空导弹和战术导弹等领域。先后获得过社会主义劳动英雄称号（1971年4月26日）、3枚列宁勋章，另外还获得1次列宁奖金、3次苏联国家奖金和1次部长会议奖金。

“奥卡”导弹射程400千米，弹长7.52米，弹径0.97米，翼展1.84米，起飞质量4.69吨，常规战斗部质量715千克，核战斗部质量375千克，弹头威力为1~20万吨TNT当量，射程50~500千米，命中精度300米。据报道，导弹的总设计师涅波别季梅（Непобедимый）听闻“奥卡”导弹受限后，受此刺激竟然生病住院，整整一个月不能下床走动。

由于这型导弹的销毁，从1989年起，苏军火箭及炮兵部队的远程突击力量被大大削弱，没有了能够对敌纵深200~500千米进行常规火力突击的武器，直到2007年新的第四代9K723 “伊斯坎德尔”（Искандер）战术导弹出现。

美苏两国受《中导条约》限制的主要导弹型号

P-12У中程导弹：最大射程2000千米，核装药威力100~230万吨TNT当量，弹长22.1米，弹体最大直径1.65米，发射质量41.7吨，弹头质量1.3~1.63吨，命中精度1.1~2.4千米，极限偏差5~5.4千米，发射准备时间0.5~3.5小时。

PCД-10“先锋”中程导弹：最大射程5000千米，命中精度0.55千米，极限偏差1.3千米，最大飞行速度3~5.5千米/秒，核装药威力0.15~1百万吨TNT当量。导弹全长16.49米，最大弹体直径1.79米，发射质量37吨，投掷质量1.8吨。

OTP-22“速度”-C：导弹射程900千米，命中精度300~1000米，弹长12.38米，弹径1.01米，翼展1.84米，起飞质量9.4吨，核弹头威力1~20万吨TNT当量。

OTP-23“奥卡”近程导弹：导弹射程400千米，弹长7.52米，弹径0.97米，翼展1.84米，起飞质量4.69吨，常规战斗部质量715千克，核战斗部质量375千克，弹头威力1~20万吨TNT当量，射程50~500千米，命中精度300米。

P-14中程导弹：导弹最大飞行距离4500千米，最大发射质量86.3吨，弹头质量1.3~2.1吨，核装药100~230万吨TNT当量，弹长24.4米，弹体最大直径2.4米，命中精度1.25~1.9千米，极限偏差5千米。

PK-55“石榴”陆基巡航导弹：1976年开始研制，1982-1986年进行了试验，原计划1987-1990年开始部署。最大射程3000千米，飞行高度200米，最大速度M0.9，全长8.09米，弹体最大直径0.51米，翼展3.3米，发射质量1.7吨，携带20万吨TNT当量核弹头。

“潘兴”-II：最大射程1800千米，最大速度M0.9，全长10.5米，弹体最大直径1米，翼展2米，发射质量7.46吨，携带10~20万吨TNT当量核弹头，命中精度40米。

BGM-109G“战斧”中程导弹：最大射程2500千米，飞行高度50~150米，最大速度M0.72，全长6.4米，弹体最大直径0.527米，翼展2.65米，发射质量1.772吨，携带10~50万吨TNT当量核弹头。

“潘兴”-IA中近程导弹：最大射程740千米，最大速度M0.9，全长10.5米，弹体最大直径1.01米，翼展2米，发射质量4.2吨，携带4~40万吨TNT当量核弹头，命中精度370米。

9K714“奥卡”战术导弹

“伊斯坎德尔”战术导弹

晚年时的涅波别季梅

涅波别季梅

第五章

从联盟到解体

第一节 崩溃前的大国

根据统计，截至1990年11月1日，苏联战略核力量共拥有2500件运载工具（1398具洲际弹道导弹发射装置、940具潜射弹道导弹发射装置、162架重型轰炸机）和10271枚弹头。美国对应的数字分别为2246件和10563枚。

在时任苏联总统戈尔巴乔夫的命令下，苏联准备着手组建战略遏制力量，其编成包括战略火箭军的地面集团、导弹潜艇、战略轰炸机、军事航天力量、导弹-太空防御兵以及国防部第12总局。不过，这个计划终究成为无法完成的任务。

1991年12月25日晚7时许，苏联第一任总统也是最后一任总统戈尔巴乔夫在他的总统办公室里，神情严肃地面对着摄像机，向全国和全世界发表了辞去苏联总统职务的讲话。这是苏联正式解体的重要标志。演说结束后，他将核手提箱移交给了叶利钦。

在苏联解体后，原先保密的苏联战略武器发射程序渐渐公开。程序采用“双重核按钮制度”，即每一级都有2套核按钮和2组密码。只有当2组密码准确无误拼在一起，才可以逐级下达命令，最终将核武器投入使用。在苏联时期，核按钮密码分别由苏共中央总书记（或苏联总统）和国防部部长分别掌管。一旦做出

附表：截至1990年11月，战略火箭军装备的导弹发射装置和核弹头数量

导弹型号	发射装置数量（具）	核弹头数量（枚）
УР-100К	326	326
РТ-2П	40	40
МР-УР-100	47	188
Р-36М УТТХ和Р-36М2	308	3080
УР-100Н	300	1800
РТ-23 УТТХ	56	560
РТ-23 УТТХ铁路机动型	33	330
РТ-2ПМ	288	288

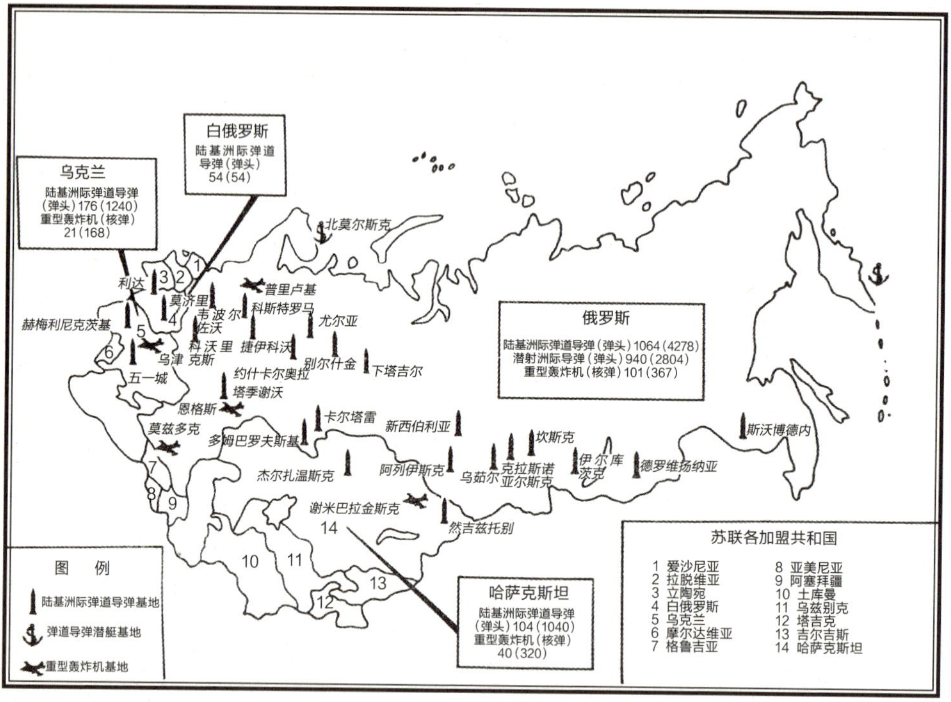

1990年苏联战略核力量分布示意图

核打击决策，总书记身边的特设专家小组负责译出平日存放在核手提箱内的密码。与此同时，国防部长也会译出由他保管的指令密码。随后，两人分别在电脑按键上发出指令，将密码发送到总参谋部作战局特种通讯中心，通讯中心的电脑将两组密码混合并确认无误后，组成一组12位数字密码，最后再通过特别通讯频道传递给战略火箭军司令部，或直接下达给各导弹部队指挥所。

导弹部队指挥所在收到密码指令后，两名主要指挥官须立即将收到的密码与本单位保管的密码进行核对，核对无误后，两人会用各自掌握的钥匙共同启动核武器发射按钮。为了确保万无一失，2个发射钥匙孔和按钮的位置、距离也进行过特别设计，确保当仅有一人时绝对无法发射战略核武器！

核手提箱发明者谢梅尼欣

苏联核手提箱

从外表看，核手提箱就像一个普通的黑色公文箱，长50厘米，宽35厘米，厚20厘米，质量约1.5千克。不过它的内部结构却神秘莫测，装有批准核导弹发射的“核按钮”，可以指挥和调动数以万计的核弹头。它的设计者是苏联科学院院士、著名自动控制专家弗拉基米尔·谢梅尼欣（Владимир Семенихин）。

核手提箱内这个独一无二的“核按钮”自动控制系统在20世纪60年代初受命研制而成，1983年开始投入运行，可以全天候值勤。1984年时，契尔年科成为第一个使用者。通过航天侦察装置、导弹预警系统、情报侦察和其他途径获得的信息将向核手提箱提供必要的数据，这些数据显示在核手提箱的电脑显示器上，苏联或俄罗斯领导人可通过该系统与各军种司令等人进行联系，并向核武装力量发出指令。

在核手提箱移交到叶利钦手中后，原先设定核按钮密码进行了修改，战略武器发射程序也进行了调整，比之前更为可靠和高效。如果需要使用战略核武器，总统会和国防部长像之前一样敲出密码指令，随后命令通过卫星传到各指挥中心和各导弹基地。核对无误后，导弹发射基地的核导弹保险箱钥匙转动起来，并向核手提箱发出密码回电，向最高统帅报告一切准备就绪。此时，如果总统最终决定使用核武器，他就输入第二组密码，并按下决定性的按钮……

1999年12月31日，新任俄罗斯总统普京接收核手提箱

第二节 第二阶段核裁军

在1985年的美苏日内瓦军备控制会谈中，有关削减战略核武器的谈判是分量最重也是最艰难的。第一阶段谈判从1985年1月开始到1989年5月结束，共进行了10轮。谈判中，双方都提出了旨在削减对方优势项目的方案，因而未能取得实质性进展。1989年6月19日，美苏开始进行第11轮谈判，由此进入第二阶段，也是最终达成正式条约的阶段。同年12月，两国首脑在马耳他举行会晤，同意加快军备控制谈判进程，为最终谈判成功定下了基调。

1991年7月31日，美苏双方在莫斯科签署了《削减和限制进攻性战略武器条约》（《第一阶段削减战略武器条约》），条约规定，双方应削减各自拥有的核弹头，苏联应减少41%，美国应减少43%：陆基和潜射导弹核弹头不超过4900枚（苏联应减少48%，美国应减少40%）；重型洲际弹道导弹核弹头不超过1540枚；机动型洲际弹道导弹核弹头不超过1100枚；战略轰炸机机载核弹头不超过1100枚（苏联应减少24%，美国应减少27%）。双方应削减各自拥有的运载工具至不超过1600件（苏联应减少36%，美国应减少29%），其中重型洲际弹道导弹不得超过154枚（苏联应减少50%，美国不减）。条约生效7年内应完成超过限额的进攻性战略武器的削减工作。该条约于1994年12月正式生效，有效期15年，于2009年12月5日到期。

1991年7月31日，美苏双方在莫斯科签署了《削减和限制进攻性战略武器条约》（《第一阶段削减战略武器条约》）

1993年1月3日，美俄双方在莫斯科签署了《第二阶段削减战略武器条约》

到2001年12月5日，俄罗斯如期履行了条约规定的全部义务，洲际弹道导弹削减到726枚和核弹头3150枚，战略导弹核潜艇削减到20艘和核弹头1750枚，战略轰炸机削减到78架和核弹头624枚。需要特别指出的是，执行条约对俄战略核力量海基部分造成了沉重打击，此后俄罗斯的海基战略核力量急剧衰弱。

根据条约，俄罗斯方面在1991年10月6日放弃研制新型的15П159“信使”（Курьер，北约代号SS-X-26）洲际弹道导弹。该导弹根据苏联部长会议于1983年7月21日发布的第696-213号决议进行研制，发射质量15吨，弹长11.2米，弹径1.36米，射程超过1万千米。导弹计划装在МАЗ-7909（8×8）或МАЗ-7929（10×8）轮式车辆上。1989年3月到1990年5月，导弹在普列谢茨克进行了4次发射。而美方也根据条约，终止了MGM-134A“侏儒”（Midgetman）洲际弹道导弹的研发。

在1991年7月双方签署《第一阶段削减战略武器条约》后不久，苏联即宣告解体。俄罗斯在独立之初曾希望努力向西方世界靠拢，因而在进一步削减战略核武器方面采取了积极推进的态度，于1992年1月19日宣布将进一步削减战略核武器。出于冷战后对自身战略利益的考虑，美国表示欢迎。在此基础上，美俄两国很快开始了会谈。

经过近一年谈判，1993年1月3日，美国和俄罗斯在莫斯科签署了《第二阶段削减战略武器条约》，规定美俄将所拥有的进攻性战略武器上的核弹头总数分别削减至3500枚和3000枚。俄罗斯洲际弹道导弹弹头将减至1000枚，并将销毁全部154枚Р-36М УТТХ重型洲际弹道导弹；美国的潜射弹道导弹弹头将由3456枚减少到1750枚，并销毁全部新装备的MX洲际弹道导弹。条约规定在2003年1月31日前，双方应完成削减所有超过限额的进攻性战略武器的工作。但之后美俄关系急剧恶化，两国迟迟未交换条约的批准文件。

1996年1月，美国参议院批准了该条约，但俄杜马则不急于批准该条约，俄联邦委员会于1995年6月20日才开始审议条约。1997年9月26日，美国国务卿奥尔布赖特和俄外交部部长普里马科夫在纽约签署协议，将该条约有效期限推迟5年，从原定的2003年1月31日改为2007年11月30日。2000年4月14日，俄议会最终批准了条约，但在批准附加决议案中，将该条约的生效条件与《反导条约》、《第三阶段削减战略核武器条约》谈判以及有关的《国家导弹防御法案》（National Missile Dfense Act，美国国会在1999年3月通过）挂钩。2001年12月13日，美国单方面宣布退出《反导条约》，俄随即宣布不再接受《第二阶段削减战略核武器条约》的约束。2002年6月13日，在美国正式通知俄罗斯退出《反导条约》6个月后，自动事实生

“侏儒”导弹试射

“侏儒”导弹发射车

效，俄罗斯也于次日宣布正式退出该条约。

苏联的解体使乌克兰、哈萨克斯坦和白俄罗斯这三个加盟共和国也成为有核国家。当时在这三个国家境内共有361具洲际导弹发射架。经过各方努力，三国也履行了自己的核裁军义务。

乌克兰：1992年5月将全部战术核武器运往俄罗斯进行销毁。1994年1月14日，俄罗斯、美国和乌克兰在莫斯科签署了《关于销毁乌克兰领土上核武器的协议》。乌克兰境内共有176具洲际导弹发射架，20具УР-100Н УТТХ导弹发射架和46具РТ-23 УТТХ导弹发射架已经取下核弹头。此外，42架战略轰炸机被俄罗斯以实物冲抵欠款的方式换回11架，剩余飞机被乌克兰进行了退役处理。

哈萨克斯坦：104具Р-36М УТТХ导弹发射架被运往俄罗斯进行销毁，此外40架图-95МС轰炸机也已经撤出。哈萨克斯坦自1995年开始成为无核国家。

白俄罗斯：之前苏联战略火箭军在白俄罗斯境内有2个导弹师（分别在莫济里和利达）和1个独立导弹团（驻于波斯塔维），合计共9个导弹团，装备81具РТ-2ПМ“白杨”-М，这些兵力和装备陆续在1993-1994年期间撤回到俄罗斯。

15П159“信使”洲际弹道导弹示意图

МАЗ-7929轮式车

第七篇

岁月艰辛

第一章

由盛转衰

第一节 无奈的现状

冷战结束，苏联解体，华沙条约组织解散，世界版图上出现了一些新的国家。许多人都希望随着东西方对抗的结束，新的战争威胁将会消失，军事力量在对内对外政策中的作用将发生改变，武装力量将开始裁减，军备竞赛也将终止。然而，这一切并未如愿。

苏联的解体使得原有武装力量系统遭到破坏，军队部署不能适应安全保障的需要，因东欧、波罗的海国家加入北约又产生了新的威胁。战略火箭军的发展同样也受到沉重打击。

1992年战略火箭军有28万人。由于乌克兰等的独立，出于对未来战略火箭军整体发展的规划。1992年4月，根据独联体武装力量总司令和俄罗斯国防部的决定，南方机械制造生产联合体被免除制造第四代洲际弹道导弹的责任，同年该企业停止组装导弹。这一决定同时还免除了南方设计局和南方机械制造生产联合体作为РТ-2ПМ2导弹主要研制机构和生产企业的责任，其生产任务被转交到俄罗斯方面。要知道在1991年战略火箭军所装备的全部1398枚洲际弹道导弹和6612枚弹头中，该厂就生产了其中的444枚导弹和4176枚弹头！

在军事战略上，俄罗斯最初采用了纯防御性战略，即不首先使用核武器，不首先采取突然袭击或先发制人的军事行动，不使作战行动越过边界。不过很快这种消极的军事战略受到了批判。从1993年开始，俄罗斯开始奉行"攻防结合的军事战略"（Натупательно-оборонительная стратегия），其标志就是1993年出版的《俄联邦军事学说》（Военная доктрина Российской Федерации）中提出的基本原则。

自从美俄双方在1993年1月签署了《第二阶段削减战略武器条约》以来，外界对俄罗斯战略核力量的发展现状，包括战略火箭军的实力猜想不断，众说纷纭。1994年5月，战略火箭军的斯塔尼斯拉夫上将告诉媒体，预计到2000年，战略火箭军将拥有1000枚导弹。这一年，尽管俄罗斯财政预算困难，不过其战略核力量依然活动频繁。战略火箭军于6月下旬在普列谢茨克靶场发射了1枚РТ-2ПМ"白杨"-М洲际弹道导弹，之后又进行了几次发射。就在当年年底的12月20日，РТ-2ПМ2"白杨"-М2洲际导弹也在普列谢茨克靶场进行了第一次试射。

至1995年，俄罗斯战略核力量组成为：

1. 战略火箭军：导弹发射架727具，弹头3565枚。具体为：

P-36M УТТХ和P-36M2（SS-18M4/5/6）型：导弹发射架186具，弹头1860枚

УР-100Н УТТХ（SS-19M3）型：导弹发射架150具，弹头900枚

PT-23 УТТХ（SS-24M1/M2）：导弹发射架36/10具，弹头360/100枚

PT-2ПМ“白杨”–M（SS-25）：导弹发射架345具，弹头345枚

2. 战略核潜艇26艘，潜射导弹发射装置440具，弹头2272枚。

3. 战略轰炸机69架，弹头1398枚。

由于苏联解体，战略火箭军的装备发展面临诸多难题，表现在以下四个方面：

一是经费不足：根据俄罗斯法律，其国防预算应该低于国民生产总值的3.5%。虽说当时国防预算只占到2.8%，但直接用于装备采购的费用仅有10亿美元，该军种大量预算都花在了装备维修和人员工资上。

二是配件供应不足：现有的700多枚洲际弹道导弹，大约60%已经超过质量保证期。俄军大部分第四和第五代使用液体燃料的洲际导弹设计寿命一般在7~10年。在超过质保期后，必须从发射架（井）中将导弹取出并送返工厂，因为导弹内具有腐蚀性的推进剂有可能泄漏，相关的电气性能也开始下降，况且弹头本身也需保养，更换部分零件。其中226枚P-36M和PT-23原产于乌克兰，在乌克兰独立后，将之送回原厂已无可能。虽说还有一定的备用弹头，但毕竟数量有限。

另一方面，当导弹处于战备值勤时，导弹惯性制导单元的期望寿命只有3年，且需求量很大。但很不幸的是，主要的惯性制导系统生产厂家哈尔特罗恩（Хартрон）也在乌克兰的哈尔科夫，该公司于1959年由哈尔科夫电气科研生产联合体改建，之后又加入了第692特殊设计局。由于得不到充足的配件保障，战略火箭军不得不减少了战备值勤的导弹数量。

三是装备性能下降：已装备的大部分液体洲际弹道导弹已经接近或超过了服役期限，但新的PT-2ПМ“白杨”–M导弹装备数量有

南方设计局官方网站首页画面

《俄联邦军事学说》封面

PT-2ПМ“白杨”–哈尔科夫导弹发射车在雪地机动

限，无法达到之前的战略威慑水平。

四是管理混乱：由于待遇急转直下，军内拆卸、偷盗、转卖特种装备和部件的案子屡发，而不安心工作、玩忽职守者也大有人在。俄罗斯国防部长在1997年曾经表示俄军对战略核力量的控制已经处于崩溃的边缘！

哈尔特罗恩纪念馆馆内场景

第二节 镇国重器

在苏联解体、俄罗斯联邦独立后的很长时间里，俄罗斯军事发展陷入混乱和停滞的状态，各军兵种不得不为生存而苦苦挣扎，唯有战略火箭兵是个例外，他们甚至还拥有了新型洲际弹道导弹РТ-2ПМ2“白杨”-М2。当然，它的发展有些曲折。

1989年9月，苏联国防工业委员会下令开始研发该型导弹。根据最初的规划，导弹采用井下发射和公路机动两种方式部署，分别由南方设计局和莫斯科热工技术研究所负责研制。井下发射型的导弹战斗部安装液态控制发动机，搭载有反导突防装置，运输发射筒由特种钢材制成；公路机动型的战斗部安装固体燃料发动机，不搭载反导突防装置，运输发射筒由钢化玻璃制成。

1991年底，南方设计局完成了导弹的设计工作并生产出样弹准备在1992年2月中旬进行飞行试验。由于苏联解体，导弹研制和试验工作戛然而止。1992年3月，该导弹正式被命名为“白杨”-М2。同年4月，南方设计局不再参与导弹的后续研发。1993年2月，俄罗斯联邦第275号总统令正式批准由莫斯科热工技术研究所独家研发。导弹于1994年12月20日进行了第一次井下试验发射。1995年1月，南方设计局将相关的样弹与设计图纸、技术资料都交

2011年参加阅兵的“白杨”-М导弹

РТ-2ПМ2“白杨”-М2导弹测试人员合影

给了俄方，从此彻底脱离了关系。在成功进行4次井下发射试验后，1998年12月27日，第一个装备井下发射型的导弹团在萨拉托夫州的塔季谢沃进入战备值勤。

导弹为三级固体推进导弹，装有单个55万吨TNT当量核弹头，弹长22.7米，最大弹体直径1.86米，射程10500千米，发射质量47.2吨，投掷质量1吨，射击精度小于350米，使用寿命15年。

索罗莫诺夫

应该说这型洲际弹道导弹虽然最终是由俄罗斯人自己完成了设计，也是在俄罗斯境内生产，但不可否认它具有一半的乌克兰血统，在部分技术、元件以及材料上对乌克兰仍有依赖。其中，需要进口的重要物件包括导弹的结构材料（如非金属纤维）、燃料、电气元件以及发射装置部件等。时任莫斯科热工技术研究所的总设计师尤里·索罗莫诺夫就曾不无担心地表示俄罗斯这种对进口物件的依赖可能随时间进一步加强。显然，战略火箭军不仅在现役装备的延寿维护上，还在新一代武器的某些领域上对乌克兰有所依赖。作为俄、乌双方在太空探索以及空间和导弹装备发展应用合作的一部分，乌克兰政府每年都会发布相关报告，在报告中列举向俄罗斯提供的设备和技术清单。

为了提高突防效果，该型导弹在推进、弹头、制导等分系统中采用了以下新的技术：

1. 三级发动机都是固体发动机，并采用

尤里·谢苗诺维奇·索罗莫诺夫

Юрий Семёнович Соломонов

1945年11月3日出生。

1969年毕业于莫斯科航空学院后，在战略火箭军服役到1971年，此后来到莫斯科热工研究所，历任工程师、主任工程师、主管工程师、代理科长、科长、副处长等职。1991–1995年任副总设计师，1995–1997年任第一副总设计师，1997–2009年任莫斯科热工研究所所长兼总设计师。在莫斯科热工所2010年改制后，索罗莫诺夫任该单位常务副总经理。先后参与研制РСД–10“先锋”中程导弹、РТ–2ПМ“白杨”和РТ–2ПМ2“白杨”–M2洲际弹道导弹，领导研制Р–30“布拉瓦”（Булава）潜射弹道导弹。先后获得过“俄罗斯联邦英雄”称号（2015年4月28日）、1枚劳动红旗勋章、1次苏联国家奖金（1981年）等。

PT-2ПМ2“白杨”-M2导弹地下发射井

新的推力矢量技术；

2. 采用特殊飞行弹道，即高空机动变轨。主要针对美国反导系统在大气层外导弹飞行中段对导弹进行碰撞拦截；

3. 提高了弹头突防能力，增强了抗核加固措施。弹头采用多层结构，不仅提高了强度，还有效防止了非直接撞击条件下核爆炸效应对其的影响；

4. 精确制导技术。采用了惯性加星光修正和地形匹配制导；

5. 飞行中段反识别和反拦截技术。

1997年，俄罗斯战略火箭军拥有756具洲际弹道导弹发射装置，其中单发型发射架占60%；在哈萨克斯坦剩下的290具P-36M导弹发射井应该在7年内销毁，而从乌克兰撤出了43个导弹团的420枚核弹头。

1997年5月，战略火箭军司令谢尔盖耶夫大将（1992年8月26日任命）宣布俄罗斯战略火箭军拥有4个导弹集团军：导弹第31集团军（驻于奥伦堡）、近卫导弹第27集团军（驻于弗拉基米尔）、近卫导弹第31集团军（驻于鄂木斯克）和导弹第53集团军（驻于赤塔），共辖19个导弹师，拥有756具导弹发射装置和3630枚弹头。谢尔盖耶夫在升任国防部长后，任命雅科夫列夫中将为战略火箭军司令。

谢尔盖耶夫参观“阿尔扎马斯16”核武器博物馆

第二章

新的改组

根据俄联邦总统1997年7月16日关于“俄联邦武装力量改革及完善其组织机构首要措施”的命令，战略火箭军、军事航天力量和防空军导弹太空防御部队合并成一个军种——战略火箭军，其编成内包括导弹集团军、航天器发射和控制部队、导弹太空防御部队。

战略火箭军的基本任务是：实施战略威慑；在核战争中与其他战略核力量一起遂行毁伤敌最重要目标的任务，在只使用常规毁伤兵器的战争中与陆军诸兵种的兵力兵器协同遂行保存战斗力和保障军队集团生存力的任务，使军队随时做好实施导弹核突击的准备；发现弹道导弹发射、确定敌开始实施导弹袭击的情况，并立即向国家和军队的高级领导机关、武装力量各军种参谋部报告情况，保障战略核力量采取回击及回击迎击行动，消灭敌攻击防御区目标和部队的导弹；实施侦察并监视太空，判明敌在太空即从太空开始战斗行动的情况，报知外国太空侦察系统和其他系统的飞行情况；组织航天器的发射和控制，阻敌夺取太空优势，通过使用太空综合系统和侦察、通信、指挥、导航、气象和测量卫星来保障武装力量集团的战役行动。

1997年，该军种有20万人。总司令部下设参谋部、后勤部、装备局、战斗训练局、组织动员局、干部局、军事教育局、教育工作局、工程技术数据、卫生局等。

战略导弹部队拥有4个导弹集团军19个导弹师，洲际弹道导弹发射装置756具，核弹头3535枚。

航天器发射和控制部队编有发射部队和观测部队，辖有普列谢茨克导弹试验场、卡普斯京亚尔靶场、拜科努尔航天发射场、航天器材检验和控制总中心等。主要任务是：发射包括侦察卫星、预警卫星、通信卫星、导航卫星和定位卫星在内的各种航天器，并实施大地和水文测量。

导弹太空防御部队编有太空监视和导弹袭击预警系统集团军、对导弹拦截系统集团军，装备有电子侦察卫星、照相侦察卫星、导弹预警卫星等卫星22颗，远程预警雷达系统（各型雷达12部），36枚A–135和64枚A–35反弹道导弹，C–300ПМУ2反弹道导弹等。主要任务是：监视太空和全球战备动向，跟踪潜在敌国战略导弹发射，并对来袭导弹进行太空和空中拦截。

为了做好在独联体国家境内的战略火箭部队（主要是军事航天力量和太空导弹防御部队）的各项专业勤务保障，战略火箭军还组建了第385后勤保障中心。该中心设有给养库、导弹燃料和油料基地、特种被装物资储藏处。

对战略火箭军来说，在本次改组中自身最大的收获就是军事航天力量的再次回归。实际上这支部队最早成立于1955年6月2日，当时为人造地球卫星发射准备部队。1957年5月8日，部队正式成立指挥测控中心。1960年，在当时的战略火箭军编成内成立了军事航天活动管理机关——火箭武器总局第3局，负责研制、发展和使用航天器，首任局长为克里莫夫。1964年11月6日，在火箭武器总局第3局的基础上成立了国防部航天器中央局，直属战略火箭军司令领导，局长由航天火箭设备（包括测控系统设备）的国防部总订货人——克里莫夫少将就任新成立的航天器中央局局长。1970年，该局升格为航天器总局，由卡拉西担任局长。1982年10月1日，苏联国防部将该局从战略火箭军中划出，直接隶属国防部。它作为国防部军事航天领域的主要机关，是所有航天系统使用方案的主要制定者，是总参谋部指定的军事航天部队使用和战备训练计划的实施者。1986年4月24日，航天器总局改组为国防部航天器主任管理局，标志着在国防部内成立了统一的航天指挥部。1992年7月，俄罗斯首任总统叶利钦宣布成立俄罗斯航天署，正式命名为军事航天力量，作为武装力量的一个独立兵种，首任司令为伊万诺夫上将。

然而，军事航天力量虽然已经独立出来，但它在任务、结构、使用系统以及干部培训等诸多方面，与战略火箭军仍保持着紧密的联系。例如，为战略火箭军和军事航天力量服务

克里木·阿巴斯阿利耶夫·克里莫夫

Керим Аббас Алиевич Керимов

1917年11月1日出生在阿塞拜疆巴库，2003年3月29日去世。

1936-1939年在新切尔卡斯克工业学院能源系学习，1942年毕业于阿塞拜疆工业学院。1942年4月入伍，1943年毕业于捷尔任斯基炮兵学院物理系，被分配至生产“喀秋莎”火箭炮的第538工厂负责军事装备验收，1945年3月起任厂助理军代表。第二次世界大战后，1945年10月调入炮兵第4总局，历任科长助理、主任工程师、处长等职。1953-1955年任第3总局副局长，1956-1959年任第1总局副局长，1959-1960年任第1总局局长，1960-1963年任第4总局局长，1961年5月9日晋升工程少将。1963-1965年任火箭武器第3总局局长，负责研制洲际弹道导弹与军用航天器相结合的产品。1965年4月任通用机械制造部航天器总局局长，1967年10月25日晋升工程中将。1974年任通用机械制造部中央研究所第一副所长。1991年退役，继续担任通用机械制造部中央研究所飞行控制局科学顾问。

先后获得社会主义劳动英雄称号（1987年12月4日）、1枚四级为祖国服务勋章、2枚列宁勋章、2枚劳动红旗勋章和1枚红星勋章等。此外，获得过列宁奖金、三级斯大林奖金和苏联国家奖金各1次。

安德烈·格里格尔耶维奇·卡拉西

Андрей Григорьевич Карась

1918年9月27日出生于哈尔科夫，1979年去世。

1935年进入哈尔科夫机械制造高等技术学院学习，次年进入奥捷斯科耶炮兵学校学习，1938年毕业后在波多利斯科炮兵学校工作。第二次世界大战中在近卫火箭炮部队历任排长、连长、营长和团长。战后，1951年毕业于捷尔任斯基炮兵军事学院，参与最高统帅部预备火箭兵部队的组建和发展。1956-1957年任拜科努尔航天发射场参谋长，1959-1965年负责领导航天测控系统，1965-1970年任中央航天测控系统主任，1970-1979年任国防部航天器总局局长。先后获得过2枚列宁勋章、2枚红旗勋章、1枚亚历山大·涅夫斯基勋章、2枚一级卫国战争勋章、1枚二级卫国战争勋章和2枚红星勋章等。

弗拉基米尔·列昂季维奇·伊万诺夫

Владимир Леонтьевич Иванов

1936年4月26日出生在乌克兰扎波罗热州卡缅卡-第聂伯罗夫斯卡亚市。

1954年7月入伍。1958年毕业于里海基洛夫高等海军工程学院，1963年毕业于罗斯托夫高等军事指挥工程学院。1966年12月-1974年11月任导弹第52师副师长，1971年毕业于捷尔任斯基军事学院。1974年11月-1976年7月任导弹第42师师长，1976年5月6日晋升少将，1976年7月任导弹第31集团军副司令负责作战训练。1977年12月-1984年6月任第53科研试验靶场（普列谢茨克）副主任，1983年11月3日晋升中将，1984年6月-1989年11月任国防部航天器主任管理局第一副局长兼参谋长，1989年11月任局长，同年11月1日晋升上将军衔。1991年毕业于总参谋部军事学院，1992年9月-1996年12月任军事航天力量司令，1996年12月退役后任赫鲁尼切夫国家航天科研生产中心副总经理。先后获得1枚红星勋章、二级与三级在苏联武装力量服务勋章各1枚。

克里莫夫

卡拉西

的仍是同一批军工综合体企业、同一批试验场（航天器发射场）。导弹领域职能和航天领域职能的分家，导致大量工作平行和重叠，造成了许多不必要的物资和财政浪费。

这次新的改组，使得导弹装备、指挥和通信系统、航天器材，以及整个战略核力量突击和保障系统的平衡发展问题得到了解决。而且，由于管理机关和工业企业的结构得到优化，从而节约了大量资金。

然而，这场最终并不成功的改革无论是从军事角度还是从经济角度，都缺乏有效的科学论证，更像是一次部门利益斗争的结果。事实表明，将导弹太空防御部队并入战略火箭军并不能真正提高战略火箭军的作战效率。俄军多数专家认为，将原先防空军的导弹太空防御部队并入战略火箭军，更像是国防部长谢尔盖耶夫对于自己老部队的一种特殊照顾。这使得原本具有统一指挥体系的导弹-太空防御系统与大气-防空系统被人为分开，这是这次改革中的严重问题。当然，总体上来说，俄罗斯尽管在武装力量军兵种结构改革中经历了很多曲折和失误，但毕竟已在武装力量结构改革的道路上已经迈出了重要的步伐。

通过这次改革，俄军事战略再次调整为“现实遏制”，最早提出这一观点是在1996年6月，叶利钦在《总统国家安全咨文》的报告中提到“奉行以坚决利用自己的武装力量反击侵略为基础的现实遏制原则”，强调核武器在全球范围内是战略核力量，在地区范围内是战役和战术核力量。

1997年2月，俄罗斯国防部部长罗季奥诺夫宣布，任何情况下都必须使战略核力量处于战略状态，并将其置于优先地位。

1998年12月4日，俄第一副总理马斯柳科夫称，7～10年后苏联时期制造的导弹将全部退役，俄罗斯将为“白杨”-M2导弹的生产拨专款，预计每年生产量35～45枚。

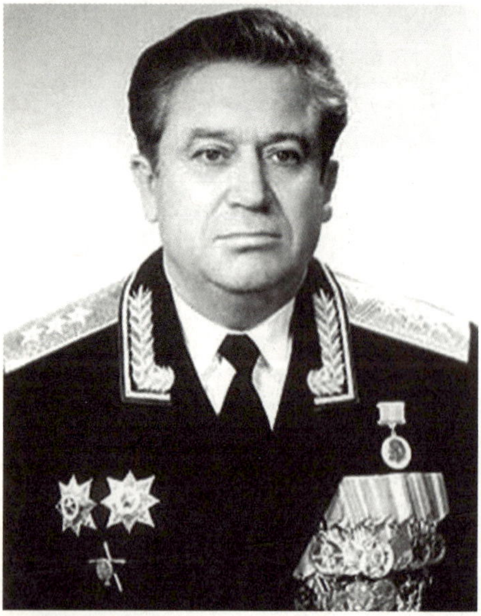

伊万诺夫

罗季奥诺夫

苏俄卫星在太空中

俄罗斯战略火箭军形象宣传海报

第三章 导弹太空防御部队

第一节 发展过程

对于新编入战略火箭军的导弹太空防御部队，读者多少会觉得陌生。实际上早在1945年，苏联就展开了有关弹道导弹防御问题的研究。当时的空军茹科夫斯基工程学院开始了“借助雷达实施导弹防御”课题的研究。同时，按照炮兵总局布置的任务，武装力量人民委员会第20研究所开始了有关未来远程陆基弹道导弹防御系统的基础构成部分——“冥王星”雷达系统的研制工作。1948年2月14日，第88研究所接受了“И-32”课题，即研制远程陆基弹道导弹和远程轰炸机防御系统。1948年7月，国防部第4研究所开始了“远程导弹防御”课题的研究。

从20世纪50年代开始，苏美两国都加快了对洲际弹道导弹的研究。面对未来洲际战略核导弹的打击威胁，1953年8月，苏联以总参谋长索科洛夫斯基（1952年6月上任）为首的7名元帅联名写信给苏共中央主席团，建议着手研究反导系统。1953年10月28日，苏联部长会议颁布了名为《关于研制反导系统可能性》的文件。1953年12月，又颁布了《关于研发与远程导弹做斗争的方法》的文件，决定以第1特殊设计局为骨干，多家科研机构为辅助，开始研制苏联第一代反导系统。1954年8月，第1特殊设计局将研制反导系统的技术方案提交给国家特种机械总局审核。1955年7月7日，按照国防工业部部长德米特里·乌斯季诺夫的命令，第1特殊设计局组建了特别机构，负责在反导系统领域开展工作。

1956年2月3日，苏共中央和苏联部长会议在研究了国防部和国防工业部的建议以后，发布了《关于导弹防御》的联合决定。国防工业部奉命制定试验型反导系统方案，而国防部负责建设反导系统试验场。1956年8月18日，苏共中央和苏联部长会议又下达了关于“A系统”试验型反导系统研制工作的施工、方法和期限的命令，并向各部门和主要机构布置了具体任务。

随着A系统研发试验的顺利进行，第一代导弹防御系统——A-35系统的研发工作也紧锣密鼓地开始了。1958年4月8日，苏共中央主席团通过了《关于导弹防御问题的决议》，1960年1月7日通过了《关于在莫斯科工业区建立导弹防御系统的决议》。

1956年4月1日，苏共中央和部长会议通过决议，决定在哈萨克斯坦别特帕克达拉草原巴尔喀什湖西面建立第10国家中央靶场。1956年7月30日，靶场正式组建，这成为导弹太空防御兵历史上的第一支部队。

1957年6月7日，靶场的扫描雷达第一次探测到飞行中的P-2导弹。10月13日，B-1000反弹道导弹原型首次发射，系统设备单元试验阶段开始了。为了测定正在研制的反导系统的实际性能，专家们需要建立目标情况数学模型，并使其通过通信线路与反导系统作战电子计算机相联，由此实现其所有设备在最大限度接近对真实弹道目标射击的条件下正确运行。此外，由于正在研制的反导系统是第一种不需要维护人员介入、能够自动运行的装备系统，为了检测程序运行的准确性，专家们还开发了实时工作的综合模拟试验台、效能评估模型、系统单个设备模型等。

1960年初，苏联开始展开对试验型反导系统的综合试验。1960年11月24日，苏联实现了对P-5弹道导弹头部的第一次成功拦截（遥测）。但此后的13次发射皆由于各种原因没有成功。然而对于真正的试验者来说，没有失败的发射，每次发射都是向理想的目标更近的一步。终于，在1961年3月4日，A系统首次成功地拦截了目标——P-12弹道导弹，并摧毁了该导弹的头部，目标被反弹道导弹的杀伤性爆破战斗部完全摧毁。在接下来的实弹试验中，A系统又相继成功拦截了P-5和P-12导弹。1961年3月-6月，苏联一共成功地进行了29次拦截弹道导弹目标的发射试验。从此，保护国家重要目标免受核打击的愿望已经成为现实。1965年12月24日，靶场完成了A-35系统A-350Ж（5B61）拦截导弹的发射并开始部署。

B-1000反导弹

1962年1月22日，导弹防御局开始组建，对外称无线电技术第81中心，负责A-35导弹防御系统的工程建设。1962年，按照苏军总参谋部的命令，太空防御和导弹袭击预警系统局——无线电技术第154中心成立。1966年11月，国防部第45研究所太空监视中心基干改编为太空监视中心。1967年4月，导弹太空防御部队司令员局正式组建，首任司令为沃季采夫中将。1967年，反导与反卫星局成立，编入防空军战斗序列。1982年10月1日，反导与反卫星局改组为导弹太空防御司令部。

沃季采夫

晚年时的沃季采夫

尤里·弗谢沃洛多维奇·沃季采夫

Юрий Всеволодович Вотинцев

1919年10月23日在塔什干出生，2005年11月29日在莫斯科去世。

1936年毕业于列宁格勒第1炮兵学校，1938年毕业于炮兵高等指挥学院。之后在第比利斯山地炮兵学校任教。卫国战争爆发后赴前线参战，从1942年11月开始先后在近卫第6集团军和波罗的海沿岸方面军所部先后担任炮兵营副营长、营长、炮兵团参谋长等职，1944年12月作战负伤后在奔萨炮兵学校任职。第二次世界大战后，1953年10月担任坦克第2集团军炮兵主任，1955年毕业于伏罗希洛夫高等指挥工程学院，并在莫斯科防空第1集团军任作战训练副司令。1958年2月晋升少将军衔，1960年4月-1963年5月任独立防空第30军军长，之后到1967年5月任独立防空第12集团军军长，1963年晋升中将军衔。1967年5月任防空军导弹太空防御部队司令，并于同年成为防空军军事委员会成员，1975年5月晋升上将军衔，1986年8月退役。先后获得过社会主义劳动英雄称号（1984年2月17日）、2枚列宁勋章、4枚红旗勋章、1枚亚历山大·涅夫斯基勋章、2枚一级卫国战争勋章、1枚红星勋章等。

A-350Ж反弹道导弹导弹

第二节 部队编成

20世纪70年代，导弹-空间防御部队的兵力和装备被编入国土防空军，整合了导弹袭击预警系统、空间监视系统、反导和反卫星防御系统。导弹袭击预警系统于1976年正式担负战备值勤，由指挥所、6个预警枢纽（“第聂伯河”雷达）和УС-К太空梯队组成。1978年装备了A-135M改进型莫斯科导弹防御系统，它包括“顿河-2H”雷达、指令-计算中心和两种反导导弹。1978年11月装备了ИС-М反卫星系统。1979年起装备全新的C-300П防空导弹系统。1997年10月，该兵种被并入战略火箭军。

此时该部队下辖：

1. 导弹袭击预警第3集团军

1967年3月30日在莫斯科组建，番号导弹袭击预警第1师，1977年6月番号改为导弹袭击预警第3集团军，1998年10月1日番号改为导弹袭击预警第1师，2009年番号改为导弹袭击预警第820中心。

1967年下辖：

导弹袭击控制预警第514中心

通信第487中心

警卫和保护第468连

独立无线电技术第57和第129分队

1977年下辖：

导弹袭击预警第1和第2师

导弹袭击控制预警第514中心

通信第487中心

警卫和保护第468连

空间控制第145中心

通信第1069中心

2000年下辖：

导弹袭击控制预警第514中心

通信第487中心

警卫和保护第468连

独立无线电技术第57、378、428、474、808和第1056分队

2009年下辖：

导弹袭击控制预警第514中心

通信第487中心

警卫和保护第468连

指挥第1383中心

独立无线电技术第000、46、49、57、378、428、474、571、916和第1127分队

2. 独立导弹防御第9军

1962年1月22日在莫斯科以无线电技术第81中心为基础成立，1965年1月16日番号改为莫斯科反导弹集团军，1972年10月8日番号改为莫斯科反导弹防御第2集团军，1975年12月31日番号改为反导弹防御第2集团军，1978年5月番号改为独立导弹防御第9军。1998年10月1日番号改为独立导弹防御第9师。

1978年下辖：

通信第900中心

警卫和保护第41连

信息通讯第164中心和计算机系统第2中心

无线电技术第61和第62中心

反导弹第52、57、102和第121中心

第1876技术基地

独立通信第34连

1998年下辖：

通信第900中心

警卫和保护第41连

信息通讯第164中心和计算机系统第2中心

无线电技术第61和第62中心，第482基地

反导弹第102和第121中心，第00、12、16、49和第89合成分队

第1876技术基地

独立通信第34团

2010年下辖：

通信第900中心

警卫和保护第41连

信息通讯第164中心和计算机系统第2中心

无线电技术第482基地

反导弹第00、12、16、49和第89合成分队

第1876技术基地

3. 独立太空监视第18军

1988年6月17日成立，1994年10月1日改为独立太空监视第45师，2009年改为太空监视第821中心。

2010年下辖：

太空监视第145、1069中心

信息控制第935基地

独立测量第735中心

独立无线电技术第572等分队

独立光电第1109分队

2001年3月28日，俄罗斯总统普京签署第371号总统令，任命原战略火箭军第一副总司令兼参谋长佩尔米诺夫上将为航天兵司令员。同年6月1日，航天兵正式组建完毕，并开始执行任务。2002年10月3日，第1115号总统令将每年10月4日定为航天兵节。

航天兵独立后，下辖：

1. 独立太空防御第3集团军（驻于索尔涅奇诺戈尔斯克），其下辖：

独立导弹防御第9师（驻于莫斯科地区普希金诺）

太空监视第45师（驻于莫斯科州诺金斯基）

导弹袭击预警第1师（驻于莫斯科）

整个集团军在莫斯科和周边地区共有1个太空集团中央指挥所、1个独立指挥测绘系统、8个反导导弹发射阵地、3个独立雷达枢纽。

2. 航天器实验与控制第153总中心（位于克拉斯诺兹纳缅斯克）

3. 第1国家中央靶场（位于普列谢茨克）

Дон-2Н警戒雷达正面

导弹防御军部分制导测量设备

4. 第2国家中央靶场（位于斯沃博德内）

5. 第5国家中央靶场（位于哈萨克斯坦拜科努尔）

6. 独立指挥测控训练综合体（位于列赫图西）

整个航天兵系统共有14个独立雷达枢纽、10个独立指挥测控系统、7个测控站和1个独立测控中心。

佩尔米诺夫

第四章

旧貌还是新颜

20世纪末，战略火箭军主要院校有：

彼得大帝战略火箭军军事学院（位于莫斯科市）

军事航天工程大学（位于圣彼得堡）

克拉斯诺达尔高等火箭军指挥工程学院（位于克拉斯诺达尔）

彼尔姆高等火箭军指挥工程学院（位于彼尔姆）

罗斯托夫高等火箭军指挥工程学院（位于罗斯托夫）

谢尔普霍夫高等火箭军指挥工程学院（位于莫斯科州谢尔普霍夫）

斯塔夫罗波尔火箭军通信专科学校（位于斯塔夫罗波尔）

战略火箭军军事学院分院（位于莫斯科州奥金佐沃区库宾卡镇）

军事航天工程大学分校（位于普希金市）

当公元纪年迈入21世纪，俄罗斯也进入了一个新的时期。1999年12月31日，俄联邦总统叶利钦宣布辞职，由总理普京代理总统。当68岁的叶利钦在1999年最后一天以突然宣布辞职的方式为自己的政治生涯做出精彩谢幕，并将出任俄总理仅5个月、年仅47岁的普京（注：1999年8月，叶利钦任命国家安全会议秘书兼安全总局局长普京担任代总理）推向权力最高峰时，一个新的历史时期也伴随着新千年的脚步到来。复兴俄罗斯、重振大国雄风，成为摆在新总统面前的首要难题。

2000年3月，普京正式当选俄联邦总统。上任不久，俄国杜马就通过了1996年9月10日联合国大会通过的《全面禁止核试验条约》（Comprehensive Nuclear Test Ban Treaty）。不过讽刺的是，美国虽然也是该条约的倡议国之一，但美国参议院却在1999年10月13日否决了该条约。

2000年，俄罗斯战略火箭军拥有4个导弹集团军19个导弹师，洲际导弹发射装置760具，弹头3544枚，具体为：

Р-36М УТТХ和Р-36М2 (SS-18 Satan)：导弹发射装置180具，弹头1800枚

УР-100Н УТТХ (SS-19)：导弹发射装置150具，弹头900枚

РТ-23 УТТХ（SS-24）：导弹发射装置46具，弹头460枚

РТ-2ПМ“白杨”-М（SS-25）公路机动型：导弹发射装置360具，弹头360枚

PT-2ПМ2"白杨"-M2（SS-27）地下发射井型：导弹发射装置24具，弹头24枚

编制如下：

近卫导弹第27集团军（驻于弗拉基米尔）

近卫导弹第7师（驻于韦波尔佐沃）

导弹第8师（驻于尤里亚）

近卫导弹第10师（驻于科斯特罗马）

近卫导弹第28师（驻于科捷尔斯克）

近卫导弹第54师（驻于捷伊科沃）

导弹第60师（驻于塔季谢沃）

导弹第31集团军（驻于奥伦堡）

导弹第13师（驻于多姆巴罗夫斯基）

导弹第14师（驻于约什卡尔奥拉）

导弹第42师（驻于下塔吉尔）

导弹第52师（驻于别尔什金）

导弹第59师（驻于卡尔塔雷）

近卫导弹第33集团军（驻于鄂木斯克）

近卫导弹第29师（驻于伊尔库茨克）

导弹第35师（驻于巴尔瑙尔）

近卫导弹第39师（驻于新西伯利亚州帕西诺）

近卫导弹第41师（驻于阿列伊斯克）

导弹第62师（驻于乌茹尔）

导弹第53集团军（驻于赤塔）

导弹第4师（驻于赤塔州德罗维扬纳亚）

近卫导弹第23师（驻于克拉斯诺亚尔斯克州坎斯克）

近卫导弹第36师（驻于克拉斯诺亚尔斯克边疆区克拉斯诺亚尔斯克）

训练中心（位于普斯科夫以南）

通信训练中心（位于佩列斯拉夫利）

第4国家中央靶场和技术学校（位于卡普斯京亚尔）

改组后，战略火箭军采取一系列措施来提高战斗力。

首先是延长装备使用期限。俄罗斯规定，对于导弹系统的延寿需要战略火箭军和军工企业共同进行。现役的P-36M УТТХ和P-36M2导弹原设计寿命为10～15年，但是其中一些已经服役达到22年。PT-23 УТТХ导弹使用寿命也延长了2年多。PT-2ПМ"白杨"-M2是不受《第二阶段削减战略武器条约》限制的主力导弹，不过大部分已经超期服役50%，而更新的PT-2ПМ2"白杨"-M还未完全定型装备。

其次是部分装备商业化。为了解决装备淘汰和资金短缺问题，经过政府批准，1999年开始，战略火箭军被允许使用退役或经过改装的弹道导弹进行国外商业发射。这样一方面可以改善战略火箭军的经济状况，另一方面通过改造过期和部分被国际条约限制销毁的导弹，可以节省大量销毁费用。

最后是加强内部结构调整。在1997年的改编之后，战略火箭军承担的国防预算从1996年的19.2%下降到了1999年的13.8%。

1999年12月14日，总理普京观摩1枚"白杨"-M2导弹发射。2000年12月26日，战略火箭军司令雅科夫列夫公开宣布，第三个"白杨"-M2导弹团已经在塔季谢沃进入战备值勤。而正在格鲁吉亚访问的国防部部长谢尔盖耶夫也对外宣称："从技术上讲，"白杨"-M2导弹可以对付世界上任何一种反导弹防御系统，它具有独一无二的性能。在目前和今后相当长一段时间内，世界上没有一种反导系统能够拦截它！"

PT-23 YTTX铁路机动型导弹雄姿

叶利钦将政权移交给普京

2001年8月12日，普京参加纪念加加林太空飞行40周年活动

“天顶”运载火箭装配车间

第八篇

走入新世纪

第一章

由军种到兵种

2001年3月24日，俄联邦总统签署第337号关于《保障俄罗斯联邦武装力量建设和发展，完善其结构》的总统令，该命令第一条就是：“在2001年6月1日之前，俄罗斯联邦武装力量军种——战略火箭军，改组为武装力量兵种——战略火箭兵和航天兵。”原先隶属于战略火箭军的军事航天力量和导弹太空防御部队脱离该军种，再次独立成为直接隶属于国防部的独立兵种，命名为航天兵。

关于这次的改革，俄罗斯自然科学院院士康斯坦丁·索科洛夫认为，按照俄罗斯军事科学的定义，“军种”是指按照武装对抗的区域特征来划分的部队，而“兵种”则是按照使用武器的共性和行动方法来决定的。从这点上来说，之前的战略火箭军只是装备了一种特殊武器——战略核导弹的部队，实际属于一个单独的兵种。1959年时之所以将之单独作为军种成立，主要是因为当时出于加强战略核力量的建设和与美国保持核均势的考虑，所以才没有遵循武装力量的结构组成原则。如今它成为国防部直属的兵种，这样才符合俄罗斯军事科学中的武装力量组织原则。

就俄罗斯官方立场而言，主要是出于如下考虑：

首先，俄方认为在21世纪初，世界爆发核战争或者俄罗斯受到直接大规模侵略的可能性是极低的。而与此同时，俄罗斯面临的局部战争和武装冲突的现实威胁却越来越大。因此，俄罗斯改变了将防范和应对美国及北约发生全球冲突作为军事建设首要着眼点的传统战备方针，这是将战略火箭军从军种降为独立兵种地位的主要原因。

其次，为了可靠保障国家安全并维护俄罗斯的世界大国地位，新时期俄罗斯战备方针的一个重要目标就是：使俄罗斯战略核力量具备防范和遏制美国及北约对自身发动大规模冲突以及由此引起的全球冲突的能力。因此，俄罗斯需要在坚持“平衡发展”核力量和常规力量的原则下，继续重视战略核力量的建设，以确保其“非对称”的战略遏制能力，而战略核力量的地面部队作为其最重要的组成部分，应该给予应有的重视。所以，这次改革也没有采纳前总参谋长克瓦什宁等人提出的将战略火箭军并入空军的建议。

2000年3月普京当选总统之后，初期依然延续着过去的军事战略。从2003年10月开始，俄军开始奉行“以核遏制为依托的机动战略”（Стратегическая мобильность с опорой на ядерное сдерживание），这个战略的主要思想表现在：对军事政治形势做出比较严峻的判断；提出跨境威胁的新概念；奉行“先发制人”的用兵方针；强化核战略的遏制功能；发展同时应付两场武装冲突或局部战争的战略能力；重视军事行动的新特点。

俄罗斯国旗

战略火箭兵标志

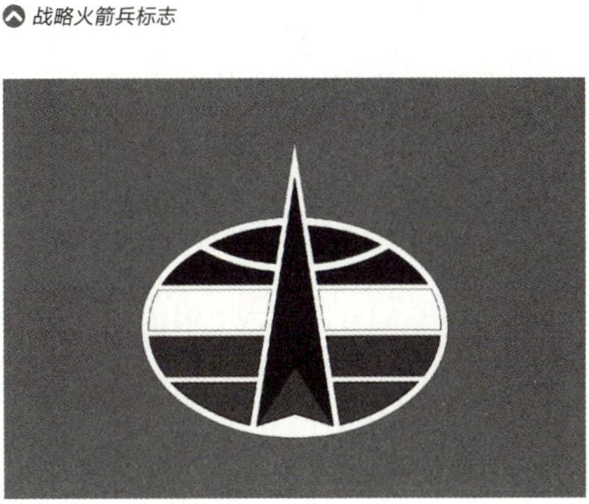

俄罗斯航天兵军旗

此时，俄航空航天署下属的火箭–航天工业企业共有108家，其中82家为国有企业，26家为股份公司。

2002年1月，战略火箭兵拥有洲际弹道导弹发射装置726具和弹头3150枚，具体为：

P-36M УТТХ和P-36M2 (SS-18 Satan)：导弹发射装置150具，弹头1500枚

УР-100Н УТТХ (SS-19)：导弹发射装置150具，弹头900枚

РТ-23 УТТХ（SS-24）：导弹发射装置30具，弹头360枚

РТ-2ПМ“白杨”-М(SS-25)铁路机动型：导弹发射装置360具，弹头360枚

РТ-2ПМ2“白杨”-М2 (SS-27)地下发射井型：导弹发射装置30具，弹头30枚

2002年5月24日，俄罗斯总统普京和美国总统布什在莫斯科签署了《关于削减进攻性战略力量条约》，该条约于2003年6月1日正式生效。条约的核心内容就是在2012年12月31日之前，双方将各自实战部署的战略核弹头削减到1700~2200枚，但并没有要求双方消除导弹发射井、潜艇、导弹、轰炸机、核弹头或核炸弹，也没有限制研发、部署新型的战术核武器系统。对于俄罗斯来说，签署该条约既是缓和研制新型导弹带来的经济压力的权宜之计，又是同美国保持战略稳定性的重要举措。

8月16日，国防部部长伊万诺夫视察卡尔塔雷的P–36M УТТХ导弹部队，并盛赞它是“战略力量战斗力的核心，能够战胜任何最现代化的防御系统”。8月20日，战略火箭兵司令索洛托佐夫上将宣布将对现役的144枚P–36M和РТ–23 УТТХ导弹进行返修和升级，希望它们可以服役到2014年。由于此时俄罗斯新型陆基导弹“白杨”–M2的生产和部署速度缓慢，且仅是单弹头导弹，因而保留可以携带10个分弹头的P–36M2导弹也显得至关重要。

2002年5月24日，普京与布什在克里姆林宫签署俄美《关于削减进攻性战略力量条约》

俄罗斯第一位文职国防部部长伊万诺夫

同时，俄战略火箭兵还分别在2001年6月27日和10月26日从拜科努尔发射了2枚УР-100Н导弹，以检查导弹延寿后的可靠性。当年年底，导弹第53集团军被撤销番号。

2003年9月，俄罗斯战略核力量共拥有弹头4147枚。战略火箭兵有10万人，3个导弹军15个导弹师，装备洲际导弹发射装置621具，弹头2423枚。具体为：

P-36M УТТХ和P-36M2 (SS-18 Satan)：导弹发射装置116具，弹头1160枚

УР-100Н УТТХ (SS-19)：导弹发射装置130具，弹头780枚

РТ-23 УТТХ (SS-24)：导弹发射装置12具，弹头120枚

РТ-2ПМ"白杨"-M(SS-25)铁路机动型：导弹发射装置333具，弹头333枚

РТ-2ПМ2"白杨"-M2 (SS-27)地下发射井型：导弹发射装置30具，弹头30枚

战略核潜艇14艘，潜射导弹发射装置212具，弹头872枚

战略轰炸机78架，弹头852枚

3个导弹军的编制为：

近卫导弹第27集团军

近卫导弹第7师（驻于特维尔州韦波尔佐沃）

导弹第8师（驻于基洛夫州尤尔亚）

近卫导弹第10师（驻于科斯特罗马州科斯特罗马）

导弹第14师（驻于马里埃尔共和国约什卡尔奥拉）

近卫导弹第28师（驻于卡卢加州科捷尔斯克）

近卫导弹第54师（驻于伊万诺沃州捷伊科沃）

导弹第60师（驻于萨拉托夫州塔季谢沃）

导弹第31集团军

导弹第13师（驻于奥伦堡州多姆巴罗夫斯基）

导弹第42师（驻于斯维尔德洛夫斯克州下塔吉尔）

导弹第59师（驻于车里雅宾斯克州卡尔塔雷）

近卫导弹第33集团军

近卫导弹第23师（驻于克拉斯诺亚尔斯克边疆区坎斯克）

近卫导弹第29师（驻于伊尔库茨克州伊尔库茨克）

导弹第35师（驻于阿尔泰边疆区巴尔瑙尔）

近卫导弹第39师（驻于新西伯利亚州帕什诺）

导弹第62师（驻于克拉斯诺亚尔斯克边疆区乌茹尔）

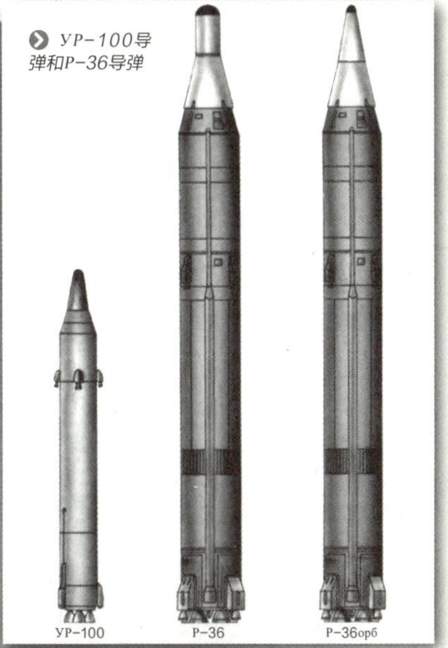

УР-100导弹和Р-36导弹

Р-36М УТТХ导弹发射

第二章

新的挑战

第一节 独挑大梁

2004年，俄罗斯进行了14次洲际导弹发射（海基5次），还进行了22年以来最大规模的"安全–2004"战略演习，其规模与1982年的"7小时核战争"演习不相上下。演习中战略火箭兵出动了近卫导弹第27集团军与导弹第31集团军部分兵力，动用了几乎所有先进装备。2月18日，战略火箭兵在普列谢茨克向堪察加半岛的库拉靶场发射了1枚PT-2ПМ"白杨"–M导弹，还将1颗军用通信卫星送上太空。试验中，新型核弹头经过数次机动，躲过了假设的反导弹拦截，准确命中目标。同一天中午，战略火箭兵又从拜科努尔发射了1枚服役25年之久的УР-100Н УТТХ导弹。

此时的俄罗斯战略核力量共有运载工具855件，核弹头3814枚。战略火箭兵共有导弹发射装置585具，弹头2270枚，主要分布如下：

P-36МУТТХ和P-36М2 (SS-18 Satan)：导弹发射装置100具，弹头1000枚

УР-100Н УТТХ (SS-19)：导弹发射装置130具，弹头780枚

PT-23 УТТХ（SS-24）：导弹发射装置15具，弹头150枚

PT-2ПМ"白杨"–M(SS-25)公路机动型：导弹发射装置300具，弹头300枚

PT-2ПМ2"白杨"–M2 (SS-27)地下发射井型：导弹发射装置40具，弹头40枚

战略核潜艇12艘，潜射导弹发射装置192具，弹头672枚

战略轰炸机78架，弹头872枚

与上一年相比，战略火箭兵减少了1600余人，解散了11支部队，其中5个还是导弹团。这一年战略火箭兵恢复了中断16年的P-36М УТТХ导弹试射。当年的11月17日，俄总统普京透露："俄正在研发一种新的核弹系统，该系统是其他核大国所没有的。"当月，他还在国防部年终总结大会上明确指出："我们要加强武装力量建设，尤其要加强作为武装力量重要组成部分的核威慑力量的建设。"

4月20日，战略火箭兵从普列谢茨克发射了1枚PT-2ПМ2"白杨"–M2洲际弹道导弹，这是15年来首次向距离11000千米外的夏威夷群岛发射。同年12月22日，俄罗斯恢复已经中断16年之久的P-36М УТТХ导弹发射训练和试射，从奥伦堡州多姆巴罗夫斯基成功发射1枚该型导弹，弹头准确落入位于堪察加半岛的"库拉"发射场指定目标区域。

2004年，普京视察普列谢茨克发表讲话

2004年5月9日，近卫导弹第27集团军老兵纪念第二次世界大战胜利

2005年1月，俄罗斯战略核力量共有弹头4732枚。战略火箭兵拥有3个集团军15个导弹师，总人数11万人。主要部署在弗拉基米尔、奥伦堡和鄂木斯克，装备洲际导弹发射装置496具，弹头2436枚。具体为：

P-36MУTTX和P-36M2(SS-18 Satan)：导弹发射装置86具，弹头860枚

УP-100H УTTX (SS-19)：导弹发射装置100具，弹头600枚

PT-2ПM“白杨”-M(SS-25)公路机动型：导弹发射装置270具，弹头270枚

PT-2ПM2“白杨”-M2（SS-27）地下发射井型：导弹发射装置40具，弹头40枚

战略核潜艇17艘，潜射导弹发射装置300具，弹头1672枚

战略轰炸机78架，弹头624枚

11月1日，战略火箭兵从卡普斯京亚尔成功试射了1枚搭载机动式弹头的PT-2ПM2“白杨”-M2导弹。当年11月29日，战略火箭兵成功从普列谢茨克航天发射场向位于堪察加半岛的库拉靶场成功发射1枚已经服役20年之久的PT-2ПM“白杨”-M洲际弹道导弹，导弹准确击中了靶场上的目标。成功发射服役如此之久的固体燃料导弹，这在俄罗斯国内导弹制造业乃至世界导弹制造业上均属首例，该型导弹的可靠性也由此可见一斑。

这一年对于俄罗斯战略火箭兵来说，也有令人惋叹的时候。当年4月，装备P-36M2导弹的导弹第59师（驻于卡尔塔雷）被撤销番号；同年8月15日，战略火箭兵司令索科洛夫上将宣布所有的PT-23 УTTX铁路机动型导弹已经在8月12日全部退役。这批导弹于当年全部销毁，仅残留了部分地面设施。

根据2004年10月12日俄罗斯公布的裁军方案，战略火箭兵到2008年将拥有2个导弹集团军和10个导弹师，313具导弹发射装置（154具地下发射井型，159具机动型）。

2006年，俄战略火箭兵共进行了6次战略弹道导弹发射试验。同年12月21日再次发射了P-36M2导弹，以确定该型导弹可以延寿到2008年。

这一年对于战略火箭兵来说，最值得骄傲的是12月10日在捷伊科沃部署了“白杨”-M2公路机动型洲际弹道导弹。2006年12

月15日，总统普京在国防部部长伊万诺夫和战略火箭兵司令索洛夫佐夫上将的陪同下视察了刚刚接收"白杨"-M2导弹的近卫导弹第54师（驻于捷伊科沃）。

2007年，俄战略火箭兵共拥有导弹发射装置503具，弹头1853枚，具体编制为：

近卫导弹第27集团军，导弹发射装置246具，弹头876枚

导弹第60师（驻于塔季谢沃），装备66具УР-100Н УТТХ（SS-19）导弹发射装置（弹头396枚）和42具 РТ-2ПМ2"白杨"–М2（SS-27）地下发射井型（弹头42枚）

近卫导弹第28师（驻于科泽利斯克），装备60具УР-100Н УТТХ（SS-19）导弹发射装置，弹头360枚

近卫导弹第7师（驻于韦波尔佐沃），装备18具РТ-2ПМ"白杨"–М（SS-25）公路机动型（弹头18枚）

近卫导弹第54师（驻于捷伊科沃），装备30具РТ-2ПМ"白杨"–М（SS-25）公路机动型（弹头30枚）和3具РТ-2ПМ2"白杨"–М2（SS-27）机动型（弹头3枚）

导弹第14师（驻于约什卡尔奥拉），装备27具РТ-2ПМ"白杨"–М（SS-25）公路机动型（弹头27枚）

导弹第31集团军，88具导弹发射装置，弹头502枚

导弹第13师（驻于多姆巴罗夫斯基），装备46具Р-36МУТТХ和Р-36М2（SS-18 Satan）（弹头460枚）

导弹第8师（驻于尤里亚），装备6具РТ-2ПМ"白杨"–М（SS-25）公路机动型（弹头6枚）

导弹第42师（驻于下塔吉尔），装备36具РТ-2ПМ"白杨"–М（SS-25）公路机动型（弹头36枚）

近卫导弹第33集团军，169具导弹发射装置，弹头475枚

导弹第62师（驻于乌茹尔），装备34具Р-36МУТТХ和Р-36М2（SS-18 Satan）（弹头340枚）

近卫导弹第39师（驻于新西伯利亚），装备45具РТ-2ПМ"白杨"–М（SS-25）公路机动型（弹头45枚）

近卫导弹第23师（驻于卡斯克），装备27具РТ-2ПМ"白杨"–М（SS-25）公路机动型（弹头27枚）

近卫导弹第51师（驻于伊尔库茨克），装备27具РТ-2ПМ"白杨"–М（SS-25）公路机动型（弹头27枚）

导弹第35师（驻于巴尔瑙尔），装备36具РТ-2ПМ"白杨"–М（SS-25）公路机动型（弹头36枚）

这一年战略火箭兵进行了12次作战训练性及试验性的导弹射击，其中还模拟了核武器的应用。

2007年5月29日，俄罗斯战略火箭兵在莫斯科以北800千米的普列谢茨克基地，以机动方式发射了1枚РС-24陆基洲际弹道导弹。该导弹向东飞越俄罗斯大部分国土，击中5500千米以外位于堪察加半岛库拉靶场的目标。这是该型导弹在公众面前首度曝光。试验成功后，俄第一副总理谢尔盖·伊万诺夫指出，新型导弹"能穿透任何防御系统"，并将取代即将退役的Р-36М2和УР-100Н УТТХ，与РТ-2ПМ2"白杨"–М2一起成为21世纪前保障俄罗斯和盟国安全的主要战略打击力量。

2007年12月8日，俄罗斯战略火箭兵成功试射了1枚РТ-2ПМ"白杨"–М洲际弹道导弹，以测试导弹的性能。

此外，战略火箭兵还展开了"白杨"–М2/高超声速飞行器组合导弹的研制。这是一种前所未有的新型导弹。其独特之处在于：发射推

进系统采用“白杨”–M2导弹三级固体发动机中的第一级和第二级发动机，再入系统采用由超燃冲压发动机推进的、有翼的高超声速飞行器替代原来无动力的再入飞行器（弹头）。

俄罗斯从2001年开始进行这种弹道导弹与高超声速飞行器组合导弹的飞行试验。据监测这种战略导弹飞行试验的美国军方称，其飞行轨迹十分特殊，最后一段飞行轨迹的高度约为33千米，具有在大气层内飞行的高速巡航导弹的性能（飞行速度为5～10马赫数）。由于这种导弹的飞行高度低、可机动飞行，使其飞行轨迹明显不同于通常的椭圆弹道，因而弹道导弹防御系统难以对其实施探测、跟踪和拦截。

这一年，美国着手建立欧洲导弹防御系统。为了表示“回应”，俄总统梅德韦杰夫在向议会发表国情咨文时宣布不再撤销3个导弹团，并准备在加里宁格勒部署“伊斯坎德尔”战术导弹和无线电干扰装置。不过很快又出现戏剧性的转折。2009年9月17日，美国总统奥巴马宣布美国放弃在东欧部署导弹防御系统计划，不过同时又表示在反导问题上会与波兰和捷克等盟国合作。

截至2008年初，俄罗斯的战略核力量拥有运载工具682件和核弹头3100枚。与2007年相比，运载工具减少了39件（5.3%），弹头的数量减少了177枚（5.3%）。截至2009年7月1日，俄罗斯战略核力量拥有运载工具608件和弹头2683枚，与上一年年同期相比，增加了运载工具26件和核弹头142枚。其中战略火箭兵拥有洲际弹道导弹发射装置430具和弹头1605枚，具体为：

P-36M УТТХ和P-36M2（SS-18 Satan）：导弹发射装置75具，弹头750枚

УР-100Н УТТХ（SS-19）：导弹发射装置100具，弹头600枚

PT-2ПМ“白杨”–M（SS-25）铁路机动型：导弹发射装置201具，弹头201枚

PT-2ПМ2“白杨”–M2（SS-27）地下发射井型：导弹发射装置48具，弹头48枚

PT-2ПМ2“白杨”–M2（SS-27）公路机动型：导弹发射装置6具，弹头6枚

在部队建设上，这一年，塔季谢沃导弹第60师完成了第5个PT-2ПМ2“白杨”–M2 (SS-27)地下发射井型导弹系统的换装；捷伊科沃的近卫导弹第54师完成了2个PT-2ПМ2“白杨”–M2 (SS-27) 公路机动型导弹营的列编工作。

2008年5月7日，梅德韦杰夫宣誓接任俄罗斯联邦总统。

当年，俄罗斯的“稳定–2008”军事演习引起了各方的高度关注。演习从9月22日开始，10月21日结束，是自苏联解体以来规模最大的一次演习。演习期间，俄三军成功试射了多枚导弹，全面展示其海、陆、空三位一体核力量，让人们看到了俄整军备战、增强对敌核威慑力的决心。

“稳定–2008”演习的目标显然是宣示俄罗斯军方的全球作战能力。演习的设想情境是：一场地区冲突升级为俄罗斯及其盟国白俄罗斯与西方国家之间的大范围战争，双方出动了陆、海、空三军，最后还动用了核武器。与设

2009年，导弹第13师纪念成立45周年

定场景相一致，俄罗斯的陆、海、空“三重”核打击力量全部参与了演习，共投入6万多官兵。

空中威慑方面，俄空军战略航空兵动用20架轰炸机，进行了为期一周的大练兵，包含两个方面。一方面俄战略轰炸机实施了自苏联解体以来的首次“满载荷全发射”演练，即部分参演轰炸机挂满导弹并全部发射；另一方面俄图-160和图-95战略轰炸机在靠近美国阿拉斯加州的俄亚北极空域举行了核巡航导弹实弹射击演习，在美国家门口公开示威。

海陆方面，俄罗斯“图拉”号核潜艇11日从巴伦支海海底发射了1枚新服役的洲际导弹“轻舟”（Skiff，西方代号SS-N-23），该导弹成功飞越1.1万千米，首次击中太平洋赤道附近的目标。而俄战略火箭兵则在12日从俄西北部的普列谢茨克发射场试射了1枚PT-2ПМ“白杨”-M洲际弹道导弹。

当年年底，战略火箭兵共装备导弹发射装置426具和弹头1586枚，具体如下：

近卫导弹第27集团军，导弹发射装置216具，弹头701枚

导弹第60师（驻于塔季谢沃），装备51具УР-100Н УТТХ (SS-19)导弹发射装置（弹头306枚）和50具PT-2ПМ2“白杨”-M2 (SS-27)地下发射井型（弹头50枚）

近卫导弹第28师（驻于科泽利斯克），装备46具УР-100Н УТТХ (SS-19)导弹发射装置，弹头276枚

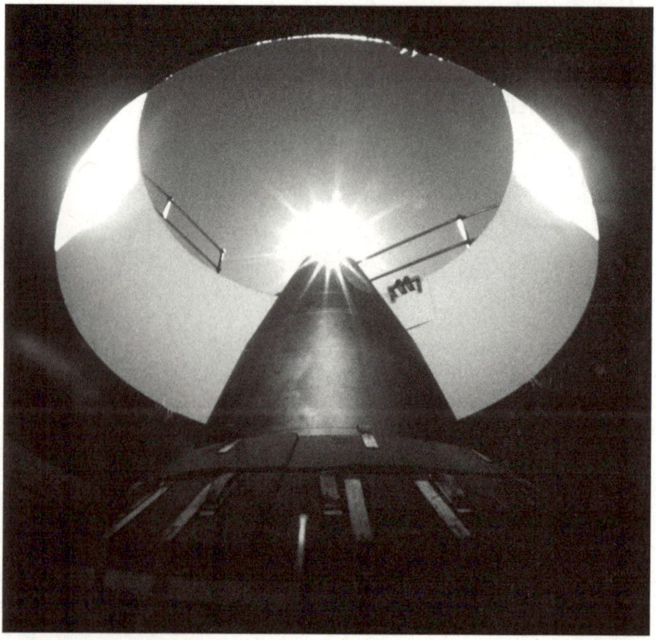
导弹第62师的导弹发射井

近卫导弹第7师（驻于韦波尔佐沃），装备18具PT-2ПМ“白杨”-M(SS-25)公路机动型（弹头18枚）

近卫导弹第54师（驻于捷伊科沃），装备9具PT-2ПМ“白杨”-M(SS-25)公路机动型（弹头9枚）和15具PT-2ПМ2“白杨”-M2 (SS-27)移动式（弹头15枚）

导弹第14师（驻于约什卡尔奥拉），装备27具PT-2ПМ“白杨”-M(SS-25)铁路机动型（弹头27枚）

导弹第31集团军，导弹发射装置77具，弹头446枚

导弹第13师（驻于多姆巴罗夫斯基），装备41具P-36МУТТХ和P-36М2 (SS-18 Satan)（弹头410枚）

导弹第42师（驻于下塔吉尔），装备36具PT-2ПМ“白杨”-M(SS-25)铁路机动型（弹头36枚）

近卫导弹第33集团军，133具导弹发射装置，弹头439枚

导弹第62师（驻于乌茹尔），装备34具P-36МУТТХ和P-36M2 (SS-18 Satan)（弹头340枚）

近卫导弹第39师（驻于新西伯利亚），装备装备36具PT-2ПМ“白杨”–M(SS-25)铁路机动型（弹头36枚）

近卫导弹第51师（驻于伊尔库茨克），装备27具PT-2ПМ“白杨”–M(SS-25)铁路机动型（弹头27枚）

导弹第35师（驻于巴尔瑙尔），装备36具PT-2ПМ“白杨”–M(SS-25)铁路机动型（弹头36枚）

第二节 推陈出新

2009年5月12日，梅德韦杰夫总统签署了《俄罗斯联邦2020年前国家安全战略》，其中提到“为保障国家军事安全实施战略遏制”。2010年2月5日，他又批准了俄罗斯历史上第三份《俄罗斯联邦军事学说》，再次提到“实施战略遏制”（Стратегия внедрения обуздать），这也标志着“战略遏制”成为俄罗斯2020年前指导国家军事安全保障的新战略。

为了抵御美国进一步加强其战略进攻力量后具备的作战能力及其部署全球反导系统，战略火箭兵将会在质量上完善部队的编成和装备，还将会列装包括PC–24“亚尔斯”（Ярс）在内的新一代导弹系统。当年年底，第一个PC–24“亚尔斯”导弹团进入战备值勤。预计到2016年，战略火箭兵会形成4个固定导弹师和5个机动导弹师。

2009年，俄罗斯计划共发射13次——5次为导弹试验发射、3次为延寿后的旧型导弹发射、5次为卫星发射。战略火箭兵分别于4月10日和12月10日各发射了1枚PT–2ПМ“白杨”–M洲际弹道导弹，以检验该型导弹在超期服役后飞行技术性能的稳定性。该年年底，第二个PT–2ПМ2“白杨”–M2机动导弹团进入战备值勤。12月24日，俄罗斯又成功发射了1枚P–36M2导弹，以检验导弹是否可以服役到2012年。

2009年底，战略火箭兵共有3个导弹集团军9个导弹师，拥有导弹发射装置370具和核弹头1248枚，具体为：

P-36МУТТХ和P-36M2 (SS-18 Satan)：导弹发射装置59具，弹头590枚

УР-100Н УТТХ (SS-19)：导弹发射装置70具，弹头420枚

PT-2ПМ“白杨”–M(SS-25)铁路机动型：导弹发射装置174具，弹头174枚

PT-2ПМ2“白杨”–M2 (SS-27)地下发射井型：导弹发射装置49具，弹头49枚

PT-2ПМ2“白杨”–M2 (SS-27) 公路机动型：导弹发射装置15具，弹头15枚

2010年4月8日，经过10轮谈判和双方总统14次电话磋商，俄罗斯总统梅德韦杰夫和美国总统奥巴马最终在捷克首都布拉格共同

签署了新的《削减和限制进攻性战略武器条约》，用来替代已经在2009年失效的条约。新条约规定，两国要在7年内将各自部署的战略核武器运载工具数量削减到700件以下，核弹头总数减少到1550枚。新的条约从2011年2月起生效。

7月19日，俄罗斯国防部第一副部长波波夫金正式对外宣布，俄罗斯第一个装备PC-24“亚尔斯”导弹的导弹营进入战备值勤，导弹可以携带3枚分弹头。

需要说明的是，PC-24“亚尔斯”导弹仅在2007年5月-2008年11月间经过3次飞行试验后就装备了部队。导弹由沃特金斯克工厂生产，长22.65米，弹径2米，发射质量49吨，最大射程11000千米，携带3个15~30万吨TNT当量分弹头。与之前的“白杨”-M2相比，该型导弹在导弹级数、燃料类型、尺寸等方面都与前者基本相同或者相差很小。从俄罗斯导弹装备程序来看，该型导弹算不上一款新型导弹，只是之前导弹的一种改进而已。

在该型导弹装备部队后，它将会取代之前“白杨”-M2导弹，成为战略火箭兵新的撒手锏。2014年1月1日，俄副总理罗戈津在社交网站“推特”的个人页面上发布了一张贺卡，向北约同行们送去了“新年祝福”，贺卡的背景正是一枚最新入役的PC-24“亚尔斯”导弹，其地位由此可见。

2011年1月，战略火箭兵拥有洲际导弹发射装置295具和核弹头1007枚，具体为：

P-36M УТТХ和P-36M2 (SS-18 Satan)：导弹发射装置50具，弹头500枚

УР-100Н УТТХ (SS-19)：导弹发射装置50具，弹头300枚

PT-2ПМ“白杨”-M(SS-25)铁路机动型：导弹发射装置120具，弹头120枚

PT-2ПМ2“白杨”-M2 (SS-27)地下发射井型：导弹发射装置51具，弹头51枚

PT-2ПМ2“白杨”-M2 (SS-27) 机动型：导弹发射装置18具，弹头18枚

PC-24“亚尔斯”机动型导弹发射架：导弹发射装置6具，弹头18枚

此外，战略火箭兵还有“安”系列运输机和“米”系列直升机共80架，不过在4月份将这些转隶给了空军。

2011年12月17日，俄战略火箭兵在拜科努尔航天发射场成功发射1枚УР-100Н УТТХ洲际弹道导弹，旨在试验可突破反导系统的新型突防装置，并检验导弹服役32年的可靠性。

截至2011年底，作为战略核力量的一部分，战略火箭兵拥有洲际导弹发射装置381具和核弹头1277枚。具体为：

P-36M和P-36M2 (SS-18 Satan)：导弹发射装置58具，弹头580枚

УР-100Н УТТХ (SS-19)：导弹发射装置70具，弹头420枚

PT-2ПМ“白杨”-M（SS-25）：导弹发射装置171具，弹头171枚

PT-2ПМ2“白杨”-M2 (SS-27)地下发射井型：导弹发射装置56具，弹头56枚

PT-2ПМ2“白杨”-M2 (SS-27) 公路机动型：导弹发射装置18具，弹头18枚

PC-24“亚尔斯”移动式：导弹发射装置15具，弹头45枚

当年，战略火箭兵有3个导弹师换装PT-2ПМ2“白杨”-M2和PC-24“亚尔斯”导弹系统。当年年底的12月16日，战略火箭兵司令卡拉卡耶夫宣布，这两型导弹系统还将服役至少20年。卡拉卡耶夫还宣布，P-36M系列导弹的使用寿命将会继续延长，这种导弹会一直服役到2026年。

俄战略火箭兵主力装备PT-2ПM2“白杨”-M2导弹

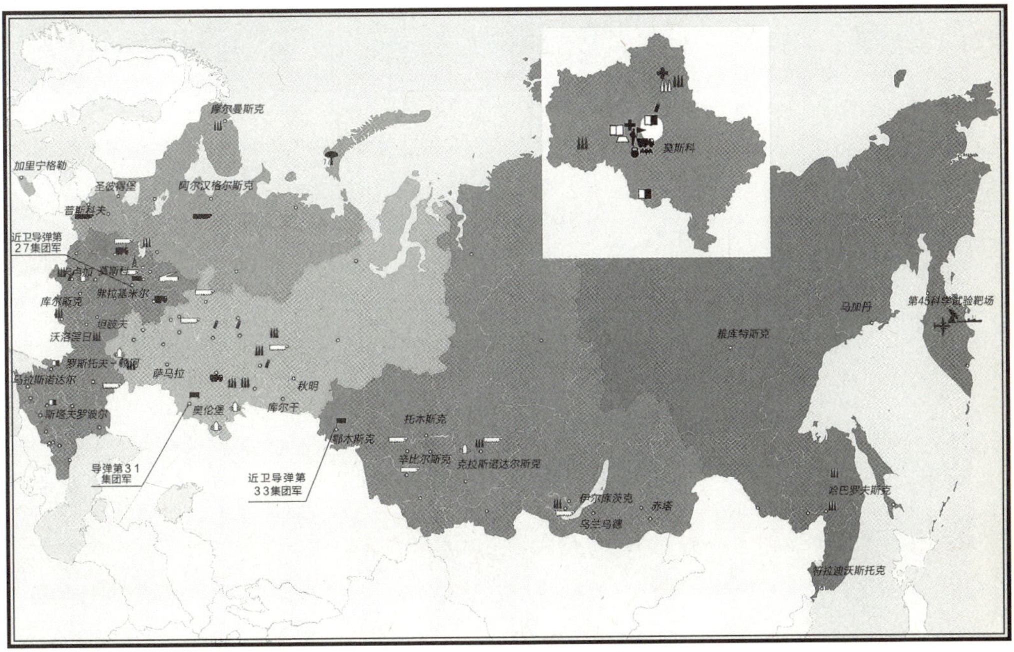

2010年，俄罗斯战略火箭兵分布示意图

2010年4月8日，颇为幽默的一幕：梅德韦杰夫和奥巴马一起撇嘴

2010年4月8日梅德韦杰夫和奥巴马在布拉格签署新的《削减和限制进攻性战略武器条约》后握手

PC-24导弹飞向目标

第三章

再铸雄师

第一节 新的变化

2012年，考虑到未来战略火箭兵的发展，俄罗斯国防部决定从2014年开始，战略导弹部队不再采用白俄罗斯明斯克轮式牵引车厂生产的轮式车辆，转而逐步采用俄罗斯卡马汽车制造厂生产的“平台”新型卡车。与之前的相比，新型卡车在交错地形上最大速度可以达到40千米/小时，可以通过1.5米水深障碍，底盘载重85吨；而之前对应的数据则分别是30千米/小时，1.1米和重80吨。

这一年，普京再次成功当选俄罗斯总统，他火速签署了13项总统令，其中排在所有军事发展项目第一位的就是优先发展核威慑力量。在武器装备上，优先发展“核力量、空天防御、通讯、侦察、指挥和电子对抗系统、无人驾驶飞机、机器人火力打击系统、现代化的航空运输、战场上的士兵个人防护、精确制导武器和反导装备”。

截至2012年1月18日，俄罗斯战略火箭兵拥有391具导弹发射装置和1299枚弹头。这一年共进行了5次洲际导弹试验。

3月20日，俄国防部部长谢尔久科夫宣布战略火箭兵已经拥有10个PT–2ПМ2“白杨”–M2导弹团，其中地下发射井型56枚和公路机动型18枚。

2013年，俄罗斯战略火箭兵拥有导弹发射装置326具和核弹头1032枚。具体为：

P-36M2 (SS-18 M6)：导弹发射装置55具，弹头550枚

УР-100Н УТТХ (SS-19M3)：导弹发射装置35具，弹头210枚

PT-2ПМ“白杨”–M(SS-25)铁路机动型：导弹发射装置140具，弹头140枚

PT-2ПМ2“白杨”–M2 (SS-27M1)地下发射井型：导弹发射装置60具，弹头60枚

PT-2ПМ2“白杨”–M2 (SS-27M1)机动型：导弹发射装置18具，弹头18枚

PC-24“亚尔斯”机动型：导弹发射装置18具，弹头54枚

战略核潜艇10艘，潜射导弹装置160具，弹头624枚

战略轰炸机72架，弹头810枚

这一年，战略火箭兵共进行了8次导弹发射试验，均获得成功，其中P-36M2导弹1次、PT-2ПМ2“白杨”–M2导弹1次、PC-24“亚尔斯”导弹2次、PT-2ПМ“白杨”–M导弹3次。

5月8日，俄罗斯进行了大规模军事演习，

2014年俄罗斯官方公布的311具导弹发射装置和1078枚核弹头具体情况			
导弹型号	发射装置（具）	分弹头数量（枚）	弹头总数（枚）
P-36M/P-36M2	52	10	520
УР-100Н УТТХ	40	6	240
PT-2ПМ“白杨”–M	108	1	108
PT-2ПМ2“白杨”–M2发射井型	60	1	60
PT-2ПМ2“白杨”–M2机动型	18	1	18
PC-24“亚尔斯”机动型	33	4	132
合计	311		1078

演习模拟了俄罗斯在遭受攻击后如何进行大规模核报复。演习期间战略火箭兵发射了2枚潜射弹道导弹、1枚洲际弹道导弹和2枚战术导弹，展示其在短时间内发射洲际弹道导弹的能力，证明其战略核力量具有较高的技术准备水平。

12月5日，俄总统普京签署批准了未来3年的国防预算。其中2013年国防预算为1.93万亿卢布（约627亿美元），2014年为2.2万亿卢布（约714亿美元），2015年为2.8万亿卢布（约900亿美元），分别占俄罗斯GDP的2.9%、3%和3.5%，这其中的66%～70%将用于购买新式武器，包括更新战略火箭兵的导弹装备等。

12月16日，战略火箭兵司令卡拉卡耶夫表示，新型的“萨尔马特”（Сармат）重型液体洲际弹道导弹正在按计划进行研制中，当前正在开展部件与单机的试验，计划于2015年开始试验，预计在2018-2020年装备部队。

当年年底，战略火箭兵共部署了20套PC-24“亚尔斯”系统，其中4套为地下发射井型。

导弹推进剂运输车

梅德韦杰夫与PC-24“亚尔斯”导弹

俄群众参观PC-24“亚尔斯”导弹

俄预警雷达“翡翠”（Изумруд）

第二节 “边界”的登场

PC-26“边界”（Рубеж）导弹被称作俄罗斯新设计的第五代洲际弹道导弹，由著名的莫斯科热工技术研究所从2008年开始研制。PC-26新型洲际导弹分别于2011年9月27日、2012年5月23日、10月24日和2013年6月6日进行过4次试验，其中首次试验因弹体机械故障造成试验失利，之后连续进行的3次试射均获成功，新型机动弹头方案设计的正确性得到验证。

根据判断，导弹长12米，重36吨，携带6枚分弹头。第二次发射试验后，俄国防部战略火箭兵发言人公开宣布，已在普列谢茨克发射场的机动发射装置上发射了1枚“边界”新型固体洲际弹道导弹，导弹飞行6000千米，试验弹头成功命中位于堪察加半岛的预定目标。此次试验是为了检验设计方案和生产工艺、获取试验数据、确定导弹系统及部件的性能，并试验新型战斗部而进行的。

导弹于2012年9月23在位于哈萨克斯坦的萨雷·沙甘靶场进行了第三次发射试验并获得成功，导弹的试验战斗部以既定精度命中目标。试验目的为验证导弹各系统及部件的技术性能、试验新型战斗部，并为最终装备收集数据。

2013年6月6日，“边界”洲际弹道导弹在阿斯特拉罕州的卡普斯京亚尔航天发射场成功进行了第四次试射。导弹从机动发射装置发射，其弹头在预定时间击中哈萨克斯坦巴尔哈什靶场的预定目标。此次试射的主要目的是检验导弹系统的作战装备，验证导弹的技术性能、导弹与其所有组件的飞行技术特性以及导弹系统的性能可靠性。

“边界”导弹采用自带动力和控制系统的机动分导多弹头技术。“分导多弹头”是指一枚导弹发射多个分别沿着不同轨道飞行、瞄准不同目标的分弹头，每个分弹头都能独立杀伤目标。“边界”导弹具有极强的突防能力，其携带的6枚分导弹头配备有独立的火箭发动机和制导系统，可像一枚完整导弹那样沿各个方向机动。与之对比的是，俄罗斯最新列装的PC-24“亚尔斯”导弹的分导弹头采用惯性制导并沿固定弹道飞行，只能做水平和垂直方向的机动。在作战行动中，一枚高速运动的“边界”导弹可瞬间变成6枚导弹，留给反导系统的反应时间只有数秒，因此反导系统无法实施有效拦截。

“边界”导弹使用高效燃料，有效地提高了作战效能。首先，高效燃料带来了更强的加速能力，可以帮助导弹缩短主动段飞行时间，尽快达到所需的关机速度，使导弹能尽早度过这个速度慢、高度低、机动差、最容易被拦截的阶段。其次，高效燃料可以在不增加额外质量的情况下大大提高导弹的储能密度，从而允许导弹选择耗能较高但飞行时间更短且更为隐蔽的被动段飞行弹道，而不必拘泥于固定的“最小能量弹道”，降低了导弹在被动段被敌方发现的概率。最后，高效燃料提升了发动机推力，还使得导弹能够搭载更多的有效载荷升空，通过携带更多的弹头和干扰装置，大大增加敌方的拦截难度。

2015年3月18日，俄罗斯在卡普斯京亚尔航天发射场再次成功发射该型导弹，不过并未有消息披露是否采用多弹头。根据计划，导弹将会在2015年年底或者2016年初装备在驻扎在伊尔库茨克的近卫导弹第29师。该型导弹长23米，弹体最大直径2米，投掷质量1.5吨，射程10000千米，携带6枚15~30万吨当量弹头。

2014年初以来，俄罗斯和乌克兰之间因克里米亚入俄、东部军事冲突、天然气之争等事件导致关系紧张，双方多次在国际公开场合发生纠纷。6月17日，乌克兰新任总统彼得·波罗申科在国家安全及国防大会上明令禁止同俄方在军事领域继续合作。

PC-24“亚尔斯”导弹部队

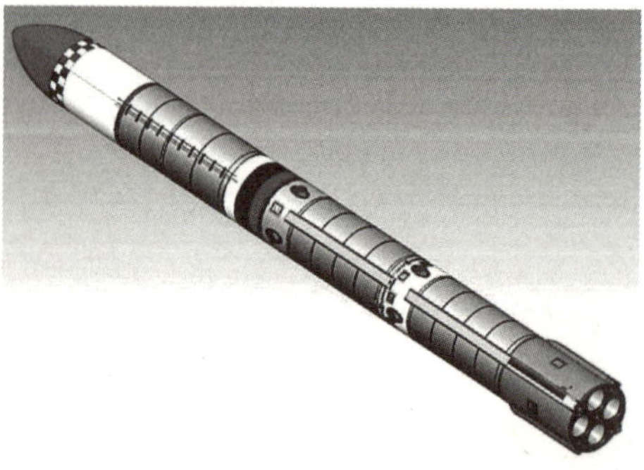

PC-26“边界”导弹想象图

乌克兰第一副总理维塔利在ICTV频道的“言论自由”节目中也宣布了这一决定：

“今天在乌克兰国家国防安全会议上，总统做出了一个具有战略性的决定，禁止了同俄方继续在军事领域的合作。从这一天起我们将切实停止同俄罗斯联邦共和国在军工领域的一切合作。”

这条禁令使得有关俄罗斯威力最强大的P–36M/P–36M2洲际弹道导弹的维护和延寿问题备受关注。从1991年苏联解体以来，该系列导弹至今一直由乌克兰导弹专家负责维护，而且俄方还与乌克兰南方机械制造生产联合体签订了2017年到期的导弹维护合同，每年维护费约1000万美元。

不过这条禁令暂时尚未涉及洲际弹道导弹，因而乌克兰方面仍将履行有关导弹维护和延寿方面的职责。当然，俄方也表示，即便没有乌克兰的帮助，俄方也可以独立完成所有现役该型导弹的操作和检测，将会由正在研制“萨尔马特”新型液体导弹的马卡耶夫设计局完成。这型导弹计划在2018–2020年替代P–36M/P–36M2导弹，使俄罗斯战略核力量完全摆脱乌克兰的技术参与。

根据战略火箭兵2014年10月签署的《延长在役弹道导弹系统服役期相关措施》的文件，计划将P–36M/P–36M2导弹的服役期延长到2027年，УР–100Н УТТХ导弹的服役期延长到2036年，РТ–2ПМ“白杨”–M导弹的延长到2026年，РТ–2ПМ2“白杨”–M2的延长到15年以上。

第三节 目前的状况

2015年，俄罗斯战略火箭兵具体部署情况为：

近卫导弹第27集团军，导弹发射装置206具，弹头562枚

导弹第60师（驻于塔季谢沃），装备40具УР-100Н УТТХ（SS-19）导弹发射装置（弹头240枚）和60具РТ-2ПМ2“白杨”-M2(SS-27)地下发射井型（弹头60枚）

2015年俄罗斯战略火箭兵实力情况表			
导弹型号	发射装置	分弹头数量	弹头总数
P-36M/P-36M2	46	10	460
УР-100Н УТТХ	60	6	360
РТ-2ПМ“白杨”–M	72	1	72
РТ-2ПМ2“白杨”–M 2发射井型	60	1	60
РТ-2ПМ2“白杨”–M2机动型	18	1	18
РС-24“亚尔斯”机动型	45	4	180
РС-24“亚尔斯”地下发射井型	4	4	16
合计	305		1166

近卫导弹第28师（驻于科泽利斯克），装备20具УР-100Н УТТХ (SS-19)导弹发射装置（弹头120枚）和4部РС-24“亚尔斯”发射井型导弹（弹头16枚）

近卫导弹第7师（驻于韦波尔佐沃），装备18具РТ-2ПМ “白杨” –М(SS-25)公路机动型导弹（弹头18枚）

近卫导弹第54师（驻于捷伊科沃），装备18具РС-24 “亚尔斯” 公路机动型（弹头72枚）和18具РТ-2ПМ2 “白杨” –М2 (SS-27)公路机动型导弹（弹头18枚）

导弹第14师（驻于约什卡尔奥拉），装备18具РТ-2ПМ“白杨”–М(SS-25)公路机动型导弹（弹头18枚）

PC-24 “亚尔斯” 导弹发射

导弹第31集团军，导弹发射装置36具，弹头252枚

导弹第13师（驻于多姆巴罗夫斯基），装备18具Р-36М2 (SS-18 Satan)（弹头180枚）导弹

导弹第42师（驻于下塔吉尔），装备18具РС-24 “亚尔斯” 公路机动型导弹（弹头72枚）

PC-24 “亚尔斯” 导弹地下发射井

近卫导弹第33集团军，导弹发射装置73具，弹头352枚

导弹第62师（驻于乌茹尔），装备28具Р-36М2 (SS-18 Satan)（弹头280枚）

近卫导弹第39师（驻于新西伯利亚），装备装备9具РС-24 “亚尔斯” 公路机动型导弹（弹头36枚）

近卫导弹第29师（驻于伊尔库茨克），装备无

导弹第35师（驻于巴尔瑙尔），装备36具РТ-2ПМ“白杨”–М(SS-25)公路机动型导弹（弹头36枚）

PT-2ПМ“白杨”–M公路机动型导弹

PT-2ПМ2“白杨”-M2导弹的发射井

第四节 走向未来

2015年5月9日，俄罗斯在纪念卫国战争胜利70周年的活动上展示了PC–24“亚尔斯”洲际弹道导弹。

同时，为了应对美国部署全球导弹防御系统及全球快速打击系统，俄罗斯在2012年底开始恢复铁路机动导弹系统的研制工作，并已经完成草案设计。新的铁路机动导弹系统“巴尔古津河”（Баргузин）在PC–24“亚尔斯”基础上研制，装备6枚分弹头，起飞质量不超过47吨。

“巴尔古津河”铁路机动导弹作战系统预计在2018年完成研制。根据俄罗斯媒体2015年5月4日报道，该系统已经完工，预计最早会在2019年服役装备部队。

俄战略火箭兵司令卡拉卡耶夫表示，该导弹系统将于2018年列装，并且与之前的PT–23УTTX有所区别。新的导弹系统代号“东北风”，预计装备30套导弹系统，预计会服役到2040年。届时，俄军将组建5个导弹团。每个导弹团装备6枚导弹。

关于列车的编成，共有有三种方案，最小编成为1部牵引车、1部发射车和1部多用途后勤保障指挥车；标准编成为1部牵引车、3部发射车、1部指挥车和1部后勤保障车；最大编成则为1部牵引车、1部指挥通信车、4部生活单元车（1部餐车、2部人员休息的卧车和1部物资储藏车）、4部保障车（电源车、能源车、通信车和零配件车各1部）以及12部发射车。

战略火箭军（兵）成立55周年纪念臂章

冷战中成为美国噩梦的P-36M系列导弹也终于后继有“弹”。其实俄罗斯很早就开始酝酿研制新型重型液体洲际弹道导弹来替代日渐老化的P-36M导弹。2009年底，俄战略火箭兵司令什瓦琴科中将宣布，俄罗斯将研制新型重型液体洲际导弹，以替换即将退役的P-36M2和УР-100Н УТТХ导弹。

随后不久，马克耶夫国家导弹中心、俄罗斯通用机械设计集团（原礼炮设计局，УР-100Н УТТХ 设计方）等单位开始预研制新型导弹，并参加项目竞标。

“萨尔马特”导弹设计图

2011年初，该项目竞标结束，马克耶夫国家导弹中心的方案脱颖而出。同年，俄国防部副部长波波夫金表示，俄国防部已将新型重型液体洲际导弹项目列入俄联邦《2011-2020年国家武器装备计划》，预定于2016 年完成导弹设计研制工作，2018年装备部队（后推迟到2020年左右）。根据上述计划，俄罗斯将为新型液体洲际导弹拨款770亿卢布，约合16亿美元。

据马克耶夫国家导弹中心披露，“萨尔马特”导弹可携带10个重型或者15个中型分导式核弹头，射程大于10000千米。该导弹预计将可能采用“一体两型”的设计思路，针对西欧和美国提出不同的设计方案，其中针对美国的方案为：导弹起飞质量150~200吨，射程16000千米，投掷质量达8吨，略高于P-36M2。针对欧洲的方案为：导弹射程9000千米，起飞质量100~120吨，投掷质量5吨。两种设计都采用了分导式核弹头。

据介绍，“萨尔马特”将采用井基冷发射方式，发射时先用火药蓄压器将导弹弹射到发射井上方20~30米左右高度，然后导弹自行点火起飞。

克里姆林宫夜景

（左方四幅图）铁路机动导弹发射装置

“萨尔马特”将采用新型“惯性制导+星光制导+卫星制导”的复合制导方式，其分导式核弹头的打击精度比P-36M2更高，预计在250米左右。在导弹突防能力方面，由于导弹的投掷质量有所增加，其可以配备种类更齐全、数量更多的诱饵，凸显突防能力。

2015年2月2日，俄国防部副部长鲍里索夫称当年将对该型导弹进行测试。

回望历史，该军（兵）种的发展走过了一条光荣而艰难的道路。有过辉煌，也有过低谷，取得过卓越的成就，也经历过挫折。今天它依然作为俄罗斯国家力量的象征，将其父辈和祖辈的战斗荣誉发扬光大。

相信随着俄军一系列新型导弹的研制与列装，俄罗斯战略火箭兵又将进入一个新的发展时期！

克里姆林宫一角

附录一

苏（俄）战略火箭军历任司令

炮兵主帅涅捷林
（任期：1959.12.17–1960.10.24）

米特罗凡·伊万诺维奇·涅捷林（Митрофан Иванович Неделин），1902年11月9日出生，1920年加入苏联红军。涅捷林在卫国战争前先后担任过炮兵连指导员、炮兵连长、营长、团参谋长、团长、步兵师炮兵主任等职。

1941年4月涅捷林任基辅特别军区反坦克炮兵旅旅长，第二次世界大战中历任第18集团军炮兵副主任、南方面军和北高加索方面军所属第37集团军和第56集团军炮兵司令、北高加索方面军副司令。1941–1943年7月任炮兵第5军军长，1942年5月13日晋升炮兵少将。1943年7月–1945年5月先后任西南方面军和乌克兰第3方面军炮兵司令。1943年9月25日晋升炮兵中将，1944年4月3日晋升炮兵上将，1945年4月28日获得“苏联英雄”称号。

1945年涅捷林全家合影

炮兵主帅涅捷林

第二次世界大战后，涅捷林于1945年5月–1946年任南部军队集群炮兵司令；1946–1948年任武装力量炮兵参谋长；1948–1950年任武装力量总军械部部长；1950–1952年和1953年4月–1955年5月任苏军炮兵司令，期间1952年1月–1953年4月任苏联军事部主管装备的副部长；1955年3月起任苏联国防部副部长。1953年8月4日晋升炮兵元帅，1959年5月8日晋升炮兵主帅，同年12月任战略火箭军第一任司令。1960年10月24日死于发射场事故。

涅捷林先后获得5枚列宁勋章、4枚红旗勋章、1枚一级苏沃洛夫勋章、1枚一级库图佐夫勋章、1枚一级博格丹–赫梅利尼茨基勋章和1枚一级卫国战争勋章。1999年10月24日被追授1枚俄罗斯联邦“英勇”勋章。

苏联元帅莫斯卡连科
（任期：1960.11.25–1962.4.24）

基米尔·谢苗诺维奇·莫斯卡连科（Кирилл Семёнович Москаленко），1902年5月11日出生，1920年8月参加苏联红军，在北高加索和白俄罗斯军区工作。1922年毕业于乌克兰红色指挥员联合学校，1922–1924年历任骑兵第6师炮兵排长、连长、营长和团参谋长，1924年任炮兵团长。1928年毕业于工农红军炮兵指挥人员训练班，1935年6月任远东机械化第23旅炮兵主任，1936年9月任基辅军区机械化第133旅炮兵主任，1939年毕业于捷尔任斯基军事学院高级指挥人员研修系。毕业后，任彼列科普步兵第51师炮兵主任，参加了苏芬战争。战争结束后任该军区步兵第35军炮兵主任，1940年6月6日晋升炮兵少将军衔。1940年8月–1941年5月任军区所属机械化第2军炮兵主任。1941年5月起任摩托化反坦克炮兵第1旅旅长。

苏德战争爆发后，同年9月任步兵第15军军长、骑兵第6军军长、骑兵机械化集群司令。1941年12月任第6集团军副司令。1942年3月–1943年10月历任第38集团军司令、坦克第1集团军司令、近卫坦克第1集团军司令和第40集团军司令。1943年1月19日晋升中将，同年9月19日晋升上将，1943年10月至战争结束任第38集团军司令，1943年10月23日荣获“苏联英雄”称号。

苏联元帅莫斯卡连科

战后，莫斯卡连科于1945年5月–1948年8月任喀尔巴迁军区第38集团军司令，1948年8月–1953年6月担任莫斯科防空地域（后为防空区）司令，之后1953年6月–1960年担任莫斯科军区司令，同年8月3日晋升大将，1955年3月11日晋升元帅，1960–1962年4月任苏联国防部副部长兼战略火箭军总司令，1962年4月起任国防部总监察长兼国防部副部长，直到1983年12月卸任，期间于1978年2月21日再次荣获“苏联英雄”称号。1985年6月11日去世。

莫斯卡连科视察部队

莫斯卡连科先后获得7枚列宁勋章、2枚一级苏沃洛夫勋章、2枚一级库图佐夫勋章、5枚红旗勋章、1枚十月革命勋章、1枚一级博格丹–赫梅利尼茨基勋章、1枚一级卫国战争勋章和1枚三级“在苏联武装力量中为祖国服务”勋章，另获有28枚外国勋章。

苏联元帅比留佐夫
（任期：1962.4.24–1963.3.5）

谢尔盖·谢苗诺维奇·比留佐夫（Сергей Семёнович Бирюзов），1904年8月8日（俄历）出生，1922年加入苏联红军，历任步兵排长、连长、营长、师参谋长，1926年毕业于全俄中央执行委员会军事学校，1937年毕业于伏龙芝军事学院，1938年9月4日晋升上校，1939年8月任步兵第132师师长，1939年11月4日获得旅级指挥官军衔，1940年6月4日晋升为少将。

苏德战争爆发后，比留佐夫于1942年5月任布良斯克方面军第48集团军参谋长，同年12月任近卫第2集团军参谋长，1943年4月升任南方面军（10月起为乌克兰第4方面军）参谋长，1943年8月30日晋升为中将。1944年5月任乌克兰第3方面军参谋长，同年5月17日晋升上将。

比留佐夫于1946–1947年任南部军队集群副总司令兼盟国对保加利亚管制委员会副主席。1947–1953年任滨海军区司令，1953–1954年任中部军队集群总司令，1953年8月3日晋升为大将。1954–1955年任国土防空军第一副总司令，1955年3月11日晋升为元帅。1955年3月–1962年4月任国土防空军司令，1958年2月1日获得“苏联英雄”称号。在担任国土防空军司令后1962年4月–1963年3月任国防部副部长

年轻时的比留佐夫

苏联元帅比留佐夫

兼战略火箭军总司令，1963年3月–1964年10月任国防部第一副部长兼武装力量总参谋长，1964年10月19日因飞机失事遇难。

比留佐夫先后获得过5枚列宁勋章，3枚红旗勋章，1枚一级苏沃洛夫勋章、1枚二级苏沃洛夫勋章、1枚一级库图佐夫勋章和1枚一级波格丹·赫梅利尼茨基勋章，另有多枚奖章及外国勋章。

苏联元帅克雷洛夫
（任期：1963.3.5–1972.2.9）

尼古拉·伊万诺维奇·克雷洛夫（Николай Иванович Крылов），1903年4月16日出生，1919年参加苏联红军，1920年毕业于红色指挥员步兵机枪训练班，国内战争期间历任列兵、排长、连长和营长。1928年从高等步兵学校毕业，先后在西伯利亚军区和红旗远东特别集团军所属兵团担任指挥和参谋职务，后来任多瑙河筑垒地域参谋长。1938年2月17日晋升上校。

苏德战争爆发后，克雷洛夫在滨海集团军担任作战处处长、参谋长，参与指挥了敖德萨保卫战和塞瓦斯托波尔保卫战，1941年12月27日晋升少将。之后1942年8月–1943年7月任第62集团军（1943年4月番号改为近卫第8集团军）参谋长，1943年7月任第21集团军司令员，同年9月9日晋升中将，同年10月又改任为第5集团军司令员。1944年7月15日晋升上将，1945年4月19日获得了苏联英雄称号，同年9月8日第二次获得苏联英雄称号。

战后，克雷洛夫于1945–1947年任滨海军区副司令员，1947–1953年任远东军区司令员，1953–1956年担任远东军区第一副司令员，1953年9月18日晋升大将，1956–1957年任乌拉尔军区司令员，1957–1960年任列宁格勒军区司令员。1962年5月28日晋升苏联元帅，1963年3月直到去世担任苏联国防部副部长兼战略火箭军总司令。

克雷洛夫先后获得4枚列宁勋章，1枚十月革命勋章，4枚红旗勋章，1枚一级苏沃洛夫勋章和1枚一级库图佐夫勋章，另有多枚奖章及外国勋章，1件荣誉武器。

克雷洛夫与部分航天专家

苏联元帅克雷洛夫

炮兵主帅托卢布科
（任期：1972.4.12–1985.7.10）

弗拉基米尔·费多罗维奇·托卢布科（Владимир Фёдорович Толубко），1914年12月12日（俄历）出生，1932年加入苏军。战前毕业于乌里杨诺夫坦克学校和工农机械化和摩托化学院，战后毕业于总参谋部军事学院。入伍前为共青团督导员，1937–1938年在基辅军区任坦克排长和侦察排长。在伟大卫国战争爆发后，1941年8月起先后在列宁格勒方面军和加里宁方面军任坦克第21师作战科科长、参谋长，坦克104旅参谋长、旅长。1943年3月英勇负伤，在后方工农机械化和摩托化军事学院任教。1944年2月复出，担任乌克兰第3方面军近卫机械化第4军作战处处长至战争结束，同年晋升上校。

战后，托卢布科在1945年5月–1948年间先后任机械化旅旅长、机械化团团长、军区司令部处长、机械化师参谋长等职，1951年3月起任机械化师师长。1953年5月起任军团参谋长、第一副司令，1953年8月3日晋升坦克兵少将。1956–1957年任苏军驻德集群总司令助理兼军训部部长。1957年任近卫坦克第1军司令，1958年–1960年3月任近卫第8集团军司令。1958年12月18日晋升坦克兵中将，1960年晋升上将。

托卢布科于1960年3月–1968年4月任战略火箭军第一副司令，1968年4–5月任西伯利亚军区司令，1968年5月–1972年4月任远东军区司令，1970年4月30日晋升大将。1972年4月–1985年7月担任国防部副部长兼战略火箭军总司令，1976年8月12日获得“社会主义劳动英雄”称号，1983年3月25日晋升炮兵主帅，之后担任苏联国防部监察员。1989年6月17日去世。

托卢布科先后获得过5枚列宁勋章、4枚红旗勋章、1枚二级波格丹–赫梅利尼茨基勋章、2枚一级卫国战争勋章、2枚红星勋章、1枚三级“在苏联武装力量中为祖国服务”勋章，另获有多枚奖章及外国勋章。

托卢布科

托卢布科雕像

大将马克西莫夫
（任期：1985.7.10–1992.8.19）

尤里·巴甫洛维奇·马克西莫夫（Юрий Павлович Максимов），1924年6月30日出生，1942年参加苏军。卫国战争期间任机枪连连长。战后在部队任指挥和参谋职务。1950年毕业于伏龙芝军事学院。1957年起任团长、师长等职。1965年毕业于总参谋部军事学院。1969–1973年任第28集团军第一副司令，期间执行秘密任务，在南也门、阿尔及利亚等国任军事总顾问。1973–1976年和1978–1979年先后2次任土耳其斯坦军区第一副司令。1979年升上将。1982年7月5日获得“苏联英雄”称号，同年12月16日晋升大将。1984–1985年任南方战区总司令。1985年7月–1992年8月任苏联国防部副部长兼战略火箭军总司令，1992年11月退休。2002年11月17日去世。

马克西莫夫先后获得2枚列宁勋章、1枚十月革命勋章、3枚红旗勋章、2枚一级卫国战争勋章、1枚红星勋章、1枚三级“在苏联武装力量中为祖国服务”勋章，另有多枚奖章和国外勋章。

马克西莫夫视察部队

马克西莫夫

俄罗斯联邦元帅谢尔盖耶夫
（1992.8.19–1997.5.22）

伊戈尔·德米特里耶维奇·谢尔盖耶夫（Игорь Дмитриевич Сергеев），1938年4月20日出生，1960年毕业于黑海纳希莫夫高等海军学校，1960–1971年在战略火箭军总司令麾下担任过工程师、指挥员、参谋等各种职务。1971–1980年间相继担任团参谋长、团长、师长；期间1973年毕业于捷尔任斯基高等海军工程学院指挥系。1980年毕业于总参谋部军事学院，1980–1983年任导弹第43集团军第一副参谋长、1983–1985年任战略火箭军作战部部长兼副总参谋长、1985–1989年任战略火箭军第一副总参谋长、1989年–1992年3月任主管战斗训练的副总司令。1992年8月–1997年5月任战略火箭军总司令，1997年5月–2001年3月任俄罗斯国防部部长，1997年11月21日晋升俄罗斯联邦元帅（第一位也是唯一一位），2001年3月–2004年3月任俄罗斯总统负责战略稳定问题助理，2001年3月28日获得“俄罗斯联邦英雄”称号。2006年11月10日去世。

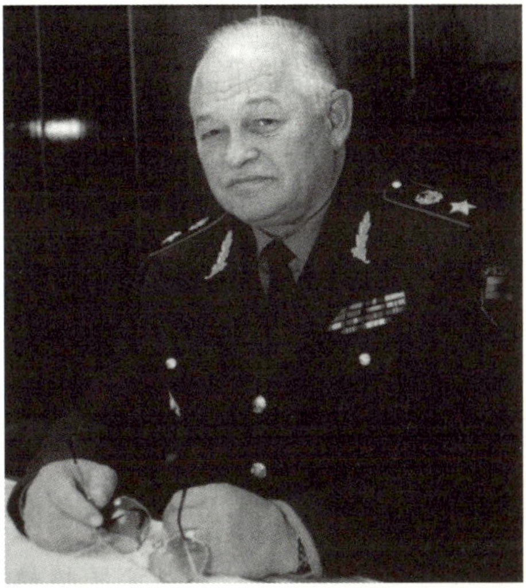

谢尔盖耶夫

谢尔盖耶夫先后获得过1枚二级“在苏联武装力量中为祖国服务”勋章、1枚军功勋章、1枚荣誉勋章、1枚十月革命勋章、1枚劳动红旗勋章、1枚三级“在苏联武装力量中为祖国服务”勋章、1枚红星勋章等。

大将雅科夫列夫
（任期：1997.6.30–2001.4.27）

弗拉基米尔·尼古拉耶维奇·雅科夫列夫（Владимир Николаевич Яковлев），1954年8月17日出生，1976年毕业于哈尔科夫高等军事指挥工程学院，之后历任火箭军营长、团参谋长。1985年毕业于捷尔任斯基军事学院指挥系，毕业后任近卫导弹第6团团长，1989年任导弹师副师长，1991年任导弹第60师师长，1993年任火箭军副总参谋长，1994年任近卫导弹第27集团军司令，1997年6月–2001年4月任战略火箭军司令，2000年6月27日晋升大将。

雅科夫列夫先后获得过1枚四级“为祖国服务勋章”、1枚军功勋章和1枚红星勋章。

雅科夫列夫

上将索洛夫佐夫
（任期：2001.4.27–2009.8.3）

尼古拉·叶夫根尼耶维奇·索洛夫佐夫（Николай Евгеньевич Соловцов），1949年1月1日出生，1971年毕业于罗斯托夫高等军事指挥工程学院，1971年进入战略火箭军，历任工程师、导弹营营长等职。1977年毕业于捷尔任斯基军事学院，之后历任导弹团参谋长、副团长、团长等职。1984–1989年间任导弹第35师师长，1988年10月29日晋升少将。1989–1991年间任导弹第31集团军副司令，1991年毕业于总参谋部军事学院。1992年11月任导弹第53集团军司令，1993年4月19日晋升中将，1994年6月任战略火箭军第一副司令，1995年2月23日晋升上将，1997年8月任捷尔任斯基军事学院（1998年6月更名为彼得大帝战略火箭军军事学院）院长，2001年4月–2009年8月任战略火箭军司令。2009年8月退役。

索洛夫佐夫

索洛夫佐夫先后获得过1枚四级“为祖国立功”勋章、1枚三级“为祖国立功”勋章、1枚军功勋章、1枚荣誉勋章和1枚三级“在苏联武装力量中为祖国服务”勋章。

中将施瓦琴科
（2009.8.3–2010.6.22）

安德烈·阿纳托尔耶维奇·施瓦琴科（Андрей Анатольевич Швайченко），1953年6月18日出生，1975年毕业于哈尔科夫克雷洛夫高等军事指挥工程学院，之后历任导弹团连长、营长、副参谋长等职。1985–1987年在捷尔任斯基军事学院学习，毕业后任导弹团团长，1989年任导弹第62师第一副参谋长，1993–1997年间任导弹第62师师长，1997–1999年间在总参谋部军事学院学习，毕业后任第4国家中央靶场参谋长。2001–2002年间任战略火箭军副参谋长，2002–2006年间任近

施瓦琴科

卫导弹第33集团军司令，2006年–2009年8月任战略火箭军第一副司令兼参谋长，之后任战略火箭军司令。

施瓦琴科先后获得过1枚军功勋章、1枚红星勋章和1枚三级“在苏联武装力量中为祖国服务”勋章。

上将卡拉卡耶夫
（任期：2010.6.22–）

谢尔盖·维克托洛维奇·卡拉卡耶夫（Сергей Викторович Каракаев），1961年6月4日出生，1983年毕业于罗斯托夫高等军事指挥工程学院，最初在近卫导弹第7师导弹第320团服役，先后任大队工程师、准备与发射大队长、团参谋长。1994年毕业于捷尔任斯基军事学院，之后任近卫导弹第28师团长，1998–2001年间任近卫导弹第28师师长，2001–2006年间任国防部干部总局第1局第二处处长，2006–2007年间任近卫导弹第27集团军司令，2009年毕业于俄罗斯总参谋部军事学院。2009年10月22日–2010年6月21日战略火箭军第一副司令兼参谋长，晋升中将，此后任司令。2012年8月9日晋升上将。

卡拉卡耶夫先后获得1枚四级“在苏联武装力量中为祖国服务”勋章和1枚军功勋章。

卡拉卡耶夫上将

卡拉夫耶夫中将

附录二

苏（俄）导弹型号一览表

导弹名称	工厂编号	OCB与PCMД条约编号	北约代号	燃料类型	射程（千米）	发射质量/投掷质量（吨）	弹头TNT当量	命中精度（千米）	研制设计局
ФАУ-2	H		SS-1 Scunner	液氧和酒精	300	13/1	常规装药	8	科罗廖夫
ФАУ-2	T		SS-1 Scunner	液氧和酒精	300	13/1	常规装药	8	科罗廖夫
P-1	8A11（1P）		SS-1a Scunner	液氧和酒精	300	13/1	常规装药785千克	8	科罗廖夫
P-2	8Ж38（2P）		SS-2 Sibling	液氧和酒精	600	20/1.5	常规装药1008千克	4	科罗廖夫
P-5	8A62		SS-3 Shyster	液氧和酒精	1200	28/1.3	常规装药1008千克	3.5	科罗廖夫
P-5M	8K51（8A62M）		SS-3 Shyster	液氧和酒精	1200	28/1.3	4～100万吨	3.7～6	科罗廖夫
P-11M	8K11		SS-1b Scud A	硝酸和煤油	180	4.4/1	20万吨	3	科罗廖夫
P-7	8K71		SS-6 Sapwood	液氧和酒精	8000	280/5.3～5.5	300～500万吨	2.5～10	科罗廖夫
P-7A	8K74		SS-6 Sapwood	液氧和酒精	9000-14000	276/2.2～3.7	300～500万吨	5	科罗廖夫
P-12	8K63	P-12	SS-4 Sandal	偏二甲肼和硝酸	2080	41.7～42.2/1.3～1.63	100～230万吨	1.1～5.4	扬格利
P-12У	8K63У	P-12	SS-4 Sandal	偏二甲肼和硝酸	2000	41.7～42.2/1.3～1.63	230万吨	1.1～5.4	扬格利
P-14	8K65	P-14	SS-5 Skean	偏二甲肼和硝酸	3200-4500	86.3～87/1.3～2.15	100～230万吨	1.25～5	扬格利
P-14У	8K65У	P-14	SS-5 Skean	偏二甲肼和硝酸	3200-4500	86.3～87/1.3～2.15	100～230万吨	1.25～5	扬格利
P-16	8K64		SS-7 Mod.1 Saddler	偏二甲肼和硝酸	10500-13000	140.6～141.2/1.5～2.2	300～600万吨	2.7	扬格利
P-16У	8K64У		SS-7 Mod.2&3 Saddler	偏二甲肼和硝酸	10500-13000	140.6～141.2/1.5～2.2	300～600万吨	2.7	扬格利
P-17	8K14		SS-1c	硝酸和煤油	300	5.86/0.77	10万吨	0.3	马卡耶夫

（续表）

导弹名称	工厂编号	OCB与PCMД条约编号	北约代号	燃料类型	射程（千米）	发射质量/投掷质量（吨）	弹头TNT当量	命中精度（千米）	研制设计局
P-9	8K75		SS-8 Sisan	液氧和煤油	10300～12500	81/1.65～2.2	165～250万吨	8～12	科罗廖夫
P-9A	8K75		SS-8 Sisan	液氧和煤油	12500～16000	80.5/1.1～2.1	165～500万吨	5	科罗廖夫
P-26	8K66		SS-8 Sisan	偏二甲肼和四氧化二氮	10500	87/3～3.5	500万吨	1.5～2	科罗廖夫
УP-200	8K81		SS-X-10	偏二甲肼和四氧化二氮	12000～14000	138/5	500～1500万吨		科罗廖夫
PT-1	8K95			固体	2000	35.5～36/0.5～0.8	50～100万吨	4～5	科罗廖夫
УP-100	8K84	PC-10	SS-11 Sego	偏二甲肼和四氧化二氮	12000	39.4～43.2/0.76～1.1	50～110万吨	1.4～5	切洛梅
УP-100 УTTX	8K84 УTTX	PC-10	SS-11 Mod.2 Sego	偏二甲肼和四氧化二氮	13000	50.1/1.2	120万吨	1.1～5	切洛梅
УP-100K	11A20（8K84K）	PC-10	SS-11 Mod.3 Sego	偏二甲肼和四氧化二氮	10600～12000	50.1/1.2	130万吨或3枚35万吨	0.9～5	切洛梅
УP-100У	15A20У	PC-10	SS-11 Mod.4 Sego	偏二甲肼和四氧化二氮	10600～12000	50.1/1.2	130万吨或3枚35万吨	0.9～5	切洛梅
P-36	8K67		SS-9 Mod.1&2 Scarp	偏二甲肼和四氧化二氮	10200～15500	179～184/3.95～5.825	500-2500万吨	1.3～5	扬格利
P-36op6（轨道飞行导弹）	8K69		SS-9 Mod.3 Scarp	偏二甲肼和四氧化二氮	40000	180/1.7	500万吨	1.1	扬格利
P-36П	8K67П		SS-9 Mod.4 Scarp	偏二甲肼和四氧化二氮	10200～12000	183/6	200～500万吨	1.34～5	扬格利
“速度”-C	9K76	OTP-22	SS-12 Scaleboard	固体	800	9.4/1.25	1～20万吨	0.3～1	纳季拉泽
PT-2	8K98	PC-12	SS-13 Savage	固体	9600～12000	46.1～51/0.5～1.4	60万吨	1.8～10	科罗廖夫
PT-2П	8K98П	PC-12	SS-13 Mod.2 Savage	固体	9500	51.9/0.47	75万吨	1.5～5	科罗廖夫
PT-15	8K96		SS-14 Scapegcat	固体	2500	16/	100万吨	2	科罗廖夫
PT-20	8K99		SS-X-15 Scrooge	固体和液体	9000	31/0.5	40～100万吨	4	扬格利
PT-25	8K97			固体	5000	40～42/	40～100万吨		科罗廖夫
“速度”-2C	15Ж42	PC-14	SS-16 Sinner	固体	10500	41.5～44.2/0.94	65～150万吨	0.45～1.65	纳季拉泽
“先锋”	15Ж45	PCД-10	SS-20 Saber	固体	5000	37/1.5～1.74	3枚15万吨	0.55～1.3	纳季拉泽

（续表）

导弹名称	工厂编号	OCB与PCMД条约编号	北约代号	燃料类型	射程（千米）	发射质量/投掷质量（吨）	弹头TNT当量	命中精度（千米）	研制设计局
“先锋”УТТХ	15Ж53	PCД-10	SS-20 Mod.2 Saber	固体	5500	37/1.5～1.74	3枚15万吨	0.55～1.3	纳季拉泽
“先锋”-3		PCД-10	SS-20 Mod.3 Saber（SS-X-28）	固体	5500-7500	37/1.5～1.74	1枚100万吨或3枚15万吨		纳季拉泽
PK-55“石榴”			SSC-X-4 Slingchot	固体	3000	1.7/	20万吨	0.15	彩虹
9M79	9K79 Точка	OTP-21	SS-21 Scarab	固体	700	3.8/0.5	1～20万吨	0.05	涅波比杰米
УP-100H	15A30	PC-18A	SS-19 Stillleto	偏二甲肼和四氧化二氮	9650	103～105.6/4.35	250～500万吨或6枚50～55万吨	0.35	切洛梅
УP-100H УТТХ	15A35	PC-18Б	SS-19 Mod.2 Stillleto	偏二甲肼和四氧化二氮	10000	103.4～105.6/4.35	6枚50～75万吨	0.4	切洛梅
MP-УP-100	15A15	PC-16A	SS-17 Spanker	偏二甲肼和四氧化二氮	10200	71.2/2.55	360～600万吨或4枚30～75万吨	1.6	扬格利
MP-УP-100 УТТХ	15A16	PC-16Б	SS-17 Mod.2&3 Spanker	偏二甲肼和四氧化二氮	10200	71.2/2.55	4枚55～75万吨	0.84～1.05	扬格利
P-36M	15A14	PC-20A	SS-18 Satan	偏二甲肼和四氧化二氮	11200-16000	210/7.2	1800～2500万吨或8枚50～130万吨	1.6	扬格利
P-36M УТТХ	15A18	PC-20Б	SS-18 Mod.2 Satan	偏二甲肼和四氧化二氮	11500	211.1/8.8	8～10枚50～55万吨	0.65	扬格利
P-36M2 Воевода	15A18M	PC-20B	SS-18 Mod.3&5 Satan	偏二甲肼和四氧化二氮	11000	211.1/8.8	2000万吨或10枚55～75万吨	0.5	扬格利
P-36M2 мод	15A18M мод	PC-20B	SS-18 Mod.5 Satan	偏二甲肼和四氧化二氮	16000	211.1/8.47	800万吨	0.5	扬格利
9K76“速度”-C	9K76B	OTP-22	SS-22 Scaleboard B	固体	900	8.8/0.7		0.3	纳季拉泽
9M 714 “奥卡”	9K714	OTP-23	SS-23 Spider	固体	480	4.69/0.45～0.715	1～20万吨	0.03	涅波比杰米
15П159 “信使”	15Ж59		SS-X-26	固体	10000	15/			纳季拉泽
PT-2ПМ“白杨”-M									
“白杨”-M	15Ж58	PC-12M	SS-25 Sickle	固体	10500	45.1/1～1.2	55万吨	0.4	纳季拉泽
PT-2ПМ2“白杨”-M2									

（续表）

导弹名称	工厂编号	OCB与PCMД条约编号	北约代号	燃料类型	射程（千米）	发射质量/投掷质量（吨）	弹头TNT当量	命中精度（千米）	研制设计局
“白杨”-M2	15Ж65	PC-12M2	SS-27 Sickle B	固体	10500	47.2/1.2	55万吨	0.2	纳季拉泽
PT-23	15Ж44	PC-22Б	SS-24 Scalpel	固体	10000	80/	100万吨	0.7	扬格利
PT-23 УТТХ									
Молодец	15Ж60	PC-22A	SS-24 Mod.1 Scalpel	固体	10400	104.5/4.05	10枚 30～55万吨	0.5	扬格利
PT-23	15Ж52	PC-22Б	SS-24 Mod.2 Scalpel	固体	11000	104.5/4.05	10枚 30～55万吨	0.5	扬格利
PT-23УТТХ									
Молодец	15Ж61	PC-22B	SS-24 Mod.3 Scalpel	固体	10400	104.5/4.05	10枚 30～55万吨	0.7	扬格利
PC-24“亚尔斯”			SS-29	固体	11000	49/1.2	3枚15～30万吨	0.5	纳季拉泽
PC-26“边界”/“前卫”				固体	10000	36/1.5	6枚分弹头		纳季拉泽

注：

俄文Переговоры об ограничении стратегических вооружений (ОСВ)，英文Strategic Arms Limitation Treaties（SALT）美苏《限制战略核武器条约》

俄文Договор о ликвидации ракет средней и малой дальности (РСМД)，英文Intermediate-Range Nuclear Forces Treaty（INF）美苏《消除两国中程和中短程导弹条约》

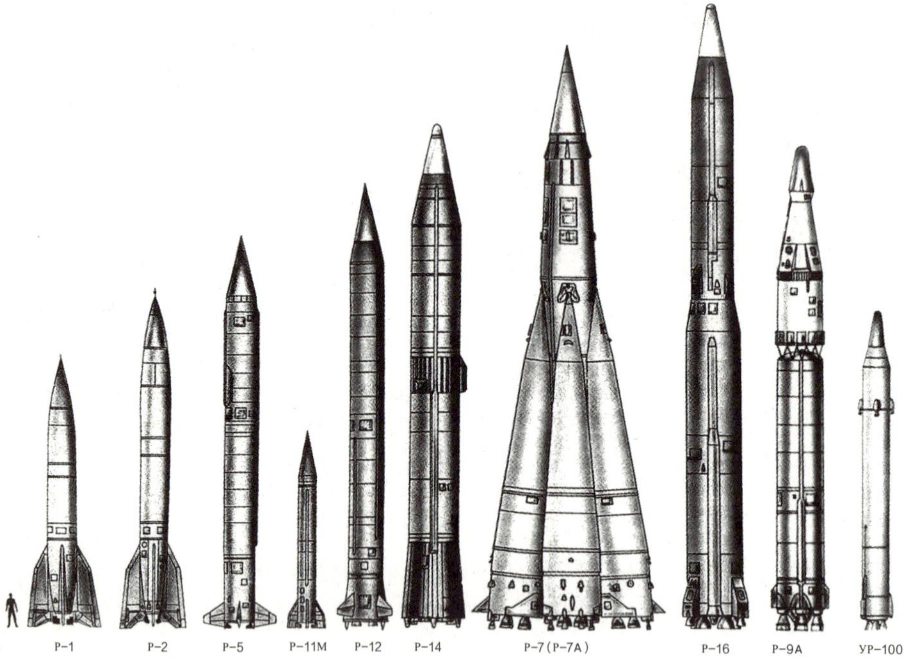

导弹尺寸对比图（之一）

导弹尺寸对比图（之二）

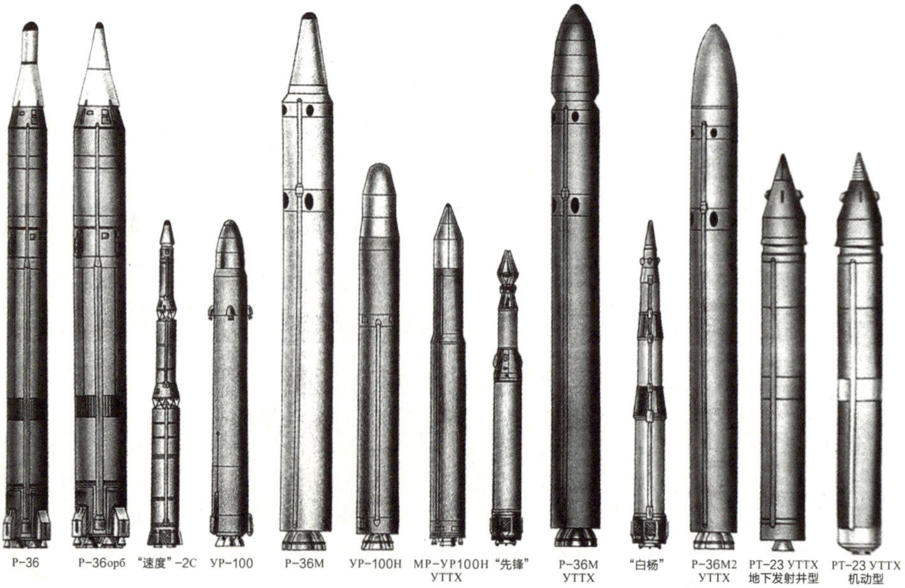

附录三

主要部队介绍

集团军级单位

近卫导弹第27集团军

1960年7月8日在弗拉基米尔州弗拉基米尔由独立近卫导弹第3军改编而来，下辖：

导弹第8师（基洛夫州尤尔亚）

近卫导弹第10师（科斯特罗马州科斯特罗马）

导弹第14师（马里埃尔共和国约什卡尔奥拉）

近卫导弹第28师（卡卢加州科捷尔斯克）

近卫导弹第54师（伊万诺沃州捷伊科沃）

导弹第60师（萨拉托夫州塔季谢沃）

1990年6月30日近卫导弹第7师（特维尔州韦波尔佐沃，原隶属于导弹第50集团军）编入；1993年3月又有3个导弹师编入，之前隶属于导弹第43集团军，分别是导弹第32师、近卫导弹第33师和近卫导弹第49师。同时导弹第14师转隶导弹第31集团军。

1993年集团军编制如下：

近卫导弹第7师（特维尔州韦波尔佐沃）

导弹第8师（基洛夫州尤尔亚）

近卫导弹第10师（科斯特罗马州科斯特罗马）

导弹第14师（马里埃尔共和国约什卡尔奥拉）

近卫导弹第28师（卡卢加州科捷尔斯克）

导弹第32师（维捷布斯克州波斯塔维），1993年12月1日撤销番号

近卫导弹第33师（戈梅尔州莫济里），1997年撤销番号

近卫导弹第27集团军旗帜

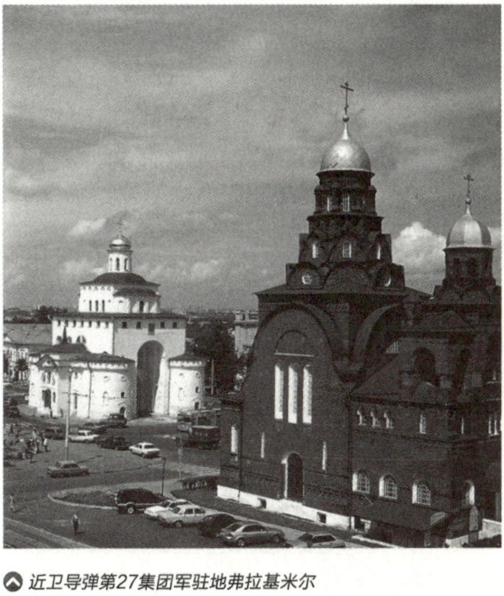
近卫导弹第27集团军驻地弗拉基米尔

近卫导弹第49师（格罗德诺州利达），1997年撤销番号

近卫导弹第54师（伊万诺沃州捷伊科沃）

导弹第60师（萨拉托夫州塔季谢沃）

1993年3月又有3个导弹师编入，之前隶属于导弹第43集团军，分别是导弹第32师、近卫导弹第34师和近卫导弹第49师；2002年7月导弹第14师重新编入，2005年近卫导弹第10师撤销番号。

2006年编制为：

近卫导弹第7师（特维尔州韦波尔佐沃）

导弹第8师（基洛夫州尤尔亚）

导弹第14师（马里埃尔共和国约什卡尔奥拉）

近卫导弹第28师（卡卢加州科泽尔斯克）

近卫导弹第54师（伊万诺沃州捷伊科沃）

导弹第60师（萨拉托夫州塔季谢沃）

独立混编航空兵第98大队（弗拉季米尔州谢米亚济诺）

通信指挥第65中心

导弹第31集团军

1970年6月18日由原独立导弹第18军改编，驻地奥伦堡州奥伦堡，此时下辖：

导弹第13师（奥伦堡州多姆巴罗夫斯基）

导弹第38师（图尔盖州杰尔扎温斯克）

导弹第42师（斯维尔德洛夫斯克州下塔吉尔）

导弹第52师（彼尔姆州别尔什金）

导弹第59师（车里雅宾斯克州卡尔塔雷）

导弹第31集团军旗帜

导弹第31集团军驻地奥伦堡

导弹第17旅（库尔干州沙德林斯克）

导弹第68旅（上库尔干州萨雷-奥泽克）

导弹第98旅（拜科努尔航天训练中心）

独立导弹第185团（撒马尔罕州卡塔库干）

独立导弹第481团（阿克图宾斯克州阿克图宾斯克）

1971年独立导弹第481团转隶其他部队；1979年导弹第98旅转隶其他部队，独立导弹第185团和导弹第17旅撤销番号；1980年导弹第68旅撤销番号。

1980年集团军编制如下：

导弹第13师（奥伦堡州多姆巴罗夫斯基）

导弹第38师（图尔盖州杰尔扎温斯克）

导弹第42师（斯维尔德洛夫斯克州下塔吉尔）

导弹第52师（彼尔姆州别尔什金）

导弹第59师（车里雅宾斯克州卡尔塔雷）

1993年导弹第38师转隶其他部队，原近卫导弹第27集团军导弹第14师编入；2002年导弹第52师撤销番号，同年7月导弹第14师转隶近卫导弹第27集团军，2005年导弹第59师撤销番号。

2006年编制为：

导弹第13师（奥伦堡州多姆巴罗夫斯基）

导弹第42师（斯维尔德洛夫斯克州下塔吉尔）

独立混编航空兵第102大队

通信指挥第32中心

近卫导弹第33集团军

1970年6月8日由原独立近卫导弹第7军改编而来，驻地鄂木斯克州鄂木斯克，下辖：

近卫导弹第36师（克拉斯诺亚尔斯克边疆区克拉斯诺亚尔斯克）

近卫导弹第39师（新西伯利亚州帕什诺）

近卫导弹第41师（阿尔泰边疆区阿列伊斯克）

导弹第57师（谢米巴拉金斯克州然吉兹托别）

导弹第62师（克拉斯诺亚尔斯克边疆区乌茹尔）

导弹第93旅（秋明州秋明）

导弹第97旅（托姆斯克州伊塔特卡）

独立导弹第290团（鄂木斯克州鄂木斯克）

1973年导弹第97旅撤销番号；1974年近卫导弹第36师转隶导弹第53集团军；1976年独立导弹第290团和导弹第93旅撤销番号；1981年导弹第35师编入。

1981年编制为：

导弹第35师（阿尔泰边疆区巴尔瑙尔）

近卫导弹第39师（新西伯利亚州帕什诺）

近卫导弹第41师（阿尔泰边疆区阿列伊斯克）

导弹第57师（谢米巴拉金斯克州然吉兹托别）

导弹第62师（克拉斯诺亚尔斯克边疆区乌茹尔）

1993–1996年导弹第38师编入；1995年导弹第57师撤销番号；2001年近卫导弹第41师撤销番号；2002年近卫导弹第23师和近卫导弹第29师编入。

2002年编制为：

近卫导弹第23师（克拉斯诺亚尔斯克边疆区坎斯克），2007年撤销番号

近卫导弹第29师（伊尔库茨克州伊尔库茨克）

导弹第35师（阿尔泰边疆区巴尔瑙尔）

近卫导弹第39师（新西伯利亚州帕什诺）

导弹第62师（克拉斯诺亚尔斯克边疆区乌茹尔）

独立混编航空兵第105大队

通信指挥第110中心

近卫导弹第33集团军旗帜

近卫导弹第33集团军驻地鄂木斯克夜景

导弹第43集团军

1960年9月1日由原远程航空兵第43集团军改编，驻地文尼察州文尼察。1961年编制为：

导弹第19师（文尼察州盖辛）

导弹第35师（北奥塞梯奥尔忠尼启则）

近卫导弹第37师（沃伦州卢茨克）

近卫导弹第43师（苏梅州罗姆尼）

导弹第44师（伊万诺–弗兰科沃斯克州克罗米亚）

导弹第46师（卢甘斯克州彼尔沃玛伊斯克）

导弹第50师（日托米尔州贝罗克洛维奇）

1970年3月19日近卫导弹第33师编入。

1975年编制：

导弹第19师（文尼察州盖辛）

近卫导弹第33师（戈梅尔州莫济里）

导弹第35师（北奥塞梯奥尔忠尼启则）

近卫导弹第37师（沃伦州卢茨克）

近卫导弹第43师（苏梅州罗姆尼）

导弹第44师（伊万诺–弗兰科沃斯克州克罗米亚）

导弹第46师（卢甘斯克州彼尔沃玛伊斯克）

导弹第50师（日托米尔州贝罗克洛维奇）

导弹第43集团军臂章

导弹第43集团军驻地文尼察

独立导弹第60团（文尼察州普尔托夫茨）

独立导弹第434团（卢甘斯克州彼尔沃玛伊斯克）

1975年获得红旗勋章；1981年12月12日导弹第35师转隶其他部队；1990年3月31日导弹第44师撤销番号。

1990年6月原导弹第50集团军的导弹第32师和近卫导弹第49师编入，此时编制为：

导弹第19师（文尼察州盖辛）

导弹第32师（维捷布斯克州波斯塔维）

近卫导弹第33师（戈梅尔州莫济里）

近卫导弹第37师（沃伦州卢茨克）

近卫导弹第43师（苏梅州罗姆尼）

导弹第46师（卢甘斯克州彼尔沃玛伊斯克）

近卫导弹第49师（格罗德诺州利达）

导弹第50师（日托米尔州贝罗克洛维奇）

1991年4月30日导弹第50师撤销番号，1992年12月31日近卫导弹第43师撤销番号，1993年12月31日近卫导弹第37师撤销番号。

1993年3月导弹第32师、近卫导弹第33师和近卫导弹第49师转隶近卫导弹第27集团军。

1995年集团军编制：

导弹第19师（文尼州盖辛）

导弹第46师（卢甘斯克州彼尔沃玛伊斯克）

独立混编航空兵第15大队

通信指挥中心

1996年5月8日集团军撤销番号。

导弹第50集团军

1960年7月1日由原远程航空兵第50集团军改编，驻地斯摩棱斯克州斯摩棱斯克。

1961年编制：

近卫导弹第23师（爱沙尼亚瓦尔加）

近卫导弹第24师（加里宁格勒边区近卫军城）

近卫导弹第29师（立陶宛希奥利艾）

导弹第31师（布列斯特州平斯克）

导弹第32师（维捷布斯克州波斯塔维）

近卫导弹第33师（戈梅尔州莫济里）

导弹第40师（普斯科夫州奥斯特洛夫）

导弹第58师（立陶宛考纳斯）

1962年10月5日近卫导弹第49师编入，1970年3月19日近卫导弹第33师转隶导弹第43集团军，同年6月9日近卫导弹第7师编入。

1975年编制：

近卫导弹第7师（特维尔州韦波尔佐沃）

近卫导弹第23师（爱沙尼亚瓦尔加）

近卫导弹第24师（加里宁格勒边区近卫军城）

导弹第50集团军驻地斯摩棱斯克

导弹第50集团军末任司令米哈丘克

近卫导弹第29师（立陶宛希奥利艾）

导弹第31师（布列斯特州平斯克）

导弹第32师（维捷布斯克州波斯塔维）

导弹第40师（普斯科夫州奥斯特洛夫）

近卫导弹第49师（格罗德诺州利达）

导弹第58师（立陶宛卡梅拉瓦）

1983年近卫导弹第23师转隶其他部队，1986年近卫导弹第29师转隶其他部队，1989年导弹第40师撤销番号。1989年编制：

近卫导弹第7师（特维尔州韦波尔佐沃）

近卫导弹第24师（加里宁格勒边区近卫军城）

导弹第31师（布列斯特州平斯克）

导弹第32师（维捷布斯克州波斯塔维）

近卫导弹第49师（格罗德诺州利达）

导弹第58师（立陶宛卡梅拉瓦）

独立混编航空兵第44大队

通信指挥中心

1990年6月30日集团军撤销番号。

导弹第53集团军

1970年6月8日由原独立导弹第8军改编，驻地赤塔州赤塔。1970年编制：

导弹第4师（赤塔州德罗维扬纳亚）

导弹第27师（阿穆尔州斯沃博德内）

导弹第47师（赤塔州奥洛维扬纳亚）

1974年1月近卫导弹第36师编入。1980年编制：

导弹第4师（赤塔州德罗维扬纳亚）

导弹第27师（阿穆尔州斯沃博德内）

近卫导弹第36师（克拉斯诺亚尔斯克边疆区克拉斯诺亚尔斯克）

导弹第47师（赤塔州奥洛维扬纳亚）

1983年近卫导弹第23师编入，1986年近卫导弹第29师编入。1990年编制为：

导弹第4师（赤塔州德罗维扬纳亚）

近卫导弹第23师（克拉斯诺亚尔斯克州坎斯克）

导弹第27师（阿穆尔州斯沃博德内）

近卫导弹第29师（伊尔库茨克州伊尔库茨克）

近卫导弹第36师（克拉斯诺亚尔斯克边疆区克拉斯诺亚尔斯克）

导弹第47师（赤塔州奥洛维扬纳亚）

独立混编航空兵第137大队

通信指挥中心

1991年导弹第47师撤销番号，1993年导弹第27师撤销番号。2002年9月16日集团军撤销番号。

导弹第53集团军举行阅兵

导弹第53集团军驻地赤塔

军级单位

近卫独立导弹第3军

1959年11月1日在戈梅尔州莫济里成立，番号为炮兵第46训练靶场。1960年6月驻地改为弗拉基米尔州弗拉基米尔。1961年3月10日番号改为现名。1961年编制：

近卫导弹第7师（特维尔州韦波尔佐沃）

近卫导弹第10师（科斯特罗马州科斯特罗马）

近卫导弹第28师（卡卢加州科泽尔斯克）

近卫导弹第54师（伊万诺沃州特乌科沃）

1969年第53科研试验靶场（阿尔汉格尔斯克州普列谢茨克）编入。1970年6月8日番号改为近卫导弹第27集团军。

近卫独立导弹第3军首任军长梅列欣

独立导弹第5军

1957年10月根据“伏尔加”工程在基洛夫州基洛夫成立，1959年1月番号改为炮兵第24训练靶场。1959年编制：

第21作战使用基地（基洛夫州斯洛博茨科伊）

第33作战使用基地（基洛夫州斯洛博茨科伊）

独立修理技术第836基地（基洛夫州斯洛博茨科伊）

1961年3月10日番号改为现名。1961年编制：

导弹第8师（基洛夫州尤尔亚）

独立导弹第5军末任军长舍塔尼科

近卫导弹第18师（库尔干州沙德林斯克）

导弹第42师（斯维尔德洛夫斯克州下塔吉尔）

导弹第52师（彼尔姆州别尔什金）

1962年10月近卫导弹第18师撤销番号，改编为独立导弹第703团，1964年11月扩编为导弹第17旅。1963年6月导弹第14师编入。

1963年编制为：

导弹第8师（基洛夫州尤尔亚）

导弹第14师（马里埃尔共和国约什卡尔奥拉）

导弹第42师（斯维尔德洛夫斯克州下塔吉尔）

导弹第52师（彼尔姆州别尔什金）

独立导弹第703团（库尔干州沙德林斯克）

1964年导弹第60师编入，1965年导弹第13师和导弹第59师编入。1965年编制：

导弹第8师（基洛夫州尤尔亚）

导弹第13师（奥伦堡州多姆巴罗夫斯基）

导弹第14师（马里埃尔共和国约什卡尔奥拉）

导弹第42师（斯维尔德洛夫斯克州下塔吉尔）

导弹第52师（彼尔姆州别尔什金）

导弹第59师（车尔雅宾斯克州卡尔塔雷）

导弹第60师（萨拉托夫州塔季谢沃）

导弹第17旅（库尔干州沙德林斯克）

1965年6月1日，导弹第13师、第59师和第60师转隶新成立的独立导弹第18军。

1970年6月8日撤销番号。

近卫独立导弹第7军

1959年9月在秋明州秋明成立，番号为炮兵第27训练靶场，原为摩托化步兵第109师一部。1961年3月10日改为现名。1961年编制：

近卫导弹第36师（托姆斯克州托姆斯克）

近卫导弹第39师（新西伯利亚州帕什诺）

近卫导弹第41师（秋明州秋明）

近卫导弹第49师（鄂木斯克州鄂木斯克）

1961年6月近卫导弹第36师转隶独立导弹第8军。1962年10月近卫导弹第49师转隶其他部队，驻地改为白俄罗斯利达。1965年编制：

近卫导弹第38师（图尔盖州杰尔扎温斯克）

近卫导弹第39师（新西伯利亚州帕什诺）

近卫导弹第41师（秋明州秋明）

导弹第57师（谢米巴拉金斯克州然吉兹托别）

导弹第62师（克拉斯诺亚尔斯克边疆区乌茹尔）

导弹第10旅（秋明州秋明）

导弹第32旅（托姆斯克州伊塔特卡）

独立导弹第290团（鄂木斯克州鄂木斯克）

1965年10月近卫导弹第38师和第41师、导弹第57师转隶独立导弹第24军。1969年编制：

近卫导弹第39师（新西伯利亚州帕什诺）

导弹第62师（克拉斯诺亚尔斯克边疆区乌茹尔）

导弹第93旅（秋明州秋明）

导弹97旅（托姆斯克州伊塔特卡）

独立导弹第290团（鄂木斯克州鄂木斯克）

独立导弹第5军末任军长舍塔尼科

1970年6月8日番号改为近卫导弹第33集团军。

独立导弹第8军

1961年3月15日在赤塔州赤塔成立。1961年编制：

导弹第4师（赤塔州德罗维扬纳亚）

导弹第47师（赤塔州奥洛维扬纳亚）

近卫导弹第36师（克拉斯诺亚尔斯克边疆区克拉斯诺亚尔斯克）

1970年6月8日番号改为导弹第53集团军。

独立导弹第8军首任军长卡利哈

独立导弹第9军

1959年10月在滨海边疆区雷兹多尔诺亚成立，番号为炮兵训练第57靶场，原为突击炮兵第38师一部。1961年3月10日改为现名，驻地改为哈巴罗夫斯克边疆区哈巴罗夫斯克。1961年编制：

导弹第27师（阿穆尔州斯沃博德内）

导弹第45师（滨海边疆区乌苏里斯克）

导弹第60师（犹太自治州比罗比詹）

1964年导弹第60师转隶独立导弹第5军，导弹第81团改为独立导弹第81团（哈巴罗夫斯克州阿纳斯塔斯耶夫卡）。

1970年6月8日撤销番号。

独立导弹第9军末任军长舍夫佐夫

独立导弹第18军

1965年6月1日在奥伦堡州奥伦堡成立，编制为：

导弹第13师（驻于奥伦堡州多姆巴罗夫斯基）

导弹第59师（驻于车里雅宾斯克州卡尔塔雷）

导弹第60师（驻于萨拉托夫州塔季谢沃）

独立导弹第481团（驻于阿克图宾斯克州阿克图宾斯克）

1970年6月8日番号改为导弹第31集团军。

独立导弹第24军

1965年6月1日在江布尔州江布尔成立。下辖：

导弹第38师（图尔盖州杰尔扎温斯克）

近卫导弹第41师（阿尔泰边疆区阿列伊斯克）

导弹第57师（谢米巴拉金斯克州然吉兹托别）

弹第68旅（塔尔迪库尔干州萨雷奥泽克）

独立导弹第185团（撒马尔罕州卡塔库干）

1970年6月8日撤销番号。

独立导弹第18军军长卡利哈

独立导弹第24军军长科列索夫

师级单位

导弹第4师

1960年5月在赤塔州涅尔琴斯克成立，番号为导弹第119旅，由炮兵第116旅改编。最初隶属于炮兵第57训练靶场，1961年3月隶属独立导弹第8军。1961年5月30日番号改为现名，同年10月从被撤销番号的坦克第46师继承了“哈尔滨”荣誉称号。1970年6月开始隶属导弹第53集团军，2002年10月撤销番号。

1962年下辖导弹第497团、第498团、第523团和第524团.

1965年下辖导弹第399团、第497团、第

导弹第4师曾经的营地

导弹第4师首任师长秋林少将

523团、第524团、第697团、第720团、第775团和第796团。

1970年下辖导弹第37团、第68团、第205团、第497团、第524团、第697团、第720团和第775团。

1981年下辖导弹第37团、第68团、第205团、第345团、第497团、第524团、第551团、第697团、第720团和第775团。

1990年下辖导弹第37团、第68团、第205团、第497团和第524团。

1995年下辖导弹第37团和第524团。

除了所辖导弹团外，师还下辖下列支持单位：独立直升机第137大队、技术修理第1526基地、导弹技术第2422基地和独立通信第282营。

近卫导弹第7师

1960年5月在特维尔州韦波尔佐沃成立，番号为导弹第7旅，由原近卫加农炮兵第19旅改编，隶属于炮兵第46训练靶场，1961年3月10日隶属于独立近卫导弹第3军，1961年5月30日番号改为现名。1970年6月8日隶属于导弹第50集团军；1990年6月30日转隶近卫导弹第27集团军。

1961年下辖导弹第41团、第45团、第183团和第302团；1964年下辖导弹第41团、第45团、第183团、第272团、第302团、第342团、第526团、第753团和第818团。

1971年下辖导弹第41团、第45团、第129团、第183团、第222团、第272团、第319团、第320团、第342团、第509团、第510团、第526团、第753团和第818团，1975年4月30日获得红旗勋章。

1980年下辖导弹第41团、第129团、第222团、第272团、第319团、第320团、第342团、第509团、第510团、第526团和第818团。2000年下辖导弹第41团和近卫导弹第510团。

除了所辖导弹团外，师还下辖下列支持单位：独立直升机大队、技术修理第1501基地、导弹技术第2423基地、通信第281中心、独立警卫/防护第142营和第2363军事医院。

近卫导弹第7师旗帜

导弹第8师

1960年7月20日在基洛夫州尤尔亚成立，番号导弹第25旅，勋章和荣誉来源于摩托化步兵第91师，隶属于炮兵第24训练靶场。1961年3月10日开始隶属于独立导弹第5军。1961年5月30日番号改为现名。1970年6月8日开始隶属于近卫导弹第27集团军。

1961年下辖导弹第107团、第116团、第131团和第527团。

1964年下辖导弹第107团、第116团、第131团、第143团、第299团、第527团、603团、第640团、第700团、第715团和近卫导弹第776团。

1972年下辖导弹第107团、第603团、第715团和近卫导弹第776团。

1984年下辖导弹第76团、第107团、第304团、近卫导弹第79团和第776团。

1998年下辖导弹第76团、第107团、第304团、近卫导弹第79团和第776团。

2004年下辖导弹第76团、第304团和近卫导弹第776团。

除了所辖导弹团外，师还下辖下列支持单位：独立直升机第224大队、技术修理第836基地、导弹技术第2434基地、通信第20中心。

近卫导弹第10师

1960年7月20日在科斯特罗马州科斯特罗马成立，番号导弹第165旅，由近卫加农炮兵第26旅改编，最初隶属于炮兵第46训练靶场，1961年3月10日隶属于独立近卫导弹第3军，同年5月30日番号改为现名。1970年6月8日师转隶近卫导弹第27集团军，2005年12月1日撤销番号。

1961年下辖导弹第575团、第590团、第592团、第593团。

1964年下辖导弹第105团、第314团、第487团、第489团、第575团、第590团、第592团和第681团。

1972年下辖导弹第105团、第141团、第173团、第227团、第233团、第314团、第487团、第527团、第575团、第590团、第592团和第681团。

1984年下辖导弹第105团、第141团、第173团、第227团、第233团、第314团、第487团、第527团和第575团。

1998年下辖导弹第149团、第153团、第158团和第780团。

除了所辖导弹团外，师还下辖下列支持单位：独立直升机第31大队、技术修理第1530基地、导弹技术第2425基地、通信第288中心。

导弹第8师首任师长萨夫耶夫

近卫导弹第10师指挥所

导弹第13师

1964年5月在奥伦堡州多姆巴罗夫斯基成立，番号多姆巴罗夫斯基行动集群，1965年4月番号改为现名。最初隶属于独立导弹第5军，1965年6月1日转隶独立导弹第18军。1968年2月22日获得红旗勋章，1970年6月8日转隶导弹第31集团军。2004年获得“奥伦堡”称号。

1972年下辖导弹第175团、第206团、第252团、第368团、第494团、第495团、第565团、第621团、第767团和第774团。

1992年下辖第175团、第206团、第252团、第368团、第494团、第495团、第565团、第621团、第767团和774团。

除了所辖导弹团外，师还下辖下列支持单位：独立直升机第84大队、技术修理基地、导弹技术第2859基地、通信第618中心。

导弹第14师

1960年5月在马里埃尔共和国约什卡尔奥拉成立，番号为导弹第201旅，由炮兵第234旅改编，1961年5月30日番号改为现名。最初隶属于炮兵第46训练靶场，1963年6月转隶独立导弹第5军。1970年6月8日转隶近卫导弹第27集团军。1993年3月转隶导弹第31集团军之后在2002年7月再次转隶近卫导弹第27集团军。

1962年下辖导弹第675团、第676团、第687团和第690团。

1965年下辖导弹第124团、第588团、第611团、第675团、第687团、第690团和第702团。

1972年下辖导弹第124团、第514团、第518团、第558团、第611团、第675团、第690团和第702团。

导弹第13师驻地

导弹第14师进行导弹伪装

近卫导弹第13师旗帜

导弹第14师旗帜

1982年下辖导弹第124团、第514团、第518团、第558团、第611团和第702团。

2000年下辖导弹第297团、第697团、第702团和第779团。

除了所辖导弹团外，师还下辖下列支持单位：独立直升机第108大队、技术修理基地、导弹技术第2429基地、通信第293中心。

近卫导弹第18师

1960年5月在库尔干州沙德林斯克成立，番号导弹第205旅，由近卫加农炮兵第4师一部改编，最初隶属于炮兵第24训练靶场，1961年3月10日隶属于独立导弹第5军。1961年5月30日番号改为现名。1962年10月8日转到苏梅州罗姆尼，撤销番号。以此为基础重建近卫导弹第43师，师所属的导弹第703团改为独立导弹第703团留在沙德林斯克。

1961年下辖导弹第703团、第717团、第718团和近卫导弹第704团。

除了所辖导弹团外，师还下辖下列支持单位：技术修理基地、导弹技术基地、通信中心。

近卫导弹第18师的P－12导弹准备发射

导弹第19师

1960年12月1日在文尼察州加伊辛成立，原最高统帅部预备队炮兵第7师改编，隶属于导弹第43集团军，1999年10月1日撤销番号。

1961年下辖导弹第429团、第430团、近卫导弹第431团和433团。

1972年下辖导弹第97团、第429团、第430团、第541团、第543团和第545团。

1979年直到撤销番号时，下辖导弹第97团、第299团、第429团、第430团、第541团、第543团、第545团、第571团和第700团。

除了所辖导弹团外，师还下辖下列支持单位：独立直升机第109大队、技术修理第1409基地、技术修理第1520基地、技术修理第1517基地、技术修理第1544基地、导弹技术第70基地、通信第736中心等。

导弹第19师УР－100Н导弹发射

导弹第19师末任师长斯波达鲁克

近卫导弹第23师

1959年4月1日在特维尔州韦波尔佐沃成立，同年8月驻地改为爱沙尼亚瓦尔加。番号为近卫导弹第25师，原为近卫重型轰炸航空兵第11师，最初隶属于空军远程航空兵第50集团军，1960年3月15日转隶导弹第50集团军。1960年7月1日番号改为现名，1983年5月15日转隶导弹第53集团军。2002年9月16日转隶近卫导弹第33集团军，2007年8月撤销番号。

最初下辖重型轰炸航空兵第258团和第253团。

1960年5月下辖工程第94团和第846团。

1963年下辖导弹第94团、第846团、近卫导弹第30团、304团和305团，1968年10月22日获得列宁勋章。

1985年下辖导弹第24团、第434团、第846团和近卫导弹第778团。

1994年下辖导弹第24团、第434团、近卫导弹第55团、第189团和第778团。

除了所辖导弹团外，师还下辖下列支持单位：独立直升机第261大队、技术修理第856基地、第1053基地、第1503基地、第1607基地、第1739基地、导弹技术第166基地、通信中心等。

近卫导弹第23师驻地爱沙尼亚瓦尔加

近卫导弹第23师首任师长斯皮里坚科

近卫导弹第24师

1946年6月在民主德国图林根州巴特贝尔卡成立，番号最高统帅部预备队特别使命第22旅，由近卫摩托车第92团改编。1950年2月番号改为最高统帅部预备队特勤第22旅，1953年3月番号改为最高统帅部预备队工程第72旅。1959年8月驻地改为加里宁格勒州加瓦尔德伊斯克。1960年7月1日番号改为现名，转隶导弹第50集团军。1990年12月撤销番号。

1946年下辖发射第1–3营；1953年下辖最高统帅部预备队独立工程第635营、第638营和第650营。

1959年下辖最高统帅部预备队工程第97团、第323团和第330团。

1960年下辖导弹第25团、第97团、第308团、第323团和第330团。

1985年下辖导弹第25团、第323团和第330团。

除了所辖导弹团外，师还下辖下列支持单位：技术修理第349基地、第432基地、第512基地、第847基地、第1054基地、导弹技术基地、通信中心等。

近卫导弹第24师军旗

近卫导弹第24师成立65周年纪念

导弹第27师曾经的驻地

上图是导弹第27师末任师长维涅捷科托夫；下图是近卫导弹第28师首任师长布尔马科

导弹第27师

1960年5月在阿穆尔州斯沃博德内成立，番号为导弹第133旅，原为歼击航空兵第32师，1961年5月30日改为现名。最初隶属于炮兵第57训练靶场，1961年3月隶属于独立导弹第9军，1970年6月8日开始隶属于导弹第53集团军，1993年撤销番号。

1962年下辖导弹第553团、第563团、第565团和第570团。

1965年下辖导弹第563、第565团、第567团、第570团、第772团、第774团、第794团和第797团。

1970年下辖导弹第89团、第134团、第179团、第230团、第262团、第522团、第563团、第565团和第567团。

1985年下辖导弹第89团、第134团、第179团、第230团、第262团和第522团。

除了所辖导弹团外，师还下辖下列支持单位：独立直升机第52大队、技术修理第1528基地、导弹技术基地、通信第287中心等。

近卫导弹第28师

1960年6月在卡卢加州科泽尔斯克成立，番号导弹第198旅，原为近卫加农炮兵第28旅，1961年5月30日改为现名。最初隶属于炮兵第46训练靶场，1961年3月10日开始隶属于近卫独立导弹第3军，1970年6月8日隶属于近卫导弹第27集团军。

1960年下辖导弹第623团、第627团、第655团和第656团。

1964年下辖导弹第119团、第289团、第368团、第623团、第655团和656团。

1972年下辖导弹第74团、第119团、第143团、第168团、第214团、第289团、第372团、第373团、第532团、第533团、第623团、第656团和第655团。

1984年下辖导弹第74团、第119团、第143团、第168团、第214团、第372团、第373团、第532团、第533团、第623团和第655团。1998年下辖导弹第74团、第119团、第168团、第214团、第372团和第373团。

2008年下辖导弹第74团、第168团和第373团。

除了所辖导弹团外，师还下辖下列支持单位：独立直升机第38大队、技术修理基地、导弹技术第2506基地、通信第292中心等。

近卫导弹第29师

1952年2月在阿斯特拉罕州卡普斯京亚尔成立，番号最高统帅部预备队特勤第54旅，1953年3月番号改为最高统帅部预备队工程第85旅，1960年7月1日改为现名，隶属于导弹第50集团军，并继承了近卫摩托化步兵第51师的荣誉和勋章。1985年12月驻地改为伊尔库茨克州伊尔库茨克，隶属于导弹第53集团军。1992年9月16日隶属近卫导弹第33集团军。

1953年下辖最高统帅部预备队独立工程第637营、第640营和第652营。

1959年下辖最高统帅部预备队独立工程第25营、第324营和第637营以及机动技术修理第87基地、第432基地和第866基地。

1961年下辖导弹第115团、第307团、近卫导弹第79团、第344团和第867团。

1982年下辖近卫导弹第307团、第344团和第867团。

1991年下辖近卫导弹第92团、第344团、第586团以及导弹第345团。

除了所辖导弹团外，师还下辖下列支持单位：独立直升机第185大队、技术修理第264、第1018基地、第1058基地、第1507基地、第1511基地、导弹技术第1893基地、通信第738中心等。

近卫导弹第28师军旗

近卫导弹第29师最初的驻地立陶宛邵武雅

近卫导弹第31师

1959年4月1日在布列斯特州平斯克成立，番号近卫（导弹）航空兵第83师，原为近卫重型轰炸航空兵第14师。最初隶属于空军第43集团军，1960年2月划归战略火箭军，之后隶属导弹第50集团军，1960年7月1日改为现名，1990年12月31日撤销番号。

1962年下辖近卫导弹第44团、第56团、第142团、第403团和第638团以及导弹第306团；1980年下辖近卫导弹第44团、第56团第85团和第403团。

除了所辖导弹团外，师还下辖下列支持单位：技术修理第320基地、第857基地、第858基地、第1057基地、第1468基地、第1506基地和1692基地、导弹技术基地、通信中心等。

导弹第32师

1959年9月在戈梅尔州穆什卡成立，番号最高统帅部预备队工程第12旅，原为重型榴弹炮兵第154旅。1960年7月1日改为现名，隶属于导弹第50集团军，驻地改为维捷布斯克州普斯塔夫。1990年6月隶属于导弹第43集团军，1993年3月隶属近卫导弹第27集团军，1993年12月1日撤销番号。

最初下辖最高统帅部预备队近卫工程第369团、最高统帅部预备队工程第351团、第638团、机动修理第320基地、第944基地和第966基地；1961年下辖导弹第170团、第249团、近卫导弹第376团、第346团、第402团和第428团；1980年下辖导弹第249团、第835团、近卫导弹第346团、第402团和第428团。

近卫导弹第31师末任师长波罗佐罗夫

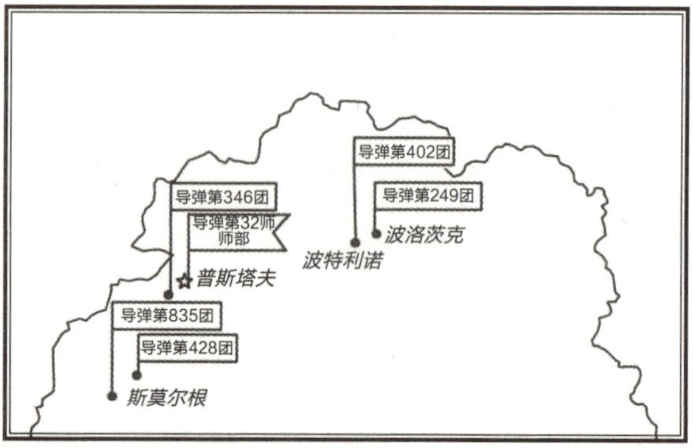

导弹第32师1985年部署示意图

近卫导弹第31师最初的驻地平斯克

导弹第32师驻地普斯塔夫

除了所辖导弹团外，师还下辖下列支持单位：独立直升机大队、技术修理第859基地、第1055基地、第1056基地、第1505基地、第1512基地和第1516基地、导弹技术基地、通信中心等。

近卫导弹第33师

1959年9月在戈梅尔州穆什卡成立，番号为最高统帅部预备队工程第15旅，原为近卫火箭炮兵第7旅。1960年7月1日改为现名，隶属于导弹第50集团军，驻地改为维捷布斯克州莫济里。1970年3月19日转隶导弹第43集团军，1993年3月隶属近卫导弹第27集团军，1997年5月撤销番号。

最初下辖最高统帅部预备队工程第396团、第398团、机动技术修理第981基地和第982基地；1961年下辖导弹第104团、第396团、第398团、第404团、近卫导弹第85团和第369团；1985年下辖导弹第306团、第396团、第404团和近卫导弹第369团。

除了所辖导弹团外，师还下辖下列支持单位：独立直升机第212大队、技术修理第966基地、第981基地、第982基地和第1513基地、导弹技术第534基地、通信第739中心等。

近卫导弹第33师首任师长奥斯柳科夫

导弹第35师

1960年5月在北奥塞梯自治共和国奥尔忠尼启则成立，番号为导弹第46旅，原为迫击炮第65旅。最初隶属于导弹第43集团军，1961年5月30日改为现名，1981年12月改隶近卫导弹第33集团军。

1961年下辖导弹第480团、近卫导弹第178团和第479团；1985年下辖导弹307团、第480团、近卫导弹第479团和第867团；2006年下辖导弹307团、第480团、近卫导弹第479团和第867团。

除了所辖导弹团外，师还下辖下列支持单位：独立直升机第337大队、技术修理第1059、第1515、第1518基地、导弹技术第3911基地、通信第729中心等。

近卫导弹第33师驻地莫济里

导弹第35师旗帜

近卫导弹第36师

1960年6月在托木斯克州托木斯克成立，番号导弹第211旅，原为加农炮兵第11旅和近卫坦克第265团。最初隶属于炮兵第27训练靶场，1961年3月10日隶属于独立近卫导弹第7军，1961年5月30日改为现名。1970年6月8日转隶近卫导弹第33集团军，1974年1月改隶导弹第53集团军，2002年6月撤销番号。

1961年下辖导弹第735团、第739团、第746团和第755团；1964年3月下辖导弹第121团、第746团、第755团和第790团；1972年下辖导弹第154团、第241团、第259团、第266团、第746团和第876团；1992年下辖导弹第156团、第188团、第202团、第226团、第259团、第266团和第876团；2000年下辖导弹第188团、第202团、第226团和第266团。

除了所辖导弹团外，师还下辖下列支持单位：独立直升机第140大队、技术修理第1540基地、导弹技术第2507基地、通信中心等。

近卫导弹第36师第二任师长马利诺夫斯基

近卫导弹第36师曾经的导弹营房

近卫导弹第37师

1959年9月在戈梅尔州穆什卡成立，番号最高统帅部预备队工程第22旅，原为近卫重型火箭炮兵第43旅。1959年11月驻地改为沃伦斯克州卢茨克，1960年7月1日改为现名，隶属导弹第43集团军，1993年12月31日撤销番号。

最初下辖最高统帅部预备队工程第103团、第577团、第576团、及机动技术修理第1031基地、第1026基地和第330基地；1961年下辖导弹第103团、第351团、第576团、第577团和近卫导弹第615团；1985年下辖导弹第103团、第351团、第576团、第577团和近卫导弹第615团。

除了所辖导弹团外，师还下辖下列支持单位：独立直升机第308大队、技术修理第330基地、第944基地、第988基地、第1026基地和第1031基地、导弹技术第351基地、通信中心等。

近卫导弹第37师驻地卢茨克

近卫导弹第37师末任师长尤金

导弹第38师

1964年5月在图尔盖州杰尔扎温斯克成立，番号为杰尔扎温斯克行动集群，隶属于独立近卫导弹第7军，1965年4月改为现名，1965年6月1日隶属独立导弹第24军。1970年6月8日转隶导弹第31集团军，1993年4月8日隶属近卫导弹第33集团军，1996年9月30日撤销番号。

1972年下辖导弹第228团、第311团、第412团、第442团、第523团、第539团、第595团和第755团；1992年下辖导弹第228团、第311团、第412团、第442团、第523团、第539团、第595团和第755团。

除了所辖导弹团外，师还下辖下列支持单位：独立直升机大队、技术修理第3003基地、导弹技术基地、通信中心等。

导弹第38师曾经的驻地

导弹第38师成立30周年纪念

近卫导弹第39师

1960年7月18日在新西伯利亚州帕什诺成立，番号近卫导弹第212旅，原为重型榴弹炮兵第21旅。1961年10月17日继承了最高统帅部预备队近卫突击炮兵第1师的荣誉和勋章。最初隶属于炮兵第27训练靶场，1961年3月10日隶属独立近卫导弹第7军，1961年5月30日改为现名，1970年6月8日转隶近卫导弹第33集团军。

1961年下辖导弹第367团、第372团、近卫导弹第357团和382团；1964年3月下辖导弹第367团、第685团、近卫导弹第357团、第382团、第773团和第826团；1985年下辖导弹第685团、近卫导弹第357团、第382团、第773团和第826团；1995年下辖近卫导弹第357团、第382团、第428团、第773团和第826团。

除了所辖导弹团外，师还下辖下列支持单位：独立直升机第207大队、技术修理第1541基地、导弹技术第2483基地、通信第303中心等。

近卫导弹第39师臂章

近卫导弹第39师举行升旗仪式

导弹第40师

1960年9月1日在普斯科夫州奥斯特洛夫成立，番号导弹第8旅，隶属于导弹第50集团军，继承了加农炮兵第51旅的荣誉和勋章。1989年撤销番号。

1962年下辖导弹第24团、第303团和第647团。

1983年下辖导弹第647团、近卫导弹第30团和第305团。

除了所辖导弹团外，师还下辖下列支持单位：技术修理第1052基地、第1604基地、第1605基地、第1606基地、第1607基地、导弹技术基地、通信中心等。

近卫导弹第41师

1960年6月11日在秋明州秋明成立，番号导弹第216旅，原为近卫高射炮兵第138旅。最初隶属于炮兵第24训练靶场，1961年3月10日隶属于独立近卫导弹第7军，1961年5月30日改为现名。1965年6月1日改隶独立导弹第24军；1970年6月8日隶属于近卫导弹第33集团军。2001年12月1日撤销番号。

1961年下辖导弹第390团、第412团和近卫导弹第419团等；1970年下辖导弹第73团、第268团、第300团、第367团和第375团；1983年下辖导弹第73团、第268团、第300团、第367团和第375团。

除了所辖导弹团外，师还下辖下列支持单位：独立直升机第3大队、技术修理基地、导弹技术基地、通信中心等。

导弹第40师驻地奥斯特洛夫

近卫导弹第41师驻地秋明

导弹第40师曾经的导弹洞库

近卫导弹第41师末任师长切尔涅加

导弹第42师

1960年5月在斯维尔德洛夫斯克州下塔吉尔成立，番号为导弹第202旅，原为榴弹炮兵第18旅和坦克训练第19团。最初隶属于炮兵第24训练靶场，1961年3月10日隶属独立导弹第5军，1961年5月30日改为现名，1970年6月8日隶属导弹第30集团军，1999年获得“塔吉尔”荣誉称号。

1961年下辖导弹第677团、第686团、第680团和第688团。

1964年3月下辖导弹第175团、第580团、第595团、第601团、第617团、第767团、第804团、第808团和近卫导弹第146团。

1970年下辖导弹第580团、第617团、第804团、第808团和近卫导弹第146团。

1982年下辖导弹第617团、第804团、近卫导弹第308团和第433团。

1998年下辖导弹第617团、第804团、近卫导弹第142团、第308团和第433团。

2003年下辖导弹第617团、第804团、近卫导弹第142团和第433团。

除了所辖导弹团外，师还下辖下列支持单位：独立直升机第225大队、技术修理基地、导弹技术第2446基地、通信第294中心等。

导弹第42师旗帜

近卫导弹第43师军旗

导弹第42师举行升旗仪式

近卫导弹第43师老兵聚会

近卫导弹第43师

1960年5月在苏梅州罗姆尼成立，番号为导弹第200旅，隶属于导弹第43集团军，1961年5月30日改为现名。1962年7月1日改为导弹第51师，下辖导弹第665团、第668团和近卫导弹第664团，曾经到过古巴。1962年10月8日由原近卫导弹第18师重新组建，原属的导弹第665团、第668团和近卫导弹第664团分别在导弹第717团、第718团和近卫导弹第704团重新组建。1992年12月31日撤销番号。

1961年下辖近卫导弹第664团和导弹第665、668和309团。

1979年下辖近卫导弹第664和433团和导弹第665与668团。

1989年下辖近卫导弹第664团和导弹第665、668、15与19团。

除了所辖导弹团外，师还下辖下列支持单位：独立直升机第306大队、技术修理第743基地、第1520基地、第1533基地、第1534基地、第1535基地、导弹技术第5977基地、通信第742中心等。

导弹第44师

1950年12月20日在阿斯特拉罕州卡普斯京亚尔成立，番号最高统帅部预备队特种第23旅，原为最高统帅部预备队特种第22旅一部。1951年1月驻地改为斯大林格勒州（后改名为伏尔加格勒州）卡梅申，1953年3月15日番号改为最高统帅部预备队工程第73旅。1959年7月驻地改为伊万诺-弗兰科夫斯克州科洛梅亚，1960年7月1日番号改为现名。1990年3月31日撤销番号。

1951年下辖导弹发射第1–3营；1954年下辖最高统帅部预备队独立工程第636营、第639营和第651营；1960年下辖工程第40团、第76团、第101团、最高统帅部预备队近卫工程第586团、机动技术修理第53基地、第410基地、第494基地和第1033基地。1961年下辖导弹第40团、第76团、第101团、第151团和近卫导弹第586团；1985年下辖导弹第40团、导弹第151团和近卫导弹第586团。

除了所辖导弹团外，师还下辖下列支持单位：技术修理第53基地、第410基地、第494基地、第1033基地和第1051基地、导弹技术基地、通信中心等。

导弹第44师P–12导弹燃料加注

导弹第44师末任师长卡里莫夫

导弹第45师

1958年12月15日在滨海边疆区乌苏里斯克成立，番号航空兵（导弹）第96师，原为重型轰炸航空兵第33师。最初隶属于远程航空兵第5集团军，1960年2月隶属炮兵第57训练靶场。1960年7月1日番号改为现名，1961年3月10日隶属于独立导弹第9军。1970年6月8日转隶导弹第53集团军，1970年9月撤销番号。

1959年下辖近卫航空兵（导弹）第262团和航空兵（导弹）第267团；1960年下辖近卫工程第109团、132团和652团；1962年下辖导弹第83团、第109团、第571团、近卫导弹第132团和第652团。

除了所辖导弹团外，师还下辖下列支持单位：技术修理第56基地、第267基地、第1083等基地、导弹技术基地、通信中心等。

导弹第46师

1960年5月在尼古拉耶夫州五一城成立，番号导弹第29旅，隶属于导弹第43集团军。1978年获得十月革命勋章，2002年9月撤销番号。

1961年下辖导弹第62团、第84团和434团；1972年下辖导弹第62团、第83团、第115团、第116团、第309团和第355团。1992年下辖导弹第62团、第83团、第115团、第116团、第309团、第355团、第546团、第552团和第593团。

除了所辖导弹团外，师还下辖下列支持单位：独立直升机第107大队、技术修理第117基地、第1510基地、第1805基地、导弹技术第743基地、通信第741中心等。

导弹第45师驻地乌苏里斯克

导弹第46师驻地如今成了博物馆

导弹第45师末任师长伊瓦谢耶夫

导弹第46师军旗

导弹第47师

1960年5月在赤塔州沃罗维扬纳亚成立，番号导弹第124旅，最初隶属于炮兵第57训练靶场，1961年3月隶属于独立导弹第8军。1961年5月30日番号改为现名，1970年6月8日转隶导弹第53集团军，1991年1月7日撤销番号。

1963年下辖导弹第542团、第544团、第548团和第551团；1965年下辖导弹第542团、第544团、第548团、第551团和第698团；1970年下辖导弹第78团、第82团、第100团、第255团、第265团、第498团、第542团、544团、第548团、第551团、第695团和第698团；1985年下辖导弹第78团、第82团、第100团、第255团、第265团、第498团、第544团、第548团和第695团。

除所辖导弹团外，还下辖下列支持单位：独立直升机第139大队、技术修理第1527基地、导弹技术第2513基地、通信第273中心等。

20世纪70年代，导弹第47师接受检阅

导弹第47师首任师长德尔雅哈尔哈（Дряхлых）

近卫导弹第49师

1960年6月11日在鄂木斯克州鄂木斯克成立，番号导弹第213旅，原为迫击炮第34旅，隶属于近卫独立导弹第7军，继承了近卫步兵第18军和迫击炮兵第34旅的荣誉称号和勋章。1961年5月30日番号改为现名，1962年10月5日转隶导弹第50集团军，驻地改为格罗德诺州利达。1990年6月转隶导弹第43集团军，1993年3月隶属于近卫导弹第27集团军，1997年9月1日撤销番号。

1960年下辖导弹第290团、第311团、第329团和第353团；1962年10月导弹第170、第306团、第376团和近卫导弹第142团。1981年下辖导弹第170团、第376团和近卫导弹第638团；1991年下辖导弹第170团、第376团、近卫导弹第56团、第346团和第403团

除了所辖导弹团外，师还下辖下列支持单位：独立直升机第257大队、技术修理第858基地、第859基地、第1055基地、第1057基地、第1617基地、导弹技术第5976基地、通信第735中心等。

近卫导弹第49师驻地利达

近卫导弹第49师昔日的宣传图片，其所装备的“白杨”导弹被称为21世纪的导弹

导弹第50师

1953年5月15日在阿斯特拉罕州卡普斯京亚尔成立，番号最高统帅部预备队工程第80旅，原为最高统帅部预备队特勤第23旅一部。1953年10月驻地改为日托米尔州别洛科罗维奇1955年10月1日番号改为最高统帅部预备队训练工程第80旅。1959年5月番号改为最高统帅部预备队工程第80旅；1960年5月改为导弹第80旅，隶属于导弹第43集团军。1961年5月30日番号改为现名，1985年获得红旗勋章，1991年4月30日撤销番号。

1953年下辖导弹发射第1–3营。

1959年下辖工程第163团、第181团、最高统帅部预备队近卫工程第615团、机动技术修理第329基地、第331基地和第998基地。

1960年下辖导弹第163团、第181团和第432团。

1985年下辖导弹第60团、第163团、第181团、第432团和近卫导弹第432团。

除了所辖导弹团外，师还下辖下列支持单位：独立直升机第84大队、技术修理第329基地、第331基地、第1517基地、第1519基地、导弹技术第4187基地、通信第737中心等。

导弹第51师

1962年7月1日在苏梅州罗姆尼成立，由原近卫导弹第43师改建，隶属导弹第43集团军。1963年1月4日由古巴回国合编到近卫导弹第43师，撤销番号。

1962年10月下辖导弹第514团、第539团、第546团、第564团和第657团。

除了所辖导弹团外，师还下辖下列支持单位：机动技术修理第97基地、第187基地、第208基地、第350基地、第484基地、独立通信第1048营、独立工程营等。

导弹第50师在别洛科罗维奇残留的P-12导弹洞库

导弹第51师师长斯塔连科

导弹第51师古巴部署情况示意图

导弹第52师

1960年6月在彼尔姆州别尔什金成立，番号导弹第206旅，原为最高统帅部预备队高射炮兵第98师。最初隶属于炮兵第24训练靶场，1961年3月10日隶属独立导弹第5军，1961年5月30日番号改为现名。1970年6月8日转隶导弹第31集团军，2002年11月30日撤销番号。

1961年下辖导弹第721团、第723团、第730团和第734团；1964年3月下辖导弹第176团、第589团、第684团、第721团、第723团、第730团、第734团和第811团。

1972年下辖导弹第176团、第263团、第589团、第598团、第608团、第684团、第721团、第723团、第730团和第811团。

1984年下辖导弹第176团、第263团、第598团、第608团、第684团、第721团、第723团和第730团。

1992年下辖导弹第161团、174团、176团、223团、第263团、598团、721团、723团、730团。

2000年下辖导弹第161团、第174团、第223团和第721团。除了所辖导弹团外，师还下辖下列支持单位：独立直升机第159大队、技术修理第1539基地、导弹技术基地、通信中心等。

导弹第52师军旗

导弹第52师2014年纪念成军55周年活动

导弹第53师

1960年6月在江布尔州江布尔成立，番号导弹第48旅，隶属战略火箭军总部，1961年5月30日改为现名。1965年番号改为导弹第68旅，隶属导弹第24集团军，1970年6月8日隶属导弹第31集团军，1980年撤销番号。

1961年下辖导弹第185团、第481团和第496团。

除了所辖导弹团外，师还下辖下列支持单位：技术修理第1060等基地、导弹技术基

导弹第53师（后为导弹第68旅）昔日驻地萨雷奥兹克

导弹第53师首任师长莫罗佐夫

近卫导弹第54师装备仓库前

地、独立通信营等。

近卫导弹第54师

1960年7月20日在伊万诺沃州捷伊科沃成立，番号导弹第197旅，原为近卫加农炮兵第27旅。最初隶属于炮兵第46训练靶场，1961年3月10日隶属于近卫独立导弹第3军，1961年5月30日番号改为现名，1970年6月8日转隶近卫导弹第27集团军。

1961年下辖导弹第594团、602团、604团和621团；1964年3月导弹第127团、第594团、第602团、第604团、第621团、第771团和近卫导弹第285团。

1972年下辖导弹第72团、第127团、第234团、第594团、第602团、第604团、第640团、第771团、近卫导弹第235团和第285团。

1984年下辖导弹第72团、第127团、第234团、第594团、第602团、第640团、近卫导弹第235团和第285团。

1998年下辖导弹第321团、第839团、近卫导弹第235团和第285团。

2011年下辖导弹第321团、近卫导弹第235团、第285团和第773团。

除所辖导弹团外，师还辖下列支持单位：独立直升机第60大队、技术修理第1531基地、导弹技术第2426基地、通信第289中心等。

近卫导弹第54师旗帜

导弹第57师

1964年5月在谢米巴拉金斯克州然吉兹托别成立，番号为然吉兹托别作战集群，隶属于近卫独立导弹第7军，1965年4月30日改为现名，1965年6月1日转隶独立导弹第24军。1970年6月8日隶属近卫导弹第33集团军，1995年12月22日撤销番号。

1972年到番号被撤销时，下辖导弹第67团、第211团、第313团、第535团、第553团、第734团、第739团和第796团。

除了所辖导弹团外，师还下辖下列支持单位：独立直升机第138大队、技术修理基地、导弹技术基地、通信中心等。

导弹第58师

1961年5月在立陶宛考纳斯成立，原为歼击航空兵第175师，隶属于导弹第50集团军，1964年6月30日驻地改为卡尔梅拉瓦，1990年8月撤销番号。

1963年直到撤销番号时，下辖导弹第42团、第324团和近卫导弹第637团。

除了所辖导弹团外，师还下辖下列支持单位：技术修理第87基地、第866基地、第1640基地、导弹技术基地、通信中心等。

导弹第59师

1964年5月在车里雅宾斯克州卡尔塔雷成立，番号卡尔塔雷作战集群，隶属于独立导弹第5军，1965年4月改为现名，1965年6月转隶独立导弹第18军，1970年6月8日隶属导弹第31集团军，2005年5月24日撤销番号。

1972年直到番号被撤销时，下辖导弹第225团、第489团、第496团、第520团、第601团、第797团和近卫导弹第419团。

除了所辖导弹团外，师还下辖下列支持单位：独立直升机第80大队、技术修理基地、导弹技术基地、通信中心等。

20世纪70年代，导弹第57师接受检阅

导弹第57师末任师长卡尔波夫

导弹第58师最初驻地考纳斯

导弹第58师首任师长 Березняк 贝列兹扬科

导弹第59师旗帜

导弹第60师臂章

导弹第59师驻地卡尔塔雷

导弹第60师驻地塔季谢沃

导弹第60师

1961年5月28日在犹太自治州比罗比詹成立，原为歼击航空兵第229师，隶属独立导弹第9军，1964年隶属独立导弹第5军，驻地改为萨拉托夫州塔季谢沃，1965年6月1日隶属独立导弹第18军，1970年6月8日隶属近卫导弹第27集团军。

1961年下辖导弹第81和83团。

1970年直到2006年下辖导弹第31团、第86团、第104团、第122团、第165团、第203团、第224团、第271团、第322团、第626团、第649团和第687团。

2012年下辖导弹第31团、第86团、第104团、第122团、第165团、第203团、第271团、第626团、第649团和第687团。

除了所辖导弹团外，师还下辖下列支持单位：独立直升机第10大队、技术修理第842等基地、导弹技术第2953基地、通信第7中心等。

导弹第62师

1964年5月在克拉斯诺亚尔边疆区乌茹尔成立，番号乌茹尔作战集群，1965年4月改为现名，隶属于近卫独立导弹第7军，1966年6月22日获得红旗勋章。1970年6月8日转隶近卫导弹第33集团军。

1972–1992年间该师下辖导弹第131团、第197团、第221团、第229团、第269团、第273团、第302团、735团、第772团和第790团。2006年下辖导弹第229团、第269团、第302团和735团。

除了所辖导弹团外，师还下辖下列支持单位：独立直升机第68大队、技术修理第3009基地、导弹技术第2939基地、通信第632中心、独立警卫/防护第75营等。

导弹第62师接受检阅

导弹第62师驻地乌茹尔

附录四

苏（俄）战略火箭军历年实力（1960-2000）

年份	洲际导弹发射装置	核弹头	中程及短程导弹发射装置
1960年	2具	2枚	36具P-5M、172具P-12
1961年	12具	12枚	36具P-5M、17具P-14、373具P-12
1962年	38具	38枚	36具P-5M、28具P-14、458具P-12
1963年	96具	96枚	36具P-5M、54具P-14、564具P-12
1964年	193具	193枚	36具P-5M、32具P-14、568具P-12
1965年	226具	226枚	20具P-5M、101具P-14、572具P-12
1966年	420具	420枚	4具P-5M、101具P-14、572具P-12
1967年	820具	820枚	101具P-14、572具P-12
1968年	1020具	1020枚	100具P-14、556具P-12
1969年	1255具	1255枚	96具P-14、532具P-12
1970年	1434具	1434枚	89具P-14、504具P-12
1971年	1517具	1517枚	87具P-14、480具P-12
1972年	1502具	1502枚	87具P-14、480具P-12
1973年	1460具	1460枚	87具P-14、480具P-12
1974年	1375具	1375枚	87具P-14、480具P-12
1975年	1467具	1797枚	87具P-14、480具P-12
1976年	1481具	2041枚	87具P-14、456具P-12、18具PCД-10“先锋”
1977年	1331具	2261枚	79具P-14、448具P-12、51具PCД-10“先锋”
1978年	1249具	3069枚	73具P-14、404具P-12、99具PCД-10“先锋”

（续表）

年份	洲际导弹发射装置	核弹头	中程及短程导弹发射装置
1979年	1338具	4126枚	45具P-14、372具P-12、138具PCД-10“先锋”、18具PCД-10УTTX“先锋”
1980年	1338具	4942枚	35具P-14、316具P-12、180具PCД-10“先锋”、36具PCД-10УTTX“先锋”
1981年	1368具	5272枚	25具P-14、264具P-12、216具PCД-10“先锋”、81具PCД-10УTTX“先锋”
1982年	1398具	5862枚	16具P-14、224具P-12、216具PCД-10“先锋”、135具PCД-10УTTX“先锋”
1983年	1368具	6240枚	112具P-12、216具PCД-10“先锋”、162具PCД-10УTTX“先锋”
1984年	1353具	6375枚	112具P-12、171具PCД-10“先锋”、225具PCД-10УTTX“先锋”
1985年	1371具	6393枚	112具P-12、153具PCД-10“先锋”、252具PCД-10УTTX“先锋”
1986年	1370具	6392枚	112具P-12、153具PCД-10“先锋”、252具PCД-10УTTX“先锋”
1987年	1376具	6416枚	48具P-12、153具PCД-10“先锋”、252具PCД-10УTTX“先锋”
1988年	1390具	6560枚	18具P-12、111具PCД-10“先锋”、207具PCД-10УTTX“先锋”
1989年	1378具	6670枚	6具P-12、42具PCД-10“先锋”、153具PCД-10УTTX“先锋”
1990年	1398具	6612枚	45具PCД-10УTTX“先锋”
1991年	1006具	6106枚	
1992年	950具	5725枚	
1993年	898具	5156枚	
1994年	818具	4314枚	
1995年	762具	3700枚	
1996年	746具	3580枚	
1997年	747具	3581枚	
1998年	746具	3530枚	
1999年	746具	3540枚	
2000年	734具	3324枚	

附录五

苏(俄)地面战略导弹主要设计单位介绍

特种机械设计制造局

Конструкторское Бюро Специального Машиностроения (КБСМ)

位于圣彼得堡，原为1945年3月成立的海军炮兵中央设计局，1955年开始研制潜射导弹的加固发射井，而后成为俄罗斯的主要研究中心，专门研制抗核加固的导弹发射井，洲际弹道导弹专用导轨发射架和其他专用发射系统。PT–23 УТТХ洲际导弹的发射装置也由该局制造。

特种机械设计制造局КБСМ的标志

机械设计制造局

КБ Машиностроения Коломна (КБМ)

位于科洛姆纳，又称涅波别季梅设计局，1942年4月11日成立，最初主要生产迫击炮。该局从20世纪50年代末开始主要研制战术弹道导弹、反坦克导弹和便携式防空导弹，战术弹道导弹9K79及俄军现役的“伊斯坎德尔”都出自该设计制造局。该局获得过1枚列宁勋章和1枚劳动红旗勋章。

机械设计制造局КБМ标志

机械制造科研生产联合体
НПО Машинстроения

位于列夫托夫，原名切洛梅机械设计制造局，1944年9月19日成立，最初为第51航空制造厂（即原波里卡尔波夫飞机设计局）；1955年8月26日改名为第52特殊设计局，2007年2月改为现名。该单位研制过反卫星导弹、洲际弹道导弹、反潜导弹和反舰导弹，目前致力于研制反舰导弹。

机械制造科研生产联合体标志

莫斯科热工技术研究所
Московский Институт Теплотехники (МИТ)

位于莫斯科，又称纳季拉泽设计局，。它是20世纪60年代中期从科罗廖夫设计局分离出来的，主要从事固体弹道导弹的研制工作，PT–2ПМ“白杨”–M就出自该设计局。其导弹生产厂设立在沃特金斯克。

莫斯科热工技术研究所标志

沃特金斯克工厂标志

巴尔明机器制造设计局

Конструкторское Бюро Общего Машиностроения им. В.П. Бармина（КБОМ）

位于莫斯科，原为“压缩机”冷冻厂特种兵器设计局，1946年5月13日改名特种机器制造设计局，1967年改为现名，主要从事洲际弹道导弹和航天运载火箭发射装置的研制工作。该局于2008年8月并入空间地面设施科研生产联合体。

巴尔明机器制造设计局标志

动力机械制造科研生产联合体

НПО Энергомаш

1929年成立于莫斯科希姆基，1946年5月13日改为第456特殊设计局，格鲁什科成为首席设计师。该单位主要从事弹道导弹和运载火箭的液体火箭发动机的研制工作。

动力机械制造科研生产联合体标志

化学运输机械制造设计局

Конструкторское Бюро Транспортно-Химического Машиностроения（КБТХМ）

1943年11月25日创建，原名灯具和消防设备设计局，1946年改为消防设备设计局，20世纪50年代中期开始参与导弹和火箭生产，主要生产导弹液体火箭发动机和一些设备，1967年改为现名。该局于2008年8月并入空间地面设施科研生产联合体。

化学运输机械制造设计局标志

俄联邦核中心全苏实验物理科学研究所

Российский федеральный ядерный центр-Всероссийский научно-исследовательский институт экспериментальной физики（РФЯЦ-ВНИИЭФ）

位于阿尔扎马斯–16市，是苏联第一个原子弹研究中心，又称第11特殊设计局，1946年4月9日成立，为苏联第一代地地战略导弹研制了核战斗部，目前依然重点研制核武器。

全苏实验物理科学研究所标志

俄联邦核中心全苏技术物理科学研究所

Российский федеральный ядерный центр-Всероссийский научно-исследовательский институт технической физики（РФЯЦ-ВНИИТФ）

位于卡尔斯里（Касли），又称第70特殊设计局。1955年5月建立，命名为第1011特殊设计局，苏联大部分核战斗部均由其研制，先后获得过1枚列宁勋章和1枚十月革命勋章，1992年2月28日根据俄联邦总统第88号令改用现名。

全苏技术物理科学研究所大楼

科罗廖夫能源火箭航天联合股份公司

ОАО РКК Энергия им. С. П. Королёва

位于莫斯科，最初为第88研究所第1特殊设计局，是一所导弹和运载火箭研究机构。1946年8月26日成立，1967年改为中央机械制造研究所。1974年改名能源科研生产联合体，1994年改为现名。20世纪60年代中期脱离导弹研制领域，转向空间发展计划。在苏联时代获得过4枚列宁勋章和1枚十月革命勋章，涌现出24位“社会主义劳动英雄”（其中科罗廖夫和格鲁什科分别各获得2次称号）。

科罗廖夫能源火箭航天联合股份公司商标

南方机械制造生产联合体

Конструкторское бюро «Южное» им. М. К. Янгеля

位于第聂伯罗彼得罗夫斯克，原为第586特殊设计局，又称扬格利设计局，1954年4月成立，最初是1944年创办的第聂伯罗彼得罗夫斯克汽车厂。1951年5月9日，苏联部长会议做出在该厂组织批量生产导弹的决定，次日该厂被命名为第586工厂。1971年该厂被改为南方设计局，成为研制和生产洲际弹道导弹的主要机构之一。该单位与1986年成立南方机械制造生产联合体，在苏联解体后被划归乌克兰。

南方机械制造生产联合体标志

南方机械制造生产联合体对外宣传自己产品

哈尔特隆科研生产联合体

ПАО ХАРТРОН

位于哈尔科夫，1959年成立，由第627特殊设计局等单位组成电气科研生产联合体，成为苏联研制和生产弹道导弹惯导系统的两大部门之一。苏联解体后，该单位划归乌克兰，2008年改为现名。

哈尔特隆科研生产联合体标志

参考文献

中文专著（含译著）

1. 航天部《世界导弹大全》编审委员会. 世界导弹大全[M]北京: 军事科学出版社, 1987

2. 中国航天工业总公司《世界导弹大全》修订委员会. 世界导弹大全[M]北京: 军事科学出版社, 1998

3. [美]詹姆斯·康斯坦特. 进攻性战略武器[M]. 王增和, 梅益超译, 北京: 宇航出版社, 1986

4. 俄联邦军事基本情况（2004年版）. [M]北京: 军事科学出版社, 2004

5. [苏]格列奇科, [苏]奥加尔科夫. 苏联军事百科全书（9卷本）[M].中国人民解放军军事科学院编译, 北京: 中国人民解放军出版社, 1982

6. 王鸿篇, 刘新德. 世界弹道导弹[M].辽宁: 辽宁人民出版社, 2014

7. 李赟. 天军突起——俄罗斯航天兵揭秘[M].北京: 解放军出版社, 2015

英文专著

1. Pavel Podvig Russian Strategic Nuclear Forces [M]. MIT PRESS London, 2001

2. Steven J. Zaloga The Kremlin's Nuclear Sword: The Rise and Fall of Russia's Strategic Nuclear Forces, 1945–2000[M]. Smithsomian Books Washington DC, 2002

3. Stephen J. Blank Russian Nuclear Weapons: Past, Present, and Future [M]. US Army War Colleague, 2011

俄文专著

1. Носов В.Т. Стратеги. Командующие ракетными армиями, командиры ракетных корпусов [М]. АдамантЪ, 2008

2. И.В.Вершкови, В.Г.Гагарина. Владимирская ракетная стратегическая: краткая хроника основных событий истории ракетной армии [М]. Аркаим, 2006

3. И.Сергеев, В.Яковлев, В.Никитин и др. Вооружение и военная техника Ракетных войск стратегического назначения [М].1997

4. Н.В.Яковлев. Отечественное ракетное оружие 1946-2000 [М].1999

5. В.Н.Яковлева. Ракетный щит Отечества. [М].1999

6. Ракетные системы РВСН. От Р-1 - к "Тополю-М" [М].Смоленск 2006
7. А.С.КОРОЛЁВ Надежный щит Отчизны. РВСН на Пермской земле[М]. 2009
8. 65 лет на страже родины. Мелитопольская Краснознаменная ракетная дивизия [М].2006
9. Карпенко А.В., Попов А.Д., Уткин А.Ф.. Отечественные стратегические ракетные комплексы [М].1999
10. Карпенко А.В.. Российское ракетное оружие 1943-1993 г.г. [М]. 1993
11. П. Л. Подвига. Стратегическое ядерное вооружение России [М]. Москва, 1998
12. Андрей Смирнов Боевая Работа Советской И Немецкой Авиации В Великой Отечественной Войне. [М]. М.: 2006
13. Дроговоз И.. Ракетные войска СССР [М]. Менск, 2007
14. В.Ивкин, Г.Сухина. Задача особой государственной важности [М]. 2010
15. С.Н.Конюхова. Ракеты и космические аппараты Конструкторского бюро "Южное" [М]. ДНЕПРОПЕТРОВСК, 2000
16. Стратегические комплексы наземного базирования [М]. Военный 2007
17. А.А.Башлакова. Северный Космодром России[М]. Плесецк, 2007
18. В.В. Фаворский, И. В. Мещеряков. Космонавтика и ракетно-космическая промышленность (1946-1975)..[М]. Москва, 2003
19. В.В. Фаворский, И. В. Мещеряков. Космонавтика и ракетно-космическая промышленность (1976-1992). [М]. Москва, 2003
20. В.В. Порошков. Ракетно-космический подвиг Байконура [М]. Москва.,2007
21. В.В. Кирилин. Мои "Университеты" (воспоминания бывшего командира 38 РД) [М]. Коломыя, 2009
22. 60 лет в строю. Полигон Капустин Яр. [М].2006
23. Красковский В.М.. На службе неповторимой Отчизне. [М]. Можайского, 2007.
24. Журавлев Д. А.. Огневой щит Москвы. [М]. М.: Воениздат, 1972
25. Дворянский Е., Ярошенко А. В.. огненном кольце. [М]. Таллин, «Ээсти Раамат», 1977
26. П.Г.Левченко. Противовоздушная оборона сухопутных войск [М]. М.: Воениздат, 1979
27. Феськов В.И., Калашников К.А., Голиков В.И.. Советская Армия в годы .холодной войны. (1945-1991) [М]. Томск: Изд-воТом. ун-та, 2004

期刊文献

1. 赵宝岩, 王静. 火箭军总司令殒命揭秘［J］.当代军事文摘, 2005, 6（3）: 22–23
2. 孙红, 李文盛. 俄罗斯战略火箭军绝处逢生［J］.国际展望, 2001, 416（4）: 78–80
3. 安嘉欣. 前苏联航天发展历程（一）［J］.中国航天, 1995,（3）: 15–21

4. 安嘉欣. 前苏联航天发展历程（二）[J].中国航天，1995，（4）：25–27
5. [苏]M.别尔洛夫. 苏联第一代洲际弹道导弹的终结[J].庄福臣译，四平整理. 太空探索，2010，（8）:60–63
6. 周媛. 战略导弹铁路机动发射系统的回顾与展望[J].中国航天，2014，（11）:42–45
7. 王芳. 苏联对纳粹德国火箭技术的争夺（1945–1945）[J].自然科学史研究，2013，32（4）:551–565
8. 王芳. 苏联在德国复原V–2火箭的机构与人才建设（1945–1946）[J].自然科学史研究，2014，33（1）:113–130
9. 王芳. 苏联对德国V–2火箭技术的复原（1945–1947）[J].工程研究——跨学科视野中的工程，2014，6（2）:190–204